EL MONO AZUL

JOSE MONLEON

EL MONO AZUL

TEATRO DE URGENCIA
Y
ROMANCERO DE LA GUERRA CIVIL

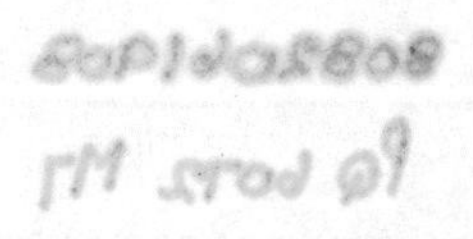

ENDYMION

Editorial Ayuso

Colección Endymión

Feb. '82

Viñeta de *El Mono Azul*
Diseño gráfico: Luis Romeo

San Bernardo, 34
Madrid-8
Depósito Legal: M. 16.207 - 1979
I.S.B.N.: 84-336-0160-1
Impreso en VELOGRAF, Tracia, 17
Madrid-17

INDICE

Muchos de los temas afrontados en este trabajo dejaron importantes testimonios fuera de las páginas de El Mono Azul. *Sin embargo, sólo excepcionalmente hemos recurrido a ellos.*

Pensamos que la publicación de la Alianza merece un tratamiento monográfico, a través del cual se pongan de relieve tanto los temas mismos como la riqueza con que fueron abordados. La Alianza de Intelectuales Antifascistas entrañaba una óptica determinada ante el hecho cultural, cuya objetivación sólo nos era posible ciñéndonos, salvo en ocasiones excepcionales, al marco de El Mono Azul.

Aspiramos, por otra parte, a que el trabajo sobrepase la simple información. Inevitablemente, y sin la menor resistencia por nuestra parte, muchas de las cosas que entonces ocurrieron nos han hecho pensar en otras sucedidas después. El fracaso que, en términos generales, conoció el intento de alzar un arte revolucionario es una experiencia que merece ser reflexionada, por cuanto en ella pesaron, más aún que las circunstancias históricas —que eran, a fin de cuentas, ambivalentes, por cuanto unían a sus limitaciones materiales la tensión y el estímulo de la lucha revolucionaria—, las torpes ideas que muchos tenían en torno a la relación entre el Arte y la Política.

Bastantes puntos de tan delicada cuestión quedan, me parece, aclarados en las páginas de El Mono Azul, *y no por las formulaciones doctrinales, sino por el curso mismo de la experiencia, por los avances, dudas y repliegues que se ponen de manifiesto en numerosos temas.*

El libro, en fin, aspira a informar sobre los contenidos de un importante fenómeno intelectual de nuestra Guerra Civil —El Mono Azul—, *a la vez que los interpreta desde una posición inequívocamente ligada a cuanto ha sucedido después.*

J. M.

I

EL MONO AZUL, HOJA SEMANAL DE LA ALIANZA DE INTELECTUALES ANTIFASCISTAS PARA LA DEFENSA DE LA CULTURA

Entre las reproducciones de las revistas de la II República Española, hechas en Alemania, destaca, por la cantidad e interés de sus materiales, la de *El Mono Azul,* Hoja semanal de la Alianza de Intelectuales Antifascistas para la Defensa de la Cultura.

Rafael Alberti, que fuera el principal animador de la publicación —compuesta, en sus períodos fundamentales, de varias páginas, pese a su autocalificación de Hoja— saludaba desde Roma, en abril del 75, la vuelta de los viejos números de *El Mono Azul,* con unos versos que acababan así:

> No pasa el tiempo. Mirad
> ágil, valiente, lozano,
> *El Mono Azul,* miliciano
> joven de la libertad.
> Héroes de ayer, despertad.
> Otra vez la primavera
> avanza alegre y florida.
> Madrid nunca fue vencida.
> ¡Pronto! Madrid nos espera.

Los versos tenían una doble intención. Porque si cantaban la resurrección impresa de los tiempos de la Alianza, expresaban también la esperanza en una cercana y real liquidación del franquismo. Aunque, bien se entiende, por muy optimista y vital que siempre haya sido la imaginación de Rafael Alberti, difícilmente entraría por entonces en sus cálculos el sentarse, junto a Carrillo y La Pasionaria, junto a Fraga y López Rodó, en los bancos del Parlamento.

EL ALCANCE DE UN TITULO

Según contaba Rodríguez Moñino, fue en los primeros días de agosto de 1936 cuando varios escritores se reunieron en el café Lyon, entre Cibeles y la Puerta de Alcalá. La reunión —en un lugar que ha sido luego el domicilio de varias tertulias literarias y aun de más de un Consejo de Redacción— tenía por objeto preparar el lanzamiento de una revista ajustada a los singularísimos tiempos que corrían. Allí estaban, además de Rodríguez Moñino, varios miembros de la Alianza de Intelectuales Antifascistas, entre ellos José Bergamín y Rafael Alberti, que acababan de ser nombrados, respectivamente, presidente y secretario de la organización. La función que asignaban a la revista estaba clara. Se trataba de subrayar los compromisos de los intelectuales con la causa popular; de crear un instrumento en el que aquéllos pudieran expresar su ideario político; demostrar la oposición entre Fascismo y Cultura; de estimular la solidaridad de todos los artistas demócratas del mundo. En otras palabras, los escritores se habían interrogado por su papel en la Guerra Civil, y muchos de ellos, sin perjuicio de otras participaciones más directas, se habían respondido que estaban obligados a proclamar la identificación entre Pueblo y Cultura, entre victoria revolucionaria y defensa de los valores del espíritu. Lo cual era, además de una afirmación, un modo de luchar contra el concepto «elitista» o minoritaria de la cultura y contra la presumible tentación «facciosa» de proclamarla ajena a «las hordas populares», poco instruidas, formadas en el campo o en los centros de trabajo, en vez de hacerlo en las universidades, con las subsiguientes dosis de ignorancia y aun de analfabetismo.

El compromiso, como se ve, era difícil y exigente. Porque el escritor se planteaba algo infinitamente más hondo y complejo que las paternales exaltaciones de la causa popular. Se trataba de combatir la dicotomía, generada por entender la historia según los intereses de la clase dominante, entre Cultura y Masa Trabajadora, de sumergirse en los problemas de esta última, de asumir su destino social que ahora ventilaba en los frentes de batalla, de alumbrar, en fin, un sentido social totalmente nuevo del término Cultura. Por lo cual —y de ello aparecerían numerosos, sinceros y ejemplares testimonios—, el intelectual o el artista se veían arrastrados a una serie de desgarros y conflictos interiores, que si los más superficiales resolvían con fáciles entusiasmos, resonantes golpes de pecho o rabiosas condenas de los «enemigos del pueblo», los más serios afrontaban con la evidencia de que sólo un cambio social podría encarar el problema y plantear, como parte de un orden más justo, un nuevo concepto de la cultura. Hasta que eso llegara —y por ello se estaba haciendo una Guerra— habría que ir avanzando paso a paso, sumergiéndose el intelectual más y más en el pueblo, compartiendo su realidad vital, unificada ahora por la lucha común, pero sin renunciar a una serie de valores estéticos, dominados hasta entonces por la minoría, pero no por ello necesariamente minoritarios.

Todo este debate bullía, expresa o tácitamente, en la mente de quienes se reunieron aquel día del mes de agosto en el café Lyon. Y al buscar el nombre de la revista que proyectaban dieron con un título que resumía simbólicamente sus objetivos. Parece ser que fue Bergamín quien señaló que la mayor parte de los contertulios vestía con mono azul, prenda que se había generalizado durante la primera época de la contienda. Frente a la chaqueta y la corbata de la pequeña y mediana burguesía, el mono azul tenía mucho de traje proletario. De modo que el hecho de ser intelectuales, de haber publicado libros, presentado exposiciones o desempeñado cátedras, y andar así vestidos, correspondía externamente a esa voluntad a la que antes nos referíamos. Por eso, la idea de titular a la revista *El Mono Azul* fue aceptada por todos con entusiasmo.

Luego, las viñetas y dibujos de la publicación reprodujeron a menudo la figura del simio, ya fuera en defensa del simbólico madroño madrileño, ya fuera encarnando a los prototipos de la Rebelión; como sería el caso del dibujo incluido en el primer número, en el que aparecían dos milicianos arrojando sus cartuchos de dinamita contra tres monos, uno con birrete sacerdotal, otro adornado con el yugo y las flechas y un tercero cubierto con lo que parece la capucha de una chilaba. El uso de tales dibujos y aun el regusto surrealista del título —si lo relacionamos con el simio en lugar de con la prenda de vestir— se prestan, en principio, a ciertos equívocos. Pero las manifestaciones de Rodríguez Moñino, así como el editorial de Bergamín en el primer número, aclaran el sentido político de un título que, a fin de cuentas, gozaba de una ambigüedad, de una fantasía literaria, que no debían molestar en absoluto a los redactores de la revista.

LA ALIANZA

Del 21 al 25 de junio de 1935 se había celebrado, en la Mutualité de París, un Congreso de Intelectuales Antifascistas. La presencia de quienes ya eran escritores exiliados de la Alemania de Hitler y la Italia de Mussolini, probaba que existían sobradas razones históricas para tomar la iniciativa. En nombre de nuestros intelectuales participó el socialista Alvarez del Vayo, si bien el nacimiento de la Sección española de la Asociación no se planteó hasta los primeros meses del 36, es decir, después de que la victoria electoral del Frente Popular despejara el camino. Se llamó Alianza de Intelectuales Antifascistas para la Defensa de la Cultura, y, según el testimonio de Quiroga Plá (1), cuando llegó el 18 de julio, «no debía contar con más de cincuenta miembros», que incluían —como era el caso de Bergamín y de Alberti— a quienes se hallaban más definidos políticamente. Con la rebelión militar, todo cambió. Y el mismo Quiroga Plá explicaba:

«El número de inscritos aumentó rápidamente cuando se produjo la sedición. La Alianza fue, en esos días de julio del 36, el hogar donde fueron a agruparse los escritores, los artistas, los profesionales de la Inteligencia, en fin, todos aquellos que, ante la gravedad del momento, buscaban, aun como ciegos, su puesto de combate al lado del pueblo, sintiendo que en España *todo lo que valía algo era pueblo*» (2).

Ricardo Baeza había sido nombrado presidente de la Alianza el 18 de julio. Pero ya a mediados de agosto, cuando creció la voluntad combatiente de sus miembros, se designó a José Bergamín como presidente y a Rafael Alberti como secretario, probando ambos muy pronto la oportunidad del nombramiento. Su distinta procedencia política —de la izquierda católica el uno; militante comunista el otro— reflejaba, además, la voluntad unitaria, a la vez que la apertura, de la Alianza.

Pronto ésta se instaló en el Palacio del Marqués de Heredia Spínola, situado en el número 7 de la calle Mar-

(1) Citado en la edición de *Cuadernos de Madrid (El Mono Azul,* 47), de Verlag Detlev Auvermann KG/Glashutten im Taunus-Kraus Reprint/Nendeln Liechtenstein. Palabras previas de Michel García, pág. XII.

(2) *Idem,* págs. XII y XIV.

qués del Duero. Según ha recordado Michel García (3), la Junta de Incautaciones ofreció el edificio al sindicato de panaderos y pasteleros, que lo encontró «demasiado vasto y hermoso». Por sus obras de arte, por su biblioteca, por sus dimensiones, cuadraba, en efecto, mucho mejor con los fines de la Alianza, que hizo de él uno de los principales centros culturales de la España republicana.

Allí se celebraron y fraguaron innumerables actividades. Por allí pasaron todos los escritores extranjeros que se sintieron obligados a testimoniar su solidaridad con la República. Allí se encontraron a menudo cuantos artistas españoles trabajaban y luchaban por la victoria de la causa popular. Allí se estableció la redacción de *El Mono Azul*, a la que se dirigió más de un lector cambiando el nombre de Calle del Marqués del Duero por Calle del Mono Azul, sin que el curso de la guerra diera pie a considerar oficialmente la iniciativa.

LAS ETAPAS DE *EL MONO AZUL*

El primer número sale el 27 de agosto de 1936. En el número 2 aparece la lista de «responsables», que sigue publicándose hasta el número 11. Son: María Teresa León, José Bergamín, Rafael Dieste, Lorenzo Varela, Rafael Alberti, Antonio Luna, Arturo Souto y Vicente Salas Viu, que, en diferente medida, serán también las firmas más repetidas.

En la historia de la publicación aparecen varias etapas, separadas a veces por números de transición. La primera es, probablemente, la más fecunda, la que otorga a *El Mono Azul* su principal valor. En ella, sin renunciar jamás a su carácter «cultural», la revista se impregna de actualidad, mezcla su temblor al temblor de la calle y del pueblo en armas, como muy raras veces lo habrá conseguido ninguna publicación literaria a lo largo de la historia. Si, como veíamos antes, *El Mono Azul* había nacido a poco de producirse la sedición militar, sus ulteriores apariciones semanales le obligarán a convertirse en el gran periódico de la Defensa de Madrid. Lo que era inicialmente un canto a las hazañas del ejército popular y un ataque a las ideas y fuerzas del fascismo se va, poco a poco, apretando en torno al tema que inevitablemente tenía que privar en la Alianza; el avance de los «nacionales» hacia Madrid, el

---

(3) *Idem*, nota 10, pág. XIV.

derrumbe de algunos de los frentes que defendían la capital, la presencia de los moros en la misma Casa de Campo, el paso del ímpetu desordenado y aun incontrolado a la disciplina militar, la vida bajo los constantes bombardeos, las instrucciones para el alistamiento en los batallones de choque destinados a defender Madrid casa por casa, la intervención de las Brigadas Internacionales, la llegada y muerte de Durruti, el nombre de los héroes caídos, todo está reflejado en la primera etapa de *El Mono Azul*, y, lo que no deja de ser impresionante, a la vez que la vida cultural —el teatro, la poesía, los Congresos...— de una ciudad que vive en esas condiciones.

El número 11 lleva la fecha de 5 de noviembre. El editorial, «Madrid se defiende», pese al tono «estimulante» a que está obligado, no puede ser más grave, a poco que se lea entre líneas:

«Es tal la importancia de la Capital para los facciosos, y han podido llegar tan cerca, que no es muy atinado esperar grandes y rápidos avances por parte nuestra. Incluso son explicables pequeños retrocesos parciales. Si contamos con elementos y nuestras fuerzas han corregido gran parte de sus inevitables deficiencias, no por eso va a dejar de existir el enemigo. Es de suponer que éste se batirá con igual denuedo que nosotros, como lo está demostrando en Oviedo y en las ciudades por ellos ocupadas, no obstante la acometividad de las columnas asturianas y vascas. Pero lo indudable es que Madrid ha cambiado sin perder la serenidad...»

Una pintura de Goya —con este pie: «El pueblo madrileño defendiéndose contra las hordas africanas traídas a España por Napoleón»— ilustraba el editorial y establecía el momento exacto que atravesaba la ciudad (4).

El 7 de noviembre fue la fecha clave en la Defensa. El día 12 aparecía, con otro formato, sin color en sus tintas, *El Mono Azul*, escrito con el pequeño respiro de quien acaba de superar una acometida de muerte. El editorial, «La tenacidad, condición de la victoria», era un canto a la disciplina y a la «obediencia estricta», porque el «impulso heroico» del 2 de mayo o del 19 de julio ya no bastaban.

«Hoy no es el arranque ciego, sino la fría consideración del peligro lo que ha ido creando, tras la crítica implacable de los propios defectos, esa serena y magnífica tensión

(4) *El Mono Azul*, núm. 11, de 5-11-36, pág. 1.

de ánimo que impera en la vanguardia y en la población no combatiente» (5).

Se había, pues, liquidado una etapa de la guerra, que correspondía, exactamente, a los 14 primeros números de *El Mono Azul*, publicados ininterrumpidamente, en otras tantas semanas, desde el 27 de agosto al 26 de noviembre de 1936. Vienen luego varios números de transición, publicados irregularmente en febrero y mayo del 37, el primero de los cuales —el 15— tiene el singular interés de incluir, bajo la dedicatoria general de «A Pérez Mateo, héroe de Madrid», por última vez, el Romancero de la Guerra Civil. El número 18 aparece ya llenando una página de *La Voz*, y así seguirá hasta el número 44, publicado en diciembre del 37. La Hoja pierde, sin duda, el calor de la primera etapa, para hacerse más reflexiva, y, también, más monolítica. Cuanto había de boletín de urgencia, de literatura de trinchera, nacida con impresionante autenticidad, se diluye un poco bajo el carácter más programado de los materiales, ya fuera en el plano político, ya fuera en el literario. *El Mono Azul* —sometiéndose él mismo a la disciplina que reclama de los demás— gana con ello cierto peso, pero pierde su formidable frescura inicial, pareciéndose ya a cualquier página literaria de un diario de izquierda. El hecho de que, en una nota del número 31 (septiembre del 37), esto fuera negado por los redactores de *El Mono Azul* prueba, indirectamente, que aquéllos tenían conciencia de la nueva imagen de la Hoja.

En mayo del 38, casi cinco meses después de aparecer por última vez en el marco de *La Voz*, *El Mono Azul* sale de nuevo, materialmente independiente, como «publicación de la Alianza de los Intelectuales Antifascistas». Un texto de primera página explica:

«Camaradas: *El Mono Azul* comienza su tercera etapa. Vino con los milicianos en los días exaltados de agosto, se desparramó por los frentes y creó con el Romancero de la Guerra Civil uno de los exponentes más claros de nuestra literatura de guerra. Apiñaba en sus filas a muchos jóvenes escritores. Hoy trae luto por algunos de sus artistas, que dejó sembrada la muerte para el futuro glorioso de España. *El Mono Azul*, símbolo de trabajo, inteligencia y guerra, no podía callarse en esta ocasión de peligro. Aquí está, voluntario otra vez. ¿No han llamado a filas? Pues *El Mono*

(5) *El Mono Azul*, núm. 12, de 12-11-36, pág. 1.

Azul está en su puesto: junto al gobierno del Frente Popular, formando alma y carne de la patria, cumpliendo su deber.»

Esta «tercera etapa» de la revista sólo dio pie para tres números, con los cuales se cierra la historia de *El Mono Azul;* tres números con más papel y material que nunca había tenido la publicación, en los cuales se acentuó el carácter de revista literaria, un poco distante —puesto que en tan graves circunstancias no cabían muchas distancias— del fragor combatiente. Probablemente, ello nacía de un propósito, obligadamente distinto al que dio vida a los primeros números de la revista. Algunos trabajos, como el juicio severísimo de José Luis Salado sobre el teatro español de la época; los poemas de Vallejo y de Neruda; los textos de «Radio Sevilla», de Alberti, y «Los miedosos valientes», de Antonio Aparicio, dos muestras del teatro de urgencia; una ponencia de César Vallejo «sobre la responsabilidad del escritor»; o la estupenda conferencia de Santiago Ontañón sobre el dibujante Francisco Mateo, documento fundamental para comprender lo que se llamó «arte de urgencia», son materiales que, entre otros, muestran que si *El Mono Azul,* como un combatiente más, perdió el fulgor de las primeras semanas con el desgaste de la guerra, nunca olvidó lo que estaba en juego ni las razones que le dieron vida en una reunión de intelectuales, celebrada, en una tarde de agosto, en el Lyon madrileño.

COLABORADORES

La lista de los colaboradores incluye a muchos de los grandes escritores, españoles o extranjeros, de la época. En la mayor parte de los casos, se trata de trabajos específicamente escritos para *El Mono Azul;* pero hay también abundantes ejemplos de poemas, declaraciones y relatos que se reproducen de otras revistas, sobre todo cuando corresponden a autores de prestigio cuya posición política interesa resaltar.

En el último de los casos se encuentran, por ejemplo, el poema «El crimen fue en Granada», de Antonio Machado, tomado de la revista *Ayuda* (6); diversos textos sobre la teoría y práctica de la guerra, extraídos de los

(6) *El Mono Azul,* núm. 9, de 22-10-36, pág. 2.

libros de Von Clausewitz (7); antiguos versos de Nicolás Guillén o Langston Hughes (8); o una declaración de Juan Ramón Jiménez:

«Creo que en la historia del mundo no ha existido ejemplo de valor material e ideal semejante al que en este 1936 está dando el gran pueblo español...» (9).

Declaración esta última de especialísima significación. Primero, porque su presencia en el número 1 —al lado del ardoroso comentario de Bergamín, en torno a los objetivos de la nueva publicación y el por qué de su título— expresa el profundo respeto que los del 27 sentían por el «poeta puro» y su afán de acercarlo a la gran empresa política que se ponía en marcha; y, segundo, porque el texto de Juan Ramón, dentro de su incondicional adhesión a la República, traducía la preocupación que en muchos había despertado la violencia, a veces incontrolada, de la retaguardia republicana:

«Bien sé que es imposible alumbrar del todo la sombra, que nada enorme es perfecto. Pero que la destrucción y la muerte no pasen más de lo inevitable o merecido. ¡No matar nunca, no destruir nunca a ciegas!»

Temas ambos —la evaluación de la República y el rechazo de cierta violencia miliciana— que definen la diversa actitud de los intelectuales frente a la Guerra Civil. A veces, para mantenerse en la cordial y crítica adhesión de Juan Ramón; a veces, como fue el caso de los hombres de la Alianza, para entregarse decididamente a una acción cultural y revolucionaria; a veces, como hizo Sender, para tomar el fusil y combatir en el frente; a veces, como en el ejemplo de Marañón, para rechazar el campo republicano en nombre de los crímenes que allí se cometieron; a veces, como en el drama de Unamuno, empezando por condenar los desmanes ocurridos en la «zona roja», para, en octubre del 36, jugarse la vida y el Rectorado de Salamanca —para perder ambas cosas en muy poco tiempo— al denunciar, en acto público y solemne, los crímenes de la «zona nacional»...

---

(7) *El Mono Azul,* núm. 3, de 10-9-36, pág. 3. «Teoría y táctica de la guerra», de Von Clausewitz.

(8) De Nicolás Guillén: «Visita a un solar», núm. 27, de 5-8-37; «Cantos para soldados», núm. 32, de 9-10-37; de Langston Hughes: «Cuatro poemas», traducidos por Alberti, núm. 29, de 19-8-37. *El Mono Azul.*

(9) *El Mono Azul,* núm. 1, de 27-8-36, pág. 3: «Declaración del gran Juan Ramón Jiménez».

Nombres claramente decantados hay muchos. Pero tratándose de una publicación hecha por artistas e intelectuales, es lógico, y esa fue parte de su grandeza, que no renunciara a su pasión crítica, y que la convivencia de conceptos como Revolución, Violencia, Estética, Pueblo, Libertad, Disciplina, Unidad, Discrepancia, y tantos otros, creara un complejo y tenso discurso.

Leídos bajo esta perspectiva, buena parte de los textos publicados corresponden a este debate. Al primer número, además del editorial «Defensa de la cultura», de las explicaciones de Bergamín y de las «amparadoras» palabras de Juan Ramón, pertenece el siguiente texto:

«TODA LA INTELIGENCIA CON NOSOTROS. Los escritores, artistas e intelectuales más prestigiosos del mundo nos envían telegramas de solidaridad. El maravilloso ejemplo de heroismo del pueblo español ha conmovido la dignidad de los mejores. Sólo unas pocas «alimañas parlantes" —los Eugenio Montes y Giménez Caballero de otros países— han olvidado nuestro glorioso triunfo popular. Lo esperábamos. Las ratas en ningún país tienen conciencia... Por falta de espacio no copiamos los telegramas; pero recordamos algunas de las valiosas firmas que los enviaban: André Gide, André Malraux, Jean Cassou, Elu Tor, Waldo Frank, John Dos Passos, Louis Aragon, Jules Romain, Ilya Ehrenburg, Thomas Mann, Heinrich Mann, etcétera. Agradecemos la solidaridad de los grandes intelectuales de todos los países y la comunicamos a todos los antifascistas españoles» (10).

Texto que subraya uno de los objetivos fundamentales de *El Mono Azul*: denunciar a «los que son» como Giménez Caballero y Eugenio Montes, y, sobre todo, divulgar las adhesiones de los «grandes intelectuales» de todos los países. Y eso, tanto por su dimensión de propaganda frente al español medio, como por lo que tenía de afirmación de las «obligaciones políticas» de los artistas e intelectuales, ya fuera desde una perspectiva simplemente democrática —en tanto que el gobierno de Madrid era el legítimamente constituido tras las últimas elecciones—, ya fuera desde la concepción marxista de la lucha de clases.

Este comprensible espíritu proselitista subyace en muchos de los trabajos publicados en *El Mono Azul*. Así, en la ostensible y lícita satisfacción con que se saluda la presencia de algunos grandes escritores en los Congresos organizados por la Alianza —singularmente el del 37, inau-

(10) *Idem*, pág. 6.

gurado en Valencia, donde ya por entonces residía el Gobierno, y continuado luego en Madrid y Barcelona—, en los tres números especiales dedicados a los intelectuales alemanes que luchan en las filas republicanas, en el cariño con que se acoge la presencia de Vallejo, de León Felipe, de Nicolás Guillén, de Langston Hughes, de Jef Last o de Cernuda. Y, paralelamente, en la aspereza con que se denuncia la ausencia de una serie de escritores, inicialmente afectos a la República y refugiados después en París o Buenos Aires, a la espera del desenlace de la guerra. Incluso André Gide, que encabezaba la lista de los que enviaron los primeros telegramas de adhesión a la Alianza, será condenado por José Bergamín —muy vigilante en estos menesteres— a cuenta de ciertas críticas al régimen soviético. La URSS era, por entonces, la gran aliada del Gobierno republicano y el ataque de Gide al stalinismo —preludio de los que se han multiplicado después y han generado el fenómeno del eurocomunismo— pareció a Bergamín algo así como una traición...

Aparte de los trabajos firmados con iniciales, o los que, por ir sin firma, corresponden genéricamente a la Redacción, aparecen en *El Mono Azul* hasta 144 nombres responsabilizándose de los distintos artículos. Algunos —los que, lógicamente, figuran con más asiduidad— corresponden al bloque que dirigía las actividades de la Alianza; otros, pertenecen a las letras españolas en un sentido amplio, a veces ya muertos, como es el caso de García Lorca o de Galdós, de quienes se toman, respectivamente, unos juicios teatrales y un fragmento de *Gerona,* de los Episodios Nacionales. Finalmente, un tercer grupo está constituido por los grandes hombres de la literatura universal, a quienes conmovió la tragedia de España y tomaron partido por la República. Los nombres de Aleixandre, Aragón, Cernuda, Chacel, Ehrenburg, Gil Albert, Nicolás Guillén, Miguel Hernández, Antonio Machado, Neruda, Octavio Paz, Romain Rolland, Sánchez Barbudo, Sender y Vallejo, podrían tal vez servir para dar una idea aproximada —por citar nombres que nadie ha olvidado— de los criterios con que los responsables de *El Mono Azul* seleccionaban sus colaboradores.

LOS «GENEROS» DE *EL MONO AZUL*

Si hubiéramos de clasificar los materiales de la publicación, estableceríamos los siguientes grupos básicos:

1. Artículos, documentos, editoriales, de naturaleza estrictamente política o en torno a los compromisos del escritor.
2. Poesía, especialmente integrada dentro del «Romancero de la Guerra Civil».
3. Trabajos relacionados con la sección teatral de la Alianza. Destacan en este apartado los artículos dedicados al Teatro de Arte y Propaganda del Estado, al teatro de urgencia, y a criticar la situación escénica madrileña. También, dos obras de urgencia: «Radio Sevilla» y «Los miedosos valientes».
4. Narraciones.
5. Artículos de crítica literaria.

En las futuras páginas de este trabajo abordaremos con cierta extensión los materiales que corresponden a los apartados 2 y 3 e intentaremos delinear el debate en torno al compromiso político de los intelectuales y artistas. Por no ser tema de nuestro estudio, nos limitaremos ahora a dar una brevísima impresión sobre la narrativa y los ensayos de crítica literaria.

LA NARRATIVA

Estuvo supeditada, como el resto, al objetivo último de exaltar y defender la causa de la República. Tal objetivo lastró, como no lo hizo quizá en ninguna de las restantes manifestaciones, la expresión narrativa. Si la experiencia cotidiana prestaba un fuego singular, un filo vital, a la poesía, a la declaración política, y aun al sueño de un teatro popular, los pequeños relatos solían caer en la apología o el melodrama. Excepcionalmente, tal vez en la reproducción fragmentaria de testimonios, en las líneas de un diario —como es el caso del escritor alemán Gustav Regler, Comisario de la XII Brigada Internacional, autor de un libro sobre nuestra Guerra Civil, *The Great Crusade*, publicado en el 40, en Nueva York, con una introducción de Hemingway (11)—, aparecía un tipo de relato que combinaba el fervor de la lucha con la calidad literaria. Lo normal —y ese es el caso, por ejemplo, de la mayor parte de las colaboraciones de María Teresa León (12)— era que la narración insistiese sobre el carácter heroico del protagonista revolucionario, en términos que desvirtuaban la credibilidad de la historia. Privaba el realismo socialista, y si los poetas conseguían, con genio verbal, destruir muchas veces el lugar común, la narrativa se hundía en acuarelas sentimentales, tópicamente psicologistas, y ordenadas con un demasiado palpable propósito de ejemplaridad política.

Una prueba de que las características de *El Mono Azul* no se acoplaban a las exigencias de una buena narrativa —del cuento breve—, quizá la tendríamos en el hecho de que siendo varios los grandes narradores que colaboraron en sus páginas, lo hicieron siempre con romances, declaraciones políticas o precisiones sobre el papel de la Cultura. Cosa que no ocurrió con los poetas, que volcaron su obra sobre *El Mono Azul*, procurando aunar el compromiso político con el rigor formal.

Pese a lo dicho, y establecidas las señaladas reservas, la narrativa de *El Mono Azul* nos aproxima a una serie de tipos y de modos de vivir la guerra, que contribuyen a completar el carácter de valioso documento que hoy tiene la revista.

ENSAYOS DE CRITICA LITERARIA

Ya hemos dicho que la publicación pasó desde su primera etapa, en que fue el boletín de urgencia redactado por un grupo de intelectuales combatientes, a revista literaria, poblada de crónicas y ensayos. Interesa, en este sentido, subrayar el esfuerzo de los redactores —con todo lo que ello implícitamente significa— por estabilizar, en plena guerra, la imagen de una revista literaria. Una revisión de la moderna novelística italiana, titulada «No esperamos de la joven literatura fascista ni un genio ni una obra inmortal», la crónica de un año de teatro en París, la sec-

---

(11) Citado en la edición alemana de *Cuadernos de Madrid* (*El Mono Azul*, 47), págs. LX y LXI.

(12) Por ejemplo, el cuento titulado «Una estrella roja», incluido en los números 5 (de 24-9-36) y 6 (de 1-10-36), en las págs. 6 y 2, respectivamente.

ción de libros y revistas, un trabajo de Arturo Ruiz Castillo sobre «El cine en la guerra», una larga conferencia de Santiago Ontañón, o un artículo de René Lalou sobre la importancia de las traducciones, serían el ejemplo de este tipo de material (13). En el que no faltan, con una categoría muy superior a la de simples crónicas, valiosos ensayos literarios, como el de Vicente Aleixandre sobre Federico García Lorca, o el de Luis Cernuda sobre la situación del teatro español.

En febrero del 39 se imprimía el que iba a ser último número de *El Mono Azul.* Rafael Alberti y María Teresa León recibían una carta de Luis Aragón, fechada en París, el día 10 del mismo mes, que juzgaron conveniente reproducir y agregar a la revista. En uno de sus párrafos podía leerse:

«... Lo que importa es que comprendáis cuánto os queremos todos y cómo vuestra España es el centro de nuestra vida, de nuestro pensamiento, de nuestro corazón. Quiero que sepáis qué confianza tienen en vosotros millones de franceses, en vuestra España del Centro, reducida, pero no vencida; en vuestra resistencia, en vuestra decisión para la lucha, en vuestra victoria.»

Se había desplomado el frente de Cataluña. Se sostenían a duras penas Madrid, Valencia y Extremadura. Pronto empezaría para los supervivientes de *El Mono Azul,* en el mejor de los casos, el drama del exilio. Hasta llegar, pasados muchos años, a ese día romano del 75, menguadas las filas por la muerte y el cansancio, en que el poeta siempre vivo volvería a cantar:

«Otra vez la primavera
avanza alegre y florida.
Madrid nunca fue vencida.
¡Pronto! Madrid nos espera.»

(13) *El Mono Azul,* núm. 47 (febrero del 39), págs. 6, 7 y 8.

II

EL COMPROMISO DE LOS INTELECTUALES

Explicada la génesis de la Alianza, me parece imprescindible, antes de abordar los temas del teatro de urgencia y el Romancero de la Guerra Civil, esbozar los términos del compromiso «antifascista» de nuestros intelectuales a tenor de lo debatido en las páginas de *El Mono Azul.*

Si hablar de la Alianza de Intelectuales Antifascistas presupone que podría existir igualmente una Alianza de Intelectuales Fascistas, tal conclusión sería contraria a las ideas que dominan en la publicación. Más precisa sería la afirmación de que los Intelectuales Antifascistas perseguían la Defensa de la Cultura. Es decir, que para ellos, quien se alineaba con los fascistas no se limitaba a expresar una opción política, sino que traicionaba su figura de Intelectual, traicionaba la Cultura.

En la letrilla inaugural de *El Mono Azul*, Alberti, sin renunciar al juego verbal, decía:

> ¡Salud!, mono miliciano,
> lleno, inflado, no vacío,
> sin importarle ni pío
> no ser jamás mono-plano.
> Tu fusil
> también se cargue de tinta
> contra la Guerra Civil.

Había, pues, un compromiso que era previo a toda militancia de Partido. Se habían celebrado unas elecciones, tras las cuales una sedición militar se oponía al gobierno legítimo. La Guerra Civil era, por tanto, doblemente terrible: por el dolor y la sangre que prometía a los españoles y por tener su origen en la negación de la vida democrática. Las dos razones justificaban el derecho a condenarla.

A estas motivaciones, estrictamente cívicas, los intelectuales de la Alianza agregaban una tercera. La Rebelión Militar aparecía, ideológicamente y en términos de colaboración práctica, íntimamente ligada al Fascismo europeo, es decir, a los regímenes de Italia y de Alemania, frente a los cuales se hallaba ya perfectamente definida una actitud de resistencia.

Quedaba, todavía, otro nivel de compromiso. Era el que, sin excluir los anteriores, se asentaba en una conciencia revolucionaria, marxista o no, pero decidida a aprovechar la coyuntura para liquidar el capitalsimo. La Rebelión Militar creaba una situación de la que ya no era posible salir haciendo marcha atrás. Los términos eran ahora radicales y el desenlace de la guerra no podía ser más que el triunfo aplastante de una clase social sobre otra. Ciertamente, de producirse un triunfo del Frente Popular, había infinitos y ásperos problemas por resolver, pero, desde la dinámica de la guerra, lo que estaba claro era que ese triunfo implicaba una profunda transformación de la sociedad y del papel del escritor.

Creo que es conveniente tener presentes estos tres niveles de adhesión para no ver luego contradicciones donde no las hay. Escritores hubo que se solidarizaron con la República y escritores hubo que, además, se solidarizaron con la revolución proletaria. Escritores que hablaban en nombre de la democracia mancillada y quienes lo hacían en nombre del socialismo. Si un André Gide se solidarizaba con la República, denunciaba el Fascismo y luego se permitía criticar al Régimen Soviético, no había en ello la menor contradicción, aunque algunos hubieran deseado que Antifascismo y Comunismo fueran una misma cosa.

Los debates suscitados por el tema y el repaso de algunos de los comportamientos criticados desde las páginas de *El Mono Azul* nos ayudarán a entender que quienes estaban con la República no lo estaban de la misma manera.

LA DEFENSA DE LA CULTURA

Bajo este título, el editorial del primer número de la revista decía:

«La Alianza de Intelectuales Antifascistas no es un organismo acabado de nacer al calor de esta espléndida

El pueblo defiende la cultura

"En nombre de los soldados del VI Cuerpo del Ejército os dirijo la palabra. Nosotros defendemos la causa legítima de la República y defendemos la causa de la Justicia. La defendemos con coraje y con todo el valor que nuestra sangre nos proporciona. En este momento, nosotros, en representación del VI Cuerpo del Ejército, os decimos: Luchamos para defender la justicia y la cultura. Nosotros, en las puntas de nuestras bayonetas llevamos la paz y la cultura, para dicha nuestra y de nuestros hijos. Nada más. Salud, camaradas."

(Saludo al Congreso de Escritores de un soldado del Ejército Popular.)

HOJA SEMANAL DE LA AL

El Mono Azul, n.º 24

llamarada liberadora que vivimos. Desde antes, desde años atrás, muchos de sus miembros militaban en la Asociación de Escritores Revolucionarios, cuya sede estaba en Moscú. Pasado el tiempo, ante el avance fascista, que representaba la persecución intelectual organizada por los nazis y las diferencias surgidas en el campo de la inteligencia en todos los países, los escritores de las diferentes tendencias del pensamiento se reunieron en París, celebrando un amplio Congreso en julio de 1935.

De esta gran asamblea salió la necesidad inmediata, inaplazable, de combatir al fascismo en todas sus formas. Con los hombres más ilustres de todos los países se formó un Comité Internacional, con domicilio en París. Constituyeron este Comité André Gide, Thomas Mann, André Malraux, Romain Rolland, Aldous Huxley, Waldo Frank, etcétera.

La Alianza de Intelectuales Antifascistas se honra con el ofrecimiento magnífico de sus secciones internacionales, que se han reunido para desmentir en sus respectivos países las campañas calumniosas de la Prensa reaccionaria.

Milicianos: Lo mejor del pensamiento universal mira vuestro heroísmo. La Alianza de Intelectuales Españoles, no un partido político, sino afiliados y simpatizantes de todos los partidos del Frente Popular, reunidos en un solo fervor, os aseguran que mientras quede en pie un muro y un papel siga en blanco, escribirán, sobre la gran verdad española, la inmensa epopeya de nuestra guerra liberadora, la gloria de ser español, y generosamente colaborarán en este frente antifascista, punto de mira y término de acción de la Alianza de Intelectuales» (1).

Se insistía, pues, en que la Alianza no era la expresión de un Partido. Y se establecía un deber para los escritores: divulgar «la gran verdad española», que se inscribía así, por su condición de lucha antifascista, en la Defensa de la Cultura.

Un texto de José Bergamín señalaba, tomando pie en el mono azul de los obreros, título a su vez de la nueva publicación de la Alianza, el sentido moderno del humanismo:

«El mono azul no es una imitación, es una creación del hombre. Es más humano que el hombre desnudo —más verdadero— porque lo viste honradamente de su dignidad última y primera: la del trabajo, la de la libertad, la de la justicia. El mono azul, verdaderamente, humaniza al hombre» (2).

(1) *El Mono Azul*, núm. 1, 27-8-36, pág. 1: «Defensa de la cultura».
(2) *Idem*, pág. 3: «Presencia del mono azul», de José Bergamín.

Iba también en la página una frase de André Malraux, «La cultura no se transmite, se conquista». Y un texto bajo el significativo título de «Declaración del gran Juan Ramón Jiménez». Significativo porque expresaba, en la misma línea de salida, el respeto hacia el poeta «puro» y el tácito reconocimiento de que si los tiempos llegaban a reclamar un apresurado «arte de urgencia», no por ello se iba a abandonar el ideal de los poetas. Había que fajarse con la historia, pero la cita del «gran» Juan Ramón Jiménez dejaba en pie la búsqueda, sólo momentáneamente postergada, de la belleza y de la palabra exacta.

El texto de Juan Ramón, al que ya nos hemos referido en el primer capítulo, decía:

«Creo que en la historia del mundo no ha existido ejemplo de valor material e ideal semejante al que en este 1936 está dando el gran pueblo español.

En sólo un día de decisión maravillosa, de recobro inconcebible, de extraordinaria incorporación, tomó su lugar exacto contra el extenso frente militar organizado año tras año, y en medio de su confianza, contra él. Lo sigue y estoy seguro de que lo seguirá sosteniendo, ¡y con qué extraña alegría! Alegría, ésta es la emoción que da el pueblo de Madrid, y sin duda el de toda España, en estos días terribles y supremos. Alegría de convencimiento, alegría de voluntad, alegría de destino favorable o adverso.

Yo deseo de todo corazón, no creo necesario expresar este anhelo de toda mi vida, que tantas veces he manifestado en mis palabras y en mis escritos, el triunfo sin mengua del pueblo español, su triunfo material y su triunfo moral. Le deseo y nos deseo la alegría inmensa de su triunfo completo. Que el hermoso pueblo español salga entero del cuerpo que le quede y de toda su alma, pleno de alegre conciencia de esta empresa decisiva a que ha sido cruentamente citado. Entonces España, eterna y grande, alzará bandera de valor y conducta ante todos los pueblos del mundo.

Sucesos de inevitable horror ocurren en todas las conmociones materiales y espirituales: terremotos, tempestades, luchas de destino, de elemento y vida. Bien sé que es imposible alumbrar del todo la sombra, que nada enorme es perfecto. Pero que la destrucción y la muerte no pasen más de lo inevitable o merecido. ¡No matar nunca, no destruir nunca a ciegas! No debe ser ciega la fe del noble pueblo español.

Ayudémonos todos para que nuestra España vea del todo en medio de su tormento, para conseguir de nuestra

España y a nuestra España esta doble gloria, este doble ejemplo que le traerá para siempre el respeto universal.»

Estos materiales se complementaban: con una lista de famosos escritores extranjeros que habían enviado a la Alianza telegramas de solidaridad; con una sección —«¡A paseo!»— en la que se condenaba inmisericordemente a Eugenio Montes y a Miguel de Unamuno; y con una serie de noticias, agrupadas bajo el título general de «La Alianza en la línea de fuego», en torno a la presencia en los frentes de una serie de artistas e intelectuales, tales como el escultor Alberto, el pintor José M.ª Sancha y los escritores Ramón Dieste, Sender, Prados y Sánchez Barbudo, entre otros.

El reto estaba, pues, sólidamente formulado.

UNA LARGA LISTA DE ADHESIONES

Por lo tanto, todos los que colaboraron en *El Mono Azul* expresaron por este simple hecho su solidaridad con los fines perseguidos. Aparte de quienes colaboraron con diversos trabajos —de muchos de los cuales hablaremos en su momento—, aparecieron con frecuencia textos suscritos individual o colectivamente, cuya única función era testimoniar esa solidaridad, ya fuera citando expresamente la guerra española, que era lo más frecuente, ya fuera identificándose con los objetivos de la Alianza. Reproduciremos, igual que hicimos con el de Juan Ramón Jiménez, los textos más destacados en este sentido; así, el de André Gide, publicado en el número 2, bajo el mismo título de «Defensa de la Cultura»:

«Hoy por hoy, toda nuestra simpatía, todos nuestros deseos y necesidades de comunión tienden hacia una humanidad oprimida, contrahecha, que sufre. Pero yo no puedo admitir que el hombre merezca nuestra simpatía solamente por ser miserable. Yo me complazco en imaginar, en creer en un Estado social en que la alegría sea accesible a todos; en que haya hombres a quienes la alegría pueda también engrandecer» (3).

En el número 3, de 10 de septiembre del 36, se acusa recibo de un Manifiesto remitido por el Comité Internacional de Escritores para la Defensa de la Cultura:

---

(3) *El Mono Azul*, núm. 2, 3-9-36, pág. 2: «Defensa de la cultura», por André Gide.

«Se ponen a nuestro lado —dice *El Mono Azul*—, atestiguan, amonestan a los fabricadores de infamias y dicen la verdad del fascismo español, tan indigno como todos los fascismos internacionales, más indigno aún porque se envolvió en la traición militar, inundando de ira fratricida y de sangre nuestro mapa de España» (4).

Firmaban el Manifiesto: André Gide, André Chauson, Martín Chauffier, Paul Nizan, Moussinac, Louis Aragon, Claude Aveline, Jean-Richard Bloch, Jean Cassou, Jouhaux, De Brouchere, Víctor Basch, Isabelle Blum, Britscheid, Ziromsky, Vaillant Couturier, Duclos, Langevin, Jammy, Le Foyer, Schmidt, profesor Blaket, Wilkinson, Churchill, Norman Angel, Oprecht, Kunossy, Branting, Borel y Peri.

En el número 6, de primero de octubre, aparece un encendido y breve escrito de «Adhesión de los escritores y artistas mexicanos», además de la noticia de que «lo mejor de la intelectualidad argentina», con el poeta Raúl González Tuñón a la cabeza, habían redactado un manifiesto en que desmentían la «canallesca campaña de la prensa reaccionaria argentina en contra del Frente Popular de España». Esta última información, titulada «Escritores conscientes», se oponía a la actitud de los «Poetas católicos» Leopoldo Marechal y Francisco Luis Bernárdez, los cuales habían mandado telegramas de adhesión a Franco.

En ese mismo número se publica, redactado en catalán, un Manifiesto dirigido «A los intelectuales, artistas, escritores y técnicos. A todos los amigos de la cultura», cuyos últimos párrafos afirman:

«La hora histórica exige que nos unamos fraternalmente, junto a todas las entidades culturales existentes, tal como nos corresponde, para formar un potente Frente de Acción para la Defensa de la Cultura.

Este es el objetivo de la organización que hoy se inicia y a la que invitamos cordialmente a todos los intelectuales, artistas, escritores, a los amigos de la cultura, conscientes de su responsabilidad y de su misión social. Recordarla y juntos lucharemos:

¡CONTRA LA GUERRA!
¡CONTRA TODA TENDENCIA REGRESIVA!
¡POR LA DEFENSA DE LA CULTURA Y DE LA LIBERTAD!» (5).

---

(4) *El Mono Azul*, núm. 3, 10-9-36, pág. 8: «Comité Internacional de Escritores».
(5) *El Mono Azul*, núm. 6, 1-10-36, pág. 6: «Manifest».

Curiosamente, en la lista de firmantes, repleta de ilustres nombres de las letras catalanas, figuraba Federico García Lorca, pese a que había sido asesinado mes y medio antes. Si quienes redactaron el escrito lo sabían, no se entiende por qué incluyeron el nombre de Federico; y, si no lo sabían, aún se entiende menos que lo ligaran a un documento que, de seguir vivo Lorca en Granada, le hubiera acarreado no pocas complicaciones. Torpeza, en fin, que sólo puede comprenderse si consideramos la necesidad de afirmar la solidaridad de los escritores con la República y el destacado puesto que Federico —que, además de dirigir «La Barraca», era un hombre a quien las derechas detestaban, según probaron las críticas de la prensa conservadora a «Yerma» en la temporada inmediatamente anterior a la Guerra— ocupaba entre aquéllos.

A los primeros días de noviembre corresponde el III Mitin de la Alianza, en el que, junto a Serrano Plaja, Sánchez Barbudo y Juan María Aguilera (diputado por Sevilla, de Izquierda Republicana), intervino León Felipe, que había llegado poco antes a Madrid para estar al lado de sus compañeros en los días difíciles. El acto se celebró —exactamente el día 1— en el Teatro Español, y, sobre la intervención del poeta, *El Mono Azul* reseñaba:

«Cuando éste se levantó a hablar, fue acogido con aplausos por todo el público. Hizo León Felipe una magnífica exaltación lírica de los eternos valores humanos, de aquellos esenciales al espíritu religioso verdadero, al evangelio de Cristo, condenando con adjetivación candente, a su vez, a los impostores, a los farsantes y embaucadores del puro sentimiento religioso del hombre. Terminó su emotiva lectura con un poema del gran Whitman, exacta y bellísima traducción del propio poeta, quien leyó tan admirablemente el poema del americano, que logró impresionar hondamente a todos» (6).

Un día antes, el 30 de octubre, se había celebrado en el Gran Price de Barcelona, un «Gran Mitin de solidaridad internacional», en el que, además de Estivill, Martí Ibáñez, María Teresa León y Rafael Alberti, habían intervenido Charles Vildrac, Tristán Tzara e Ilya Ehrenburg. Del texto de Vildrac reproducía *El Mono Azul* este párrafo:

---

(6) *El Mono Azul*, núm. 11, 5-11-36, pág. 8: «Tercer mitin de la Alianza».

«La política de neutralidad ya aparece a los ojos de todo el mundo como una traición. Lo que hay que tener en cuenta es que el pueblo de Francia, como el de otros países, sabe perfectamente que vuestra libertad es la suya, que vuestro triunfo es el del mundo: el triunfo de la dignidad y el del progreso. Eso lo dicen los hombres de la ciudad y del campo de toda Francia, afirmándose la solidaridad de las democracias, que admiran y os agradecen el esfuerzo que estáis llevando a cabo.»

También iban las palabras de Tristán Tzara, que, con algunas variantes, volvieron a publicarse en el número del 26 de noviembre del mismo año, tras pronunciarlas el poeta en una emisión radiofónica:

«Sabemos que la resistencia en el frente de Madrid a las hordas fascistas, es la defensa de la cultura y de la civilización en el mundo entero. Por esto debe considerarse el hecho de obtener Ossietzki el Premio Nobel de la Paz como una gran victoria de los antifascistas. Ossietzki, después de luchar durante años contra el imperialismo alemán, en los primeros días del nazismo fue conducido a un campo de concentración. Es la primera vez que se reconoce, por una autoridad tan importante como el Instituto Nobel, que la paz no puede ser más que antifascista; así como también debemos constatar que, en el frente cultural, la conciencia del mundo puede encararse con las bárbaras hordas armadas de acero, de bombas incendiarias y de calumnia, esa sexta columna que actualmente se halla en el corazón mismo de cada país.

Camaradas, he visitado estos frentes y he admirado sus hombres admirables, luchando con plenitud de conciencia por la libertad, que es más preciosa que la vida.

He visto hombres cuyo único crimen es esperar más justicia, más pan para sus hijos, y cuya dignidad de hombres pisotean los diarios vendidos al fascismo.

He visto entre vosotros que la unidad del proletariado no es palabra vana cuando esa unidad se forja en el combate.

He tenido la prueba, en el mismo Madrid, de que si el fascismo representa la barbarie, el proletariado es el único capaz de salvar aquello que durante siglos crearon los investigadores en los dominios del pensamiento y de la belleza.

He visto la vanguardia de la revolución mundial concretada en las líneas de fuego.

El fascismo asesino, que destruye la cultura, no sólo en lo ya producido, sino en sus gérmenes, en la misma posibilidad de crear, el fascismo de los verdugos y de los consejos de administración, es el último estertor del capitalismo moribundo.

Toda la juventud, toda la nobleza del espíritu, todo un pueblo en la plenitud de sus derechos históricos, se ha levantado para cortarle el camino. Se trata de devolver al hombre su plena cualidad de hombre, su verdadera función, colocarlo en su puesto. Las cosas son para el hombre y no el hombre para las cosas.

Viva la vida, camaradas, no esa "sucia vida mezclada con la muerte", que hasta ahora os permitieron vivir, sino la vida entera y libre que estáis construyendo.

¡Viva España popular!

¡Viva la Revolución!» (7).

De ese mismo noviembre del 36 es el anuncio de que el Congreso Internacional de Escritores correspondiente al año 37 se celebraría en Madrid. A la invitación de la Alianza habían respondido afirmativamente Romain Rolland, André Gide, J. R. Bloch, André Chauson, Louis Aragón, P. Langevin, Francis Jourdain, Jean Cassou, Lenormand, León Moussinac, Georges Billement, Tristán, Remi Ford, Charles Vildrac, Georges Audric y Malraux. Es también el momento en que una serie de escritores españoles —entre ellos, Alberti, Miguel Hernández, Bergamín, Antonio Machado, Menéndez Pidal, León Felipe, Luis Cernuda, Manuel Altolaguirre y Vicente Aleixandre— redactan, respondiendo a las manifestaciones de solidaridad recibidas del extranjero, un texto dirigido «A los intelectuales antifascistas del mundo entero». En él, entre otras muchas cosas, se decía:

«No se trata de lamentarnos en nombre de nuestro pueblo en armas, de nuestros heroicos milicianos, de los horrores de la guerra. Nuestros combatientes, con los dientes apretados, resisten silenciosamente y, con su gesto, son ya una exigencia de responsabilidades históricas a todos aquellos que, estando obligados a mantener una conducta, la eluden ahora cobardemente» (8).

Y el momento también en que Romain Rolland señala la importancia que tiene para el mundo —como ya había hecho su compatriota Vildrac— el desenlace de la Guerra de España:

«A todos los pueblos: ¡Socorro a las víctimas de España! Un grito de horror sube de las piedras humeantes de Madrid, la altiva ciudad que fue reina de medio mundo antiguo y del nuevo entero. La que fue luminar radiante

(7) *El Mono Azul*, núm. 14, 26-11-36, pág. 1: «Palabras del poeta Tristán Tzara».

(8) *El Mono Azul*, núm. 13, 19-11-36, pág. 4.

de la civilización occidental, se ve atacada a sangre y fuego por un ejército de moros de Africa, de legionarios, y los jefes facciosos se atreven a jurar por la causa de la España que saquean y de la civilización que pisotean.

Asesinan, mutilan y queman vivos a millares de mujeres y niños. Primeramente se hace blanco en los barrios populares. No se salvan los hospitales, arden los palacios gloriosos. Hoy el del Duque de Alba; hoy el del Prado. Se hunden, bajo las bombas, salas de arte; con su pueblo muere Velázquez. Precisamente esa hora en que agoniza la ciudad heroica, cuyos antiguos reyes salvaron a Europa de la invasión árabe; precisamente esa hora es la escogida por Mussolini y Hitler para reconocer el gobierno de Franco, el africano, que la asesina con las armas que le procuran los fascismos de Italia y de Alemania, bien pagados.

¡No ven, insensatos, que algún día la sangre de su comercio criminal caerá sobre la cabeza de su propio pueblo y la barbarie que ellos desencadenan se volverá contra sus ciudades!

Tras de Madrid y Barcelona (porque mañana bombardearán Barcelona también), Roma, Berlín, Londres, París...

Las grandes naciones de Europa, madres de la civilización, comerán, como fieras lobas, a la más anciana de ellas, antes de comerse unas a otras.

Maldición del tiempo venidero, que llega ya, que ya está aquí.

¡Humanidad! ¡Humanidad! Apelo a ti; a vosotros os llamo, hombres de Europa y América. Acudid en socorro de España; en nuestro socorro, en vuestro socorro.

Nosotros, vosotros, todos, somos amenazados. No dejéis que perezcan esas mujeres, esos niños, esos tesoros del mundo.

Si calláis, mañana serán vuestros hijos, vuestras mujeres, cuanto queréis, todo cuanto hace la vida amable y sagrada, será lo que a su vez perecerá. Si no os oponéis a los bombardeos de hospitales y museos y de los barrios populares, donde los niños juegan, vosotros todos, pueblos del mundo, sufriréis, tarde o temprano, la misma suerte.

¿Quién podrá atajar los estragos del incendio si no lo apagáis en sus comienzos? El mundo entero perecerá en él.

A prisa, a prisa, en pie; hablad, gritad, y a la obra. Si no podemos detener la guerra en curso, obliguémosle a respetar las leyes que les fueron impuestas por los Convenios internacionales. Por encima de todas las diferencias de países, partidos y religiones, que un mismo impulso una a los pueblos y los levante en socorro de las víctimas. En medio del furor de la guerra, cúmplenos afirmar la fraternidad de todos cuantos sufren, de todos los seres vivos» (9).

Texto que, aparte de su explicable grandilocuencia y aun de cierta interpretación discutible del papel histórico del Imperio Español, no deja de ser una premonición de la triste suerte que poco después habrían de correr numerosas ciudades del Viejo Continente.

En el número 15, del 11 de febrero del 37, salvado el paréntesis en que *El Mono Azul* dejó de publicarse, aparecen varias fotos del Congreso para la Defensa de la Cultura. En una de ellas, en la mesa de la presidencia, vemos a Waldo Frank, Ilya Ehrenburg, Henri Barbusse y Paul Nizan; en otra, hecha en la Alianza, a Nicolás Guillén, Ernest Hemingway, Michail Kolzov y Langsthon Hughes. Los intelectuales chilenos enviaron también su adhesión. Más de medio centenar de firmas, encabezadas por Augusto D'Halmar y Vicente Huidobro, suscribían un documento, cuyas últimas líneas decían:

«... nosotros, intelectuales de Chile, reunimos nuestras distintas voces, nuestras varias opiniones y nuestra acción dispersa, para colocarnos de parte de la España siempre joven, que una vez más renace, y que exaltada, herida y ensangrentada, escribe nuevas páginas para la historia del progreso. Por eso, impedidos materialmente de sumarnos a sus heroicas Milicias de la libertad, ofrecemos nuestra voz, le ofrecemos nuestros corazones y recogemos para Chile un ejemplo fecundo» (10).

Por su parte, los hombres de la Alianza ponían cada vez más su énfasis no ya en la solidaridad de tantos y tantos intelectuales con la causa republicana, sino en todo lo que esa solidaridad tenía de negación de la imagen desordenada y sangrienta de la «zona roja» que la derecha procuraba, muy lógicamente por su parte, proyectar. Así, en el número del primero de mayo del 37, bajo el título de «¡Salud, América!», se publicó este significativo comentario:

«Se encuentran entre nosotros desde hace semanas John Dos Passos, Hemingway y Josephine Herbst, tres grandes valores de la literatura norteamericana y universal. Nos traen el mensaje cordial de los escritores y artistas de su gran país y el fervor caluroso de millones de anti-

---

(9) *El Mono Azul*, núm. 14, 26-11-36, pág. 4: «Un manifiesto de Romain Rolland».

(10) *El Mono Azul*, núm. 16, 1-5-37, pág. 10: «Carta de nuestros camaradas de Chile».

fascistas yanquis, que ven en nuestra lucha una perspectiva de triunfo de sus ideales redentores.

La presencia de estas tres grandes figuras en España tiene una enorme importancia, que queremos destacar. Cuando más intensa era la lucha en nuestro país y cuando más falsedades e injurias se lanzaron contra la España leal por la prensa amarilla de todas partes, Dos Passos, Hemingway, Josephine Herbst y lo mejor de la intelectualidad yanqui se pusieron de nuestro lado, demostrando así que el amor que ellos sentían hacia España no era pura palabrería, sino realidad viva.

Quienes como ellos habían viajado mucho por los rincones más apartados de nuestro país, quienes conocían como ellos las esencias vitales de nuestro pueblo, no podían abrazar otra causa que la que defiende el pueblo en armas. Ellos saben lo que significa en estos momentos ponerse al lado del pueblo. En España se pelea no sólo por el mantenimiento de un régimen político determinado, sino por algo mucho más sustancial todavía: por el porvenir de la cultura y de la humanidad toda.

Si la opinión popular de Estados Unidos y los centros políticos manifiestan ahora su simpatía por la España popular, mucho de ello lo debemos a John Dos Passos y a Hemingway, cuyo prestigio en América es enorme. Toda la leyenda de la «España roja» ha quedado deshecha gracias a su labor persistente. Toda la América que trabaja y piensa: obreros, intelectuales, estudiantes, está con nosotros.

España —nuestra España— tiene contraída con estos dos hombres y con Josephine Herbst una deuda de gratitud imperecedera. Nosotros saludamos en John Dos Passos, Hemingway y Josephine Herbst a la América nueva, que coincide en estos momentos históricos con la España nueva» (11).

Con fecha 7 de abril, el Primer Congreso de Escritores de Chile había entregado un escrito al entonces Embajador de la República en aquel país, en el que se resumían así las razones por las que un intelectual estaba obligado a ponerse al lado de la República:

«Teniendo presente: 1.º Que los escritores, en su calidad de ciudadanos libres, están obligados a manifestar su adhesión a los principios superiores de democracia y libertad; 2.º Que el pueblo español, con heroísmo que recuerda las gestas más grandes de la raza común, está defendiendo sus libertades nacionales, personificadas en el mantenimiento del Gobierno legítimo emanado de los comicios electorales de 1936; 3.º Que es un deber primordial de

(11) *El Mono Azul*, núm. 16, pág. 2.

todo hombre libre expresar su adhesión, aun cuando sólo fuese platónica, a los hombres que sustentan principios democráticos y mueren por ellos: El Congreso de Escritores de Chile resuelve manifestar su profunda solidaridad con el pueblo español y su adhesión cordialísima a los miembros del Gobierno constitucional, encabezado por el Presidente Azaña, por intermedio de la Alianza de Intelectuales Antifascistas Españoles. Firmado: Eugenio Orrego, Alberto Romero, Luis Alberto Sánchez y Gerardo Seguel» (12).

Y cerca de ese texto, en indirecta, pero clara, relación con él, una foto de André Malraux —«al lado de uno de los aparatos de su escuadrilla "España"»—, otra con Miguel Hernández dirigiéndose a los soldados de su unidad, y una tercera de la que forman parte Juan Larrea, Nicolás Guillén, María Teresa León, Juan Marinello, Santiago Ontañón y Alejo Carpentier.

Será en julio del 37, con ocasión del II Congreso Internacional de Escritores Antifascistas para la Defensa de la Cultura, cuando vuelvan a recogerse numerosos testimonios de adhesión. Inaugurado en Valencia, donde había fijado su sede el Gobierno, continuó en Madrid (12 bis). La sesión pública, celebrada en el cine Salamanca, tuvo por tema la posición de los intelectuales en la lucha antifascista. En una especie de editorial del número 23 (de fecha 8 de julio de 1937), se decía:

«Muy cercana está todavía la creencia de que el intelectual es cosa aparte de la vida, que vive en perpetuo aislamiento. Por una parte, existía la vida real con sus afanes y necesidades: la vida en que tanto trabajador padecía el hambre de pan y dignidad, en que tanto ser humano no llegaba jamás a alcanzar la verdadera condición de hombre. Por otra, el intelectual, encerrado en un mundo de problemas salidos unos de otros, y que sólo para una pequeña minoría tenían sentido, dejaba transcurrir su existencia. Los problemas que el intelectual consideraba solían quedar muy lejos de las verdaderas necesidades espirituales del pueblo. Y así, el intelectual llegaba

---

(12) *El Mono Azul*, núm. 16, 1-5-37, pág. 8.

(12 bis) Ver *Inteligencia y Guerra Civil Española*, volumen I, de Luis Mario Schneider. Ed. Laia, de Barcelona. En él se hace un recuento detallado de cuanto sucedió a lo largo de este «II Congreso Internacional de Escritores Antifascistas», cuyas sesiones tuvieron lugar en Valencia, Madrid, Barcelona y París, donde fue clausurado. A la reunión de París se incorporaron una serie de escritores —entre ellos, Bertold Brecht— que no habían vivido las vibrantes jornadas españolas.

a asfixiarse en su atmósfera, cada vez más irreal, y el pueblo se sentía cada vez más desamparado en su apetencia de cultura.

Un afán creciente se ha ido manifestando a través de los mejores; un afán de acercarse al pueblo para marchar juntos. Durante algún tiempo, este afán ha sido en gran parte un anhelo romántico, no convertido en tangible realidad. Era difícil regresar desde la inteligencia y el arte puros a la concreta realidad de cada día para extraer de ella su sentido y ayudar a que los profundos anhelos de los hombres alcanzaran su cumplimiento. Era muy difícil, y son muchos los que en la complicada ruta se han extraviado sin poder nunca realizarlo.»

El texto es doblemente interesante. Primero, por afirmar la necesidad de que el intelectual y el pueblo «marchen juntos». Segundo, por apuntar cuanto puede haber en ello de «anhelo romántico», aunque, naturalmente, el comentario soslaye muchas difíciles cuestiones de fondo que no iban a plantearse en el Madrid del 37, dentro de un Congreso cuya finalidad fundamental era proclamar su fe republicana. Otro breve trabajo, «Las armas y las letras», rubricaba el sentido del Congreso y de los compromisos políticos del escritor:

«El Congreso de Escritores Antifascistas que ahora se celebra en España, y que ha mantenido en el corazón fuerte, dolorido y ardiente de Madrid sus mejores sesiones, nos ha recordado por su significado más profundo y sus escenas más conmovedoras una profunda tradición española, que no por primera vez Cervantes expresaba en su discurso de "Las Armas y las Letras". No fue sólo el grande y dulce Garcilaso de la Vega quien escribió sus mejores elegías en los frentes de combate del Danubio. También Cervantes fue soldado, y el Duque de Rivas y tantos otros más.

Ahora, en este Congreso, varios escritores españoles, que desde el primer momento comprendimos claramente que ante la brutalidad armada del enemigo y ante la invasión extranjera del fascismo habíamos de defender las mejores tradiciones de nuestra cultura y los mejores valores humanos de la cultura universal con las armas en la mano; que habíamos de contestar con la guerra a la guerra sanguinaria que a la cultura se hacía, hemos encontrado entre nosotros, y los hemos abrazado en el Congreso, a camaradas nuestros extranjeros que en nuestra propia tierra y en nuestras trincheras y campos de batalla habíamos abrazado también porque nos unía el mismo sentido universal de la cultura y un mismo odio a la brutalidad.

Camaradas escritores combatientes que habéis venido

a España desde vuestras patrias liberales o desde vuestros países también martirizados por la cerril dictadura fascista: los escritores soldados españoles os saludamos desde estas páginas de nuestro *Mono Azul*. Juntos y unidos, desde esta tierra antigua y preñada de glorioso porvenir, defenderemos la libertad del hombre y de la cultura. Venceremos con nuestras armas y nuestras letras. Vosotros seréis ya para siempre, para el pueblo español, grandes españoles de nuestra España democrática y libre. Y desde ahora y para siempre, en la guerra como en la paz, seréis nuestros hermanos. ¡Salud! La victoria de la cultura por las armas es nuestra, y nadie podrá nunca arrebatárnosla.»

Las distintas intervenciones, total o parcialmente reproducidas, incidían sobre el mismo tema. Así, el alemán Ludwig Renn proclamaba:

«Nosotros, escritores del frente, hemos dejado la pluma parada; no queríamos escribir historias, sino hacer historia... No hemos dejado la pluma por creer que no vale la pena escribir; al contrario, por nuestra causa no sólo tiene que luchar el fusil, sino la palabra. Y por esto dirigimos a vosotros, que habéis hecho viajes largos para venir de vuestros países aquí, el siguiente ruego: representadnos a los que no tenemos tiempo de escribir en las trincheras para todos aquellos que en el mundo están lejos de nuestros pensamientos y a los que tenemos que despertar.»

El danés Jef Last:

«Las masas esperan de los intelectuales los cimientos de una nueva moral y de un arte nuevo que corresponda con su nuevo estado de ser. El águila libertada no volverá nunca a su jaula. El Don Quijote moderno no puede ya contentarse con explotar a Sancho Panza para su gloria meramente personal; debe unirse con el alma misma del pueblo para poder satisfacer las necesidades y los deseos del pueblo.»

Ilustraban los textos fotos de los participantes: Andersen Nexo, Stawski, César Vallejo, Mancisidor, Muhlestin, Ludwig Renn, Pablo Neruda, Jef Last, Seu, Egan Erwin Kisah, Koltzov, Julián Benda, Bergamín... A André Malraux se le encargó, por unanimidad, la redacción de «un llamamiento a todos los escritores del mundo para que ayuden a España».

Después, a lo largo del 37, se publican poemas de Neruda, de Guillén, de Langston Hughes, que pasan aquí una temporada. Y un artículo del mejicano Octavio Paz, que llevaba ya dos meses entre nosotros, en el que expresaba su admiración y respeto a la juventud española y se identificaba con las Juventudes Socialistas Unificadas. Los tres números que *El Mono Azul* dedica a los escritores alemanes que luchan en España (13) permiten la publicación de una serie de textos referidos a acciones de guerra o a la significación política de lo que está sucediendo en nuestro país. Va también un trabajo de Arthur Koestler sobre su detención en Málaga y condena a muerte por las tropas franquistas. Y se subraya que no se olvida a «tres nombres gloriosos que están también a nuestro lado: Thomas Mann, Heinrich Mann y Feuchtwanger».

De diciembre del 37 es la creación en Chile de la Alianza de Intelectuales Antifascistas, presidida por Neruda, uno de cuyos primeros actos es manifestar su solidaridad con la Alianza española.

Al penúltimo número pertenece una entrevista con el chileno Juvencio Valle, un poema del cubano Emilio Ballagas recordando la defensa de Madrid, y al último (febrero del 39) un artículo de Upton Sinclair sobre el ascenso del fascismo y la necesidad de luchar contra él en todo el mundo. Este último número salió con el texto, en hoja suelta, de la carta que Rafael Alberti y María Teresa León acababan de recibir de Louis Aragón. Pese a la situación de la guerra española y a su más que presumible desenlace, el escritor francés, quizá viéndola como un episodio dentro de un largo ciclo, escribía:

«... lo que me importa que comprendáis es cuánto os queremos todos y cómo vuestra España es el centro de nuestra vida, de nuestro pensamiento, de nuestro corazón. Quiero que sepáis qué confianza tienen en vosotros millones de franceses, en vuestra España del centro, reducida, pero no vencida; en vuestra resistencia, en vuestra decisión para la lucha, en vuestra victoria.

Y esto no son palabras. De la tarea formidable que os ha tocado desde hace dos años y medio se dice que es la defensa de toda la humanidad, del progreso y de la libertad. Cuando esto se limita a ser una frase es bien poca cosa; pero en la vida, en la realidad, esta poca cosa tiene mucho de fantástico y de sobrehumano. Nunca ha sido esto más verdadero. Nunca he sentido, hemos sentido, mejor esas frases que gritamos sin descanso desde 1936: lucháis por nosotros, y resulta increíble que no se os ayude, y además no podéis ser vencidos, porque esto sería la derrota de todo el espíritu humano, del mundo entero: la victoria de la barbarie.»

---

(13) *El Mono Azul*, núms. 33, 34 y 35, de 23-9-37, 30-9-37 y 7-10-37.

Transcribir en su integridad todos los textos que aparecieron en *El Mono Azul* dando fe de la solidaridad de escritores e intelectuales extranjeros se habría llevado casi todo el espacio de este libro. Tampoco, quizás, hubiera valido la pena. Porque, lógicamente, se trata de textos reiterativos, en los que suelen repetirse los mismos conceptos. Lo que cambian son las firmas y entiendo que el resumen de textos ofrecido basta para que el lector conozca lo que fue aquella literatura de solidaridad y de adhesión.

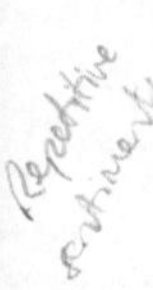

Comprender lo que ella suponía de «presión» sobre nuestros propios intelectuales no es difícil. Ciertamente, el lógico interés de las Internacionales por el curso de la guerra, el hecho de que ésta fuera vista como un ejemplo nítido de lucha de clases y como el prólogo de la batalla mundial contra el fascismo, facilitaron esa «presencia» de los intelectuales extranjeros. Aun así hay que comprender lo mucho que ésta debió contar en la aceptación del nuevo discurso de las Armas y las Letras, en el sentimiento de que el escritor se hallaba irremediablemente comprometido. Ahora bien, dado que todo escritor está, por definición, comprometido antes que nada con su obra, la nueva realidad vino a solicitar la conciliación, o unificación, de los dos compromisos: el estético y el político. Conciliación que conducía, inevitablemente, a la exploración del término «cultura popular», al deseo de «marchar juntos» después de haber sido una constante del artista moderno el «sentirse separado».

El tema tuvo —como tiene todavía en tantos debates sobre «teatro popular»— sus soluciones puramente voluntaristas. Pero los más responsables comprendieron que el acuerdo ideológico no supone la concordancia ni aun la afinidad vivencial, y que si aquél es la base de la alineación política, éstas lo son de la comunicación artística, de la operatividad creadora de la obra de arte en quien la recibe. O, en otras palabras, que el estar «ideológicamente» al lado de las clases populares no presupone en absoluto la capacidad de crear una obra de arte que corresponda a su mundo.

Entramos ya en el punto fundamental entre los que plantea el presente capítulo.

DISTINTAS RESPUESTAS

La República —como es bien sabido— «había decepcionado» a muchos intelectuales, que, quizá, no supieron comprender lo que suponía desplazar hacia la base social el origen del poder. La República fue un proceso confuso y abortado, que no llegó a establecer un consenso social sobre la aceptación de los «medios» que le eran propios para conseguir los fines inherentes al progreso de la mayoría. La República había subvencionado iniciativas como «La Barraca» o «Las Misiones Pedagógicas», cuyo tantas veces señalado paternalismo resulta perfectamente explicable. Ahí estaba ya, antes del 36, planteado el problema. Y si a Casona —como él mismo me contó en Madrid, al regreso de sus años de exilio— le parecía admirable que un campesino se quedara con el pitillo a medio liar, absorto ante la representación de un clásico, no faltaban quienes vieran en esto sólo el primer paso, más hijo de su ignorancia —y de ahí el asombro ante los decorados, los trajes y los cómicos— que de esa idealizada «sensibilidad popular».

El 18 de julio renovó la cuestión en términos radicales. La República había sido breve y los dos años de gobierno derechista pródigos en acontecimientos opuestos a un proceso «de soberanía popular». Formulada la guerra civil como un conflicto entre las dos Españas, entre la España tradicional —e incluso imperial—, con el orden oligárquico que el concepto presuponía, y una España popular, políticamente encaminada hacia una forma de socialismo, los escritores tuvieron ya que responder de un modo inequívoco.

Situados ante el problema, los hubo que optaron por ir al frente. Sólo una profunda transformación política —un verdadero desplazamiento del poder— podría crear la realidad social que permitiera al escritor trabajar *en* y *para* la mayoría popular. Por eso, abandonaban momentáneamente la pluma por el fusil. Ya hemos visto el caso de los escritores alemanes que vinieron a España con las Brigadas Internacionales. Otro muy significativo, por aludir sólo a nombres cimeros de nuestra literatura, podría ser el de Ramón J. Sender, quien, tras participar en el asalto del Cuartel de la Montaña, marchó con las milicias a la sierra. Desde Guadarrama, en octubre del 36, mandó a *El Mono Azul* el siguiente texto:

«Sólo en Guadarrama se llega a valorar una cosa que considerábamos sabida, conocida, comprendida: el silencio. Millares de hombres, fragor casi constante de fusiles y ametralladoras, estruendo frecuente de los morteros y de las granadas del 10 y del 15. Pero, entre los resquicios, ¡qué silencios hondos, sin fondo!

Cada día la guerra enseña algo a los milicianos, mucho a los jefes, y descubre a los poetas nuevos rincones insólitos de su sentir. Me encanta ese silencio de Guadarrama, porque en él sitúo a mi gusto las voces buenas de la imaginación. ¡Hay en esos silencios tantas risas muertas que esperan la resurrección bajo el triunfo cada día más próximo! ¡Tantas soledades que van poblándose tumultuosamente de camaradería lozana! ¡Tantos pájaros muertos! ¡Tantos infinitos rotos para dejar la sed de lo inefable puesta en la maravilla inmediata, en la pana del campesino, en el fusil montado, en el zumbido de la granada y en el orgullo del hijo que tiene a su padre en el frente!

Ese silencio de Guadarrama es una lección para los días por venir y una sentencia para tanta palabra sin blanco, para tanto gesto excesivo, para tanta alegría sin base y tanto dolor sin grandeza como hay en el pasado de casi todos nosotros. En esos silencios absolutos de Guadarrama hay también la voz sin eco de nuestros rencores últimos. Divinos odios de la guerra, que paren cada día, cada hora, cada minuto, una conformidad, una reconciliación nueva consigo mismo en las que encontramos otra vez y mejor que nunca al hombre imposible ya para el riesgo de la desintegración, al hombre en el que vive ya el núcleo de esta sociedad limpia y activa que vamos haciendo con cada uno de nuestros actos. De estos actos simples y universales que hacemos en la guerra» (14).

En el lado opuesto estuvieron los escritores que se alinearon con los rebeldes. En la sección de *El Mono Azul* titulada «¡A paseo!», pronto suprimida —creo que acertadamente—, se formularon agrias denuncias contra Eugenio Montes, contra Eugenio d'Ors, contra José María Pemán, contra Giménez Caballero, contra Rafael Sánchez Mazas y contra Miguel de Unamuno, teñidas todas ellas de un tono insultante y personalista que, la verdad, no hacían ningún honor a su anónimo redactor. Siendo, de todas ellas, la más ácida la de Miguel de Unamuno, y, supongo, a la vista de lo que sucedió después, la que menos motivos de satisfacción debió de dar a la larga a los responsables de *El Mono Azul*. Fuera ya de la sección, la referencia

(14) *El Mono Azul,* núm. 7, 8-10-36, pág. 8: «Solo en Guadarrama», de Ramón J. Sender.

a la «alimaña» de Giménez Caballero, la ironía con que se comentan unos Juegos Florales celebrados en Valladolid, o una carta abierta de Bergamín contra Victoria Ocampo por haber recibido al «desbaratado doctor Marañón», podrían también integrarse en esa «literatura denigratoria», que, por fortuna, ocupa un espacio relativamente reducido en los 47 números de la publicación de la Alianza. Reproduciremos, simplemente, el texto publicado el primero de mayo del 37 a cuenta del acto celebrado en Valladolid:

«Son los poetas de las rimas pálidas y amadamadas, llenos de ternura femenina. Son los deslumbrados por Pemán y Mariano Tomás y que acaban de descubrir la palabra "vertical".

La guerra les arrancó de su embriaguez de café con leche y atardeceres melancólicos.

Se sintieron señalados por la historia y cantaron la guerra. Les enamoró la marcialidad de los oficiales y les cubren de gloria y heroísmo desde sus escritorios, prudentemente alejados de los campos de batalla.

Hablan de los soldaditos valientes que mueren por la patria lejos —lo más lejos posible—; pero en la calle les huyen al saberlos cubiertos de piojos.

Su entusiasmo miope, su codicia rimada, ensalzan más y más cada vez a su Caudillo, y mientras tanto, por la radio, dan a conocer su último descubrimiento: el romance.

Marinero, marinero,
no tengas miedo en tu barco,
que el aire y el mar de España
son de Dios y son de Franco.

Sin duda que al hablar de Dios se refiere a Hitler, quien unido a Franco y al poeta forman una Trinidad digna del Obispo de Burgos» (15).

Mucho más serios, impregnados a veces de una decepción sincera, son los comentarios dedicados a quienes, quizá después de un primer gesto de solidaridad con la República, esperàn en el extranjero el desenlace de la guerra. Gentes que si en algunos casos, vistas desde las privaciones y la lucha, podrían ser calificadas de cínicas, en otros, como el de Arniches, eran escritores desbordados por los horrores de la contienda civil, de la que se marginaban con angustioso desaliento; el tono de las declaraciones americanas de Arniches y la reticencia con que

(15) *El Mono Azul*, núm. 16, 1-5-37, pág. 12: «¿Juegos florales?».

fue tratado por las autoridades del régimen franquista a su regreso, probarían, en todo caso, que el escritor alicantino nunca se preparó «la vuelta», asumiendo, desde su pensamiento de reformista liberal, la guerra civil mucho antes como una calamidad que como una cruzada. Cosa que, por ejemplo, no podría decirse de Azorín, autor de varios artículos de postguerra, en los que halagó al nuevo régimen en términos de penosa servidumbre.

En *El Mono Azul* se había saludado la llegada a Madrid de Luis Cernuda y de León Felipe, oponiéndola a la salida de muchos escritores. De una charla pronunciada por Vicente Salas Viu en la emisora del Partido Comunista, publicaba un fragmento el periódico de la Alianza, cuyo último párrafo decía:

«Los intelectuales "puros", los estetas "deshumanizados", han podido tomar el camino de París o encerrarse en sus nuevos observatorios de porcelana —recién alquilados en la ciudad museo—, al margen del mundo y sus problemas. Se han reafirmado en su fe de pulcros e insensibles espectadores de la tragedia española. No han comprendido que si hubo hora en nuestro país de salirse cada uno de su casilla, de saltar por encima de todo encasillado, era ésta. Mas en su cobardía han preferido traicionar y traicionarnos antes que darle cara a nuestra dura realidad. Mejor para todos» (16).

Nos quedaría, finalmente, el grupo de los escritores que, pluma en mano, encararon esa realidad. Escritores que, para conciliar su doble compromiso de artistas y combatientes, comulgaron con la letrilla de Alberti:

Tu fusil
también se cargue de tinta
contra la guerra civil.

Es decir, contra quienes habían desencadenado los horrores de la guerra rebelándose contra la República y el resultado de sus últimas elecciones.

Los había, como Alberti, que no tenían el menor titubeo. En el 38, como prólogo a la edición de *El poeta en la calle,* había escrito —y el número 46 de *El Mono Azul* lo reproducía orgullosamente— lo siguiente:

«De mi contacto con las masas populares de España surgió en mí la necesidad de una poesía como la que se

(16) *El Mono Azul,* núm. 11, 5-11-36, pág. 6: «La deserción de los intelectuales».

intenta —muy lejos aún de conseguirse— en este libro. Sin ignorar que todos aquellos poemas que lo integran no reúnen las condiciones que yo creo necesarias para su repercusión y eficacia en la sala del mitin, en la calle de la ciudad, en el campo o en la plaza del pueblo, quiero dejarlos y justificar aquí su presencia por la sola razón de haber nacido siempre de una exigencia revolucionaria. ¡Cuántas veces, a la salida del mitin, en el sindicato, en la humilde biblioteca de la barriada o en cualquier lugar de trabajo, después del recital o la conferencia, se me han acercado algunos camaradas para "encargarme" un poema que reflejara tal o cual situación política, este o aquel otro suceso! Y es que cuando el poeta, al fin, toma la decisión de bajar a la calle, contrae el compromiso, que ya sólo podrá romperlo traicionando, de recoger y concretar todos los ecos, desde los más confusos a los más claros, para lanzarlos luego a voces allí donde se le reclame. De acuerdo o no de acuerdo con esta posición, que es un camino, yo sé que esta salida al aire libre, este dejar de devorarnos oscuramente nuestras propias uñas, puede traernos, compañeros poetas —hoy ya lo estamos viendo—, la nueva clara voz que hoy tan furiosamente pide España, liquidados ya estos últimos años de magnífica poesía» (17).

El texto es interesante, porque si el compromiso político de Alberti, su militancia comunista —poco antes había estado con María Teresa León en Moscú y los dos habían sido recibidos por Stalin—, eran cosas sobradamente conocidas, el prólogo en cuestión señalaba la posición estética suya y de muchos de sus compañeros de generación. Se aceptaba el carácter «magnífico» de la poesía de los últimos años, que, sin duda, más de un joven revolucionario hubiera calificado peyorativamente de «pura». El autor reconocía así el valor de la poesía surgida de «este devorar oscuramente nuestras propias uñas», entre la que no faltaba la escrita años atrás por él mismo, y, a la vez, declaraba «liquidada» esa época y proponía, sin dogmatismos, un posible camino. Andaba nuestro poeta ganado por la espada; su amigo Neruda lo explicaba en un largo poema:

«Preguntaréis: ¿Y dónde están las lilas?
¿Y la metafísica cubierta de amapolas?
¿Y la lluvia que a menudo golpeaba
de agujeros y pájaros?

---

(17) *El Mono Azul*, núm. 46, julio del 38, pág. 3: «Libros y revistas».

Sus palabras, llenándolas.
Os voy a contar todo lo que me pasa.
Yo vivía en un barrio
de Madrid, con campanas,
con relojes, con árboles.
Desde allí se veía
el rostro seco de Castilla
como un océano de cuero.
Mi casa era llamada
la Casa de las Flores, porque por todas partes
estallaban geranios;
era una bella casa
con perros y chiquillos.
Raúl, ¿te acuerdas?
¿Te acuerdas, Rafael?
Federico, ¿te acuerdas
debajo de la tierra,
te acuerdas de mi casa, con balcones, en donde
la luz dura de junio jugaba con tu pelo?
¡Hermano, hermano!
Todo
eran grandes voces, sal de mercaderías,
aglomeraciones de pan palpitante,
mercados de mi barrio de Argüelles con su estatua.
....
Y una mañana todo estaba ardiendo,
y una mañana las hogueras
salían de la tierra
devorando seres,
y, desde entonces, fuego,
pólvora desde entonces,
y desde entonces sangre.
....
Preguntaréis: ¿Por qué su poesía
no nos habla del sueño, de las hojas,
de los grandes ríos de su patria natal?
¡Venid a ver la sangre por las calles,
venid a ver
la sangre por las calles,
venid a ver la sangre
por las calles!» (18).

El caso de Alberti estaba claro. Su biografía, ya más que definida, para que aquel 18 de julio, caída Ibiza en manos de la guarnición rebelde, se echara al monte esperando la llegada de las fuerzas «leales» y fuera luego en Madrid el incansable animador de la Alianza, el centro de la comprometida Generación del 27. Autor de romances

(18) *El Mono Azul*, núm. 22, 1-7-37: «Es así», de Pablo Neruda.

de la guerra civil, recitador de sus versos en los frentes y en actos organizados en la retaguardia, adaptador de *La Numancia,* autor y teórico del teatro de urgencia, Alberti parecería el artista sin conflicto. Y, sin embargo, no es así. Porque, «estando en la calle», hubo de levantar el Teatro de Arte y Propaganda contra la absoluta banalidad de la inmensa mayoría de los escenarios madrileños, y, «estando en la calle», tuvo que lamentar la deserción de la mayor parte de los dramaturgos conocidos y la evidente mediocridad de muchas de las «obras de urgencia». A Ontañón, su amigo y colaborador de tantos años, le he oído contar que, en cierta ocasión, ante la risa con que varios dirigentes políticos celebraban la desdichada recitación de un poema de Lorca —Ontañón cree que era el de «La casada infiel»—, Alberti se puso en pie y preguntó a voz en grito cómo era posible que los versos de un gran poeta asesinado fueran pisoteados en un escenario con la benevolente complicidad de un auditorio. No quiero extenderme más sobre Alberti en lo que sólo aspira a ser el recuento de algunos comportamientos arquetípicos. Pero sí quería señalar que en el poeta gaditano se da ese conflicto que él mismo ha definido «entre el clavel y la espada», y que su grandeza consiste en que, absolutamente entregado a la lucha política, jamás olvidó —aunque buscara la inspiración en los pliegos de cordel o imaginara barrocas y fantásticas «ensaladillas»— el compromiso estético, sus «obligaciones» artísticas para consigo mismo y para con la sociedad.

Algo semejante, aunque menos intenso, quizá por carecer de ese «poder de organización» que tenía Alberti, podría decirse de Miguel Hernández y de otros poetas y escritores menores que se integraron a la Alianza. El barroquismo verbal de Miguel Hernández, el preciosismo de sus versos, por más que los temas estén en la vida de un pastor de Orihuela, no deja de ser un desafío a la explicación puramente sociológica y determinista del arte. Pero, ¿cómo «era» el pueblo?, ¿qué debía hacer el escritor para «sumergirse» en él y formar parte de su expresión? La cuestión —que sigue atosigando a escritores y artistas, en España y fuera de ella— probablemente tiene su respuesta en cada realidad histórica. Y sólo ella establece las posibilidades verdaderas. Sin embargo, es un hecho que el intelectual, educado en el medio burgués, cuando se «desclasa» intelectualmente y se esfuerza en conectar con las clases populares, se encuentra ante un problema tan real como insoluble. Un problema incluso quimérico, fraguado quizá por la mala conciencia antes que por el proceso real de quien lo formula —de ahí el peligro de las soluciones voluntaristas—, pero, en todo caso, de innegable gravitación en nuestro tiempo. La guerra, obviamente, lo radicalizó. En teoría, a un lado estaba «el pueblo en armas», y, al otro, la clase que lo explotaba. Nadie podía negar, por otra parte, que un elemento de esa explotación era la «enajenación» de los explotados, a quienes se les suministraba una subcultura hecha de folletines, de degradaciones del folklore, exaltaciones del machismo, oscurantismo, amor a la jerarquía e historietas para reír. La guerra había contribuido a que, en defensa propia, una parte considerable del proletariado acrecentara aceleradamente su conciencia política. ¿Pero cómo conseguir que esa conciencia, abierta a las conquistas materiales, se interesase por unos valores culturales de los que siempre había sido apartada? ¿Y cómo incorporar al proceso a ese amplio sector de la clase media, acostumbrado a vivir sin pena ni gloria, pendiente de las «apariencias», del «qué dirán», y, sin embargo, enemigo de cualquier cambio social, como si temiera poner a prueba su verdadera capacidad? Y, además, ¿no existía en el conservadurismo de la sociedad española, presente en tantos aspectos de la vida nacional, incluso por encima de la división en clases, un rechazo sistemático de cualquier concepción crítica, reveladora, de la cultura?

La cuestión tuvo, lógicamente, las dos respuestas contrarias. En *El Mono Azul* se respira claramente el paso desde una exaltación indiscriminada del «pueblo» a un tratamiento cada vez más crítico de su realidad. Y esto, en todos los órdenes, desde el puramente militar, en que se empieza cantando las hazañas de las masas anónimas para señalar muy pronto la necesidad de la disciplina y la importancia de los jefes —Miaja, Líster, El Campesino, Cipriano Mera, Carlos, Modesto, etc.—, hasta el meramente artístico, en el que también se va pasando del «espontaneísmo» popular a la creación de grupos con la debida capacitación. Es probable que esta trayectoria de *El Mono Azul* se halle íntimamente ligada a la creciente importancia del Partido Comunista y al paralelo descrédito del anarquismo, acusado de la mayoría de los desmanes que ocurrían en la zona. En todo caso, un propósito parece evidente: sustituir el voluntarismo, la euforia de las primeras semanas, por el conocimiento de la realidad.

En el número del 4 de noviembre del 37, al conmemorar el primer aniversario de la defensa de Madrid —7 de noviembre de 1936—, *El Mono Azul* publicó un reportaje de Salas Viu, en el que entrevistaba a uno de los que participaron en aquélla. El combatiente declaraba:

«El día antes, seis de noviembre, al abrir *Mundo Obrero*, leí en grandes titulares: HA LLEGADO LA HORA DECISIVA. EL ENEMIGO ESTA A LAS PUERTAS DE MADRID. Aunque hacía ya algún tiempo que los periódicos habían dejado de hablar estúpidamente de victorias cuando tan adversa era la suerte que corríamos, habían cesado en su falso optimismo y empezado a dejar traslucir en su crudeza la realidad, yo no sentí —a muchos creo que les pasó lo mismo— tan a lo vivo la sensación del peligro en que Madrid se hallaba como entonces.»

De este sentimiento, dictado por el conocimiento de la realidad, surgió la posibilidad de organizar la resistencia, cosa que hubiera sido del todo imposible de persistir «el falso optimismo».

Esto es bastante más que un comentario. Es un ejemplo. Que se corresponde perfectamente con lo que por entonces proclamó Serrano Plaja, la noche del estreno de *La tragedia optimista*. Había que destruir la ilusión de un pueblo ansioso de cultura, en cuya espontaneidad pudiera confiarse ciegamente. A la tarea de embrutecimiento practicada desde siempre por las clases dominantes correspondía ahora un trabajo inverso.

No había, pues, que caer en el eterno problema moral de «querer ser pueblo», con las subsiguientes angustias de descubrir que uno «no lo era» o que la solidaridad ideológica podía llegar a encubrir una falacia poética, un gesto de halago en el acto de la creación. El escritor se desembarazaba de esa cuestión y ponía sus conocimientos y su capacidad estética al servicio de la mayoría popular, a la vez que se aproximaba vivencialmente a ella. Rebuscando en la historia de la literatura, descubría que el romance y el paso o entremés eran manifestaciones que tuvieron un día amplia resonancia en esa mayoría. Llanamente, proponía ahora su resurrección o su aplicación a los temas vigentes de la guerra. El escritor se convertía así en un factor de aceleración del proceso que, de un lado, restituyese al medio popular «su historia cultural», las obras de arte que nacieron en él y fueron luego «situadas» en el mundo académico, y, del otro, facilitara la manifestación artística de quienes, por haber soportado el peso de la historia, habían visto mermada dicha posibilidad. Esta perspectiva salvaba, en gran parte, la aparente contradicción de elogiar sistemáticamente el espíritu de un pueblo y de plantearse la necesidad de educarlo. La guerra justificaba con creces lo primero y la solidaridad lo segundo, sin perjuicio de que fueran los ulteriores pasos de la historia los que, al dar el poder real a la mayoría, le dieran la posibilidad paralela de expresar su cultura. Educar equivalía a despertar y desarrollar la conciencia de ello.

Estos conceptos adquirían su sentido dialéctico preciso en el marco de la guerra civil y del compromiso político adquirido por el escritor, que era inseparable de la «capacidad» artística. La coyuntura revolucionaria resolvía lo que en otras situaciones resulta tan problemático. La guerra —los bombardeos indiscriminados sobre las ciudades, la penuria material compartida, la participación del individuo en las consecuencias colectivas del desenlace de la contienda, etc.— creaba una fuerte comunidad de vivencias e intereses, difícilmente imaginable cuando el escritor no tiene más puente con la mayoría popular que la ideología y las incursiones esporádicas en su mundo. De ahí que las manifestaciones de los intelectuales, hechas a menudo al regreso de los frentes, bajo la amenaza de los bombardeos, con la memoria y la pasión ganadas por la guerra —«¡Venid a ver la sangre por las calles!», gritaba Neruda—, tuvieran un acento que es hoy irreproducible. Había que ganar la guerra, que ganar la revolución, y el intelectual antifascista se preguntaba, sobre todo, cuál podía ser su utilidad. Y se respondía que trabajar donde fuese y como fuese, para despertar y estimular esa conciencia cultural —que implicaba una conciencia histórica, un espíritu crítico, un sentido estético, y también un rigor político— que las clases y sectores dominantes, directamente o a través de las circunstancias socioeconómicas impuestas, habían arrebatado a quienes luchaban ahora por su liberación. Todo ello sin el menor ánimo de «renunciar deliberadamente» a la autoexigencia artística, aunque sí dispuestos a ejercerla dentro de la urgencia solicitada por las excepcionales circunstancias.

Del II Congreso Internacional de los Intelectuales Antifascistas es un extenso y lúcido informe suscrito por Antonio Aparicio, Angel Gaos, Gil Albert, Miguel Hernández, Herrera Petere, Emilio Prados, Sánchez Barbudo, Serrano

Plaja, Lorenzo Varela, Eduardo Briteño y los pintores Ramón Gaya y Arturo Souto. Parcialmente reproducido en *El Mono Azul,* contiene varias precisiones de gran interés:

«— Cuando buscábamos la forma más coherente y adecuada para sentirnos representados, como era nuestro propósito y aspiración, en este Congreso, que tanta importancia ha de tener para la cultura en general, y particularmente —creemos— para la cultura española, surgió de un modo absoluto y literalmente espontáneo este criterio de hacerlo colectivamente, ya que colectivos y comunes eran nuestros puntos de vista en todas las cuestiones que nos parecieron las más esenciales y objetivas.

— Hecha esta aclaración, nadie puede pensar —si acaso había alguien que lo pensaba— que nuestro propósito ha sido inspirado en otro, torpe, fácil y demagógico, de querer presentar externamente unido, por originalidad, por falso colectivismo, hábilmente preparado, lo que interiormente era disgregado y distinto. Y esto, que es así; este hecho de sentir verídicamente unido ante algo y para algo lo que puede ser o ha sido tan distinto y disperso en otras ocasiones, saltando por encima de nuestro personalismo, es ya algo de las muchas cosas que la revolución —la extraordinaria lucha que mantiene nuestro pueblo, del que nos sentimos inefablemente orgullosos— nos regala y nos afirma como un primer punto de exaltada referencia. Porque lo que menos importa ya es el hecho en sí mismo de que este grupo esté total y absolutamente integrado, no sólo por distintos significados de sensibilidad, no sólo por distintas concepciones de nuestra profesión y decidida vocación de artistas, escritores y poetas, sino por individuos que como procedencia social pueden marcar distancias tales como las que hay entre el origen enteramente campesino de Miguel Hernández, por ejemplo, y el de la elevada burguesía refinada que pueda significar Gil Albert; lo que importa verdaderamente es la profundísima significación que muy por encima de nosotros tiene ese hecho, referido a la totalidad española.

— Somos distintos, y aspiramos a serlo cada vez más, en función de nuestra condición de escritores y artistas; pero tenemos de antemano algo en común: la revolución española, que por razones de coincidencia histórica nace y se desarrolla simultáneamente con nuestra propia vida. O mejor, nacemos y nos desarrollamos simultáneamente con el nacimiento y desarrollo de esa revolución. En las trincheras se bate, de seguro, la gente que tiene nuestra misma edad en mucha mayor proporción que otra cualquiera. Y si por el momento nosotros mismos no estamos allí, no quiere decir que no hayamos estado unos; que no vayamos a estar, de modo inmediato, otros, y que no hayamos vivido todos, en plena, consciente, disciplinada e incondicional actividad, los dramáticos momentos de nuestra lucha. No queremos con esto hacer —ni hacemos, naturalmente— monopolio de la heroica voluntad de lucha de "todo" el pueblo español. Pero sí queremos decir con todas esas razones que tenemos, no ya un derecho, sino que nos consideramos con el deber ineludible de interpretar con nuestros pensamiento y sentimiento el pensar y el sentir de esa juventud que se bate en las trincheras y que ardientemente reclamamos por "nuestra" en la misma medida y con la misma pasión con que nosotros nos consideramos "suyos", de esa juventud, y listos para estar con ella donde, como y cuando sea, sin alardes inútiles, sin prematuro heroísmo, sino serenamente, como esa misma juventud a la que por destino pertenecemos.

— Ese período (el último período español) es, por un lado, el de los comentaristas y los puros; por otro, el de un confuso revolucionarismo. No había soluciones comunes: las que satisfacían por entonces la cultura, negaban la vitalidad, y a la inversa. En el pueblo veíamos el impulso; pero solamente el impulso, y éste creíamos que no bastaba. Poéticamente, diríamos: los signos que se nos ofrecían desde ese lado no podían satisfacer todo un perfeccionamiento último de una, por ejemplo, de las últimas consecuencias de todo un mundo: el surrealismo.

Una serie de contradicciones nos atormentaba. Lo puro, por antihumano, no podía satisfacernos en el fondo; lo revolucionario, en la forma, nos ofrecía tan sólo débiles signos de una propaganda cuya necesidad social no comprendíamos y cuya simpleza de contenido no podía bastarnos. Con todo, y por instinto tal vez más que por comprensión, cada vez más estábamos al lado del pueblo. Y hasta es posible que política, social y económicamente comprendiésemos la revolución. De todos modos, menos de un modo total y humano. La pintura, la poesía y la literatura que nos interesaba no era revolucionaria; no era una consecuencia ideológica y sentimental, o si lo era, lo era tan sólo en una tan pequeña parte —en la parte de una consigna política—, que el problema quedaba en pie. De manera que, por un lado, habíamos abominado del esteticismo; mas por otro no podíamos soportar la ausencia absoluta de estética que se nos brindaba como única posibilidad.

Mas como lo advertíamos, como había una conciencia que nos advertía de esta fundamental contradicción, no nos dábamos por vencidos. Queríamos, entre una y otra cosa, una consecuencia absoluta y total.

En definitiva, cuanto se hacía en arte no podía satisfacer un anhelo profundo, aunque vago, inconcreto, de humanidad, y, por otro, el de la revolución no alcanzaba tampoco a satisfacer a ese mismo fondo humano al que aspirábamos, porque precisamente no era "totalmente revolucionario". La revolución, al menos lo que nosotros entendíamos por tal, no podía estar comprendida ideológicamente en la sola expresión de una consigna política o en un cambio de tema puramente formal.»

Planteado el problema con absoluta sinceridad y a un nivel muy superior al de los simples mensajes de adhesión lineal de tantos artistas —algunos de los cuales, precisamente por quedarse en el plano de la solidaridad romántica, se pronunciaron después de manera muy distinta, simplemente porque la realidad no se ajustaba a su esquematización idealista—, los autores del informe seguían desgranando las contradicciones en que habían vivido. Contradicciones que rebrotaron con fuerza en la vida española a partir de los cuarenta, pero que fueron salvadas —sólo hasta cierto punto, porque la crueldad de la acción revolucionaria vino a establecer nuevas contradicciones— durante la guerra civil. Los autores del informe continuaban:

«El arte abstracto de los últimos años nos parecía falso. Pero no podíamos admitir como revolucionaria, como verdadera, una pintura, por ejemplo, por el sólo hecho de que su concreción estuviese referida a pintar un obrero con el puño levantado, o con una bandera roja, o con cualquier otro símbolo, dejando la realidad más esencial sin expresar. Porque de esa manera resultaba que cualquier pintor reaccionario —como persona y como pintor, que es lo más importante— podía improvisar en cualquier momento una pintura que incluso técnicamente fuese mejor y tan revolucionaria por lo menos como la otra, con sólo pintar el mismo obrero con el mismo puño levantado. Con sólo pintar un símbolo y no una realidad.

El problema era y debía ser de fondo. Queríamos que todo el arte que se produjese en la revolución, apasionadamente de acuerdo con la revolución, respondiese ideológicamente al contenido mismo humano de esa revolución, en la misma medida, con la misma intensidad y con igual pasión con que se han producido todos los grandes movimientos del espíritu. Porque incluso en la música, la más abstracta de las artes, la única que ni directa ni indirectamente puede referir conceptos, se ha logrado una tan perfecta adecuación, en momentos determinados de la historia, como la que supone Bach para el cristianismo; Chopin para el romanticismo, etc. Y todo lo que no fuese creado con esa misma relación absoluta de valores, todo cuanto fuese "simbología revolucionaria" más que "realidad revolucionaria" no podía expresar el fondo del problema.

La revolución no es solamente una forma, no es solamente un símbolo, sino que representa un contenido vivísimamente concreto, un sentido del hombre absoluto, e incluso unas categorías perfectamente definidas como puntos de referencia de su esencialidad. Y así, para que un arte pueda llamarse con verdad revolucionario, ha de referirse a ese contenido esencial implicando todas y cada una de esas categorías en todos y cada uno de sus momentos de expresión; porque, si no, hay que suponer que el concepto mismo de la revolución es confuso y sin perfiles, y sin un contenido riguroso. Si no es así, si apreciamos sólo las apariencias formales, caeríamos en errores que en otro cualquier plano resultan groseramente inadmisibles. Como, por ejemplo, decir que es revolucionario dar limosna a un pobre. Todo eso sería tomar el rábano por las hojas, y sólo por las hojas. Y en último término sabemos que muy comúnmente en esa piedad del limosnero hay no poca hipocresía, y "siempre" una concepción del mundo según un tal orden preestablecido, que, "como el pobre no va nunca a dejar de serlo", hay que ayudarle.

Pues bien: en el terreno de la creación artística o literaria no es posible tampoco que lo más rico objetivamente, lo que tiene más posibilidades en el porvenir, admita una limosna, por más que sea bien intencionada en cuanto a voluntad personal. No queremos —aunque lo admitamos en cuanto a las necesidades inmediatas, que para nada subestimamos, ya que de ellas dependen todas— una pintura, una literatura, en las que tomando el rábano por las hojas se crea que todo consiste en pintar o en describir, etc., a los obreros buenos, a los trabajadores sonrientes, etc., haciendo de la clase trabajadora, la realidad más potente que hay hoy por hoy, un débil símbolo decorativo. No. Los obreros son algo más que buenos, que fuertes, etc. Son hombres con pasiones, con sufrimientos, con alegrías mucho más complejas que las que esas fáciles interpretaciones mecánicas desearían. En realidad, pintar, escribir, pensar y sentir, en definitiva, de esa manera, es tanto como pensar que hay que emperifollar algo que realmente no necesita de afeites; es pensar y sentir que "la realidad es otra cosa".

Pues bien: nosotros declaramos que nuestra máxima aspiración es la de expresar fundamentalmente esa realidad con la que nos sentimos de acuerdo poética, política y filosóficamente. Esa realidad que hoy, por las extraordinarias dimensiones dramáticas con que se inicia, por el total contenido humano que ese dramatismo implica, es la coincidencia absoluta con el sentimiento, con el mundo interior de cada uno de nosotros.

Decimos, y creemos estar seguros de ello, que por fin "no hay ya colisión entre la realidad objetiva y el mundo íntimo". Lo que no es ni casual ni tampoco resultado sólo de nuestro esfuerzo para lograr esa identificación, sino que significa la culminación objetiva de todo un proceso. En la medida que el pueblo español, por "la fuerza de la sangre", recobra sus valores tradicionales (esto es, aquella parte de su tradición que es un valor, aquella tradición que es positiva), esa integración se produce espontáneamente, como un regalo, cosa que no podía suceder en tanto que no llegase este mismo momento; porque hasta él había tan sólo, por un lado, la lucha, la guerra, pero sin los altos valores que puede tener y que tiene hoy nuestra guerra, y, por otro, la sola esperanza.

Sólo a partir de un hecho mayor, como es hoy la guerra de la independencia; sólo a partir de una realidad con categoría de realidad, de entidad real y humana, podría producirse una integración mayor, una identificación absoluta, una adecuación total del pensamiento y de la acción, del mundo íntimo y de la realidad objetiva, de la voluntad y de la razón. Porque hoy —al menos así lo entendemos nosotros— la voluntad "quiere exactamente aquello que la razón exige", porque a su vez la razón, precisamente por razón, "sólo exige la voluntad, la buena voluntad de Sancho Panza" cuando éste está ya quijotizado, cuando ya también Sancho quiere aventuras. Si es cierto que esa misma posición a que nos venimos refiriendo se ha encarnado en Don Quijote y Sancho, hoy en España creemos entender la razonabilidad de Sancho implicando y coincidiendo con la caballerosa voluntad de Don Quijote.

Porque hoy la revolución española lucha por la nada desdeñable —contra lo que crean ciertos "apasionados"— organización racional de su existencia, por el acoplamiento conforme a razón de un mundo que excluya el desorden irracionalmente capitalista, inhumanamente monopolista; pero además lucha con toda su voluntad, con todo el esfuerzo de su mayor pasión posible: la pasión que se sabe consciente y razonable, la pasión que sabe "que tiene razón". Y, por eso, la voluntad nuestra —que en más o menos también es nuestra— "tiene razón", es congruente con la razón. Hoy, en España —y no es ésta la victoria menos importante alcanzada sobre el fascismo—, nuestra lucha, en todos sus matices, responde a un contenido de pensamiento con una expresión de voluntad.

Los hechos cada vez son más asumidos y resumidos en formas coherentes de pensamiento» (19).

El texto es realmente espléndido y es una pena que *El Mono Azul*, incumpliendo la promesa que aparecía al pie de la segunda entrega, interrumpiera su publicación. No sólo entraña una profunda crítica del «voluntarismo» y una apasionada defensa del arte revolucionario —frente a la simple «simbología revolucionaria»—, sino que viene a arrojar luz sobre un problema que, bajo la pregunta de qué debe entenderse por «arte popular», sigue apareciendo, inevitablemente, en muchos debates de nuestros días. Los autores de este informe señalan, en efecto, algo sustancial: que la conciliación entre razón y voluntad se da en el marco de una realidad histórica, a partir de unos «hechos». El desenlace de la guerra civil, la paralización del proceso social, la vuelta atrás, no podía por menos que restablecer esa angustia, o esa contradicción, que padecieron nuestros mejores intelectuales antes del 36 y que con tanta exactitud definían los autores del informe.

El hecho de que Serrano Plaja, que estaba entre los redactores del documento (19 bis) y que fue el encargado de leerlo en el Congreso, proclamara, unos meses después, prologando el estreno de *La tragedia optimista* en el Teatro de Arte y Propaganda, que:

«Mantener en el teatro el criterio de dar aquello que al público le gusta más es tanto como negar el papel de orientación y educación que el teatro, como todo, debe tener en la revolución; es tanto como quedarse a merced de aquellas capas de la población que a causa de ser las más explotadas, las más oprimidas por el capitalismo, han

---

(19) *El Mono Azul*, núms. 26 (29-7-37) y 27 (5-8-37): «En el II Congreso Internacional de los Intelectuales Antifascistas: Informe de los escritores jóvenes».

(19 bis) Ver *Pensamiento Literario y Compromiso Antifascista*, vol. II, de Manuel Aznar Soler. Ed. Laia, de Barcelona. A través de sus indagaciones —y, muy concretamente, de dos cartas del propio Serrano Plaja—, Aznar concluye que el informe colectivo había sido inicialmente redactado por Serrano Plaja, que incorporó las modificaciones propuestas por los demás firmantes. En cuanto a la interrupción de la publicación del Informe en *El Mono Azul*, unido al hecho de que Rafael Alberti y María Teresa León no figuraran entre quienes lo firmaron, conduce a Aznar a la conclusión de que la línea crítica del trabajo tal vez debió parecer en aquellos momentos —toma de Brunete y de Quijorna por las fuerzas republicanas; uno de los pocos momentos de euforia en el campo gubernamental— inoportuna al P.C., que tenía una influencia decisiva en todas las manifestaciones de la Alianza.

tenido una educación más deficiente, más limitada, peor» (20).

prueba que el 18 de julio sólo había sido el comienzo de una etapa, y que, aparte del hecho de la guerra, la «realidad revolucionaria»— y el consecuente arte revolucionario— demandaban un tipo y una acción que no llegaron nunca a cubrirse. El informe parcialmente transcrito sólo era el primer paso —la «toma de conciencia», según la expresión reiteradamente empleada después— en la conciliación «crítica» de arte y revolución, que, obviamente, lo sucedido luego impidió llevar adelante.

Esto es quizá importante para entender el arte de urgencia y sus límites. De madurar la «realidad revolucionaria» hubiera surgido de ella un arte revolucionario igualmente maduro. Si fue necesario alzar un arte de urgencia es porque el proceso no hizo más que comenzar, y el artista, metido en él, tuvo que plantearse su obra como un instrumento que contribuyera a su aceleración. Las palabras pronunciadas por Serrano Plaja en La Zarzuela no son una negación de las que él mismo suscribió en el informe; pero, en cierto sentido, constituyen una importante puntualización. Si los intelectuales antifascistas, que venían viviendo el problema de la incomunicación popular de su obra —y el caso de «La Barraca» sería un buen ejemplo de la rebelión contra la misma—, encontraron en la guerra el elemento que los alineaba, vivencial y políticamente, al lado de ese pueblo, ello no pudo suponer la respuesta sistemática, la obra, que conciliara su autoexigencia artística y la demanda popular en materia de cultura. La revolución suponía, precisamente, la transformación social que liquidase «la explotación del capitalismo» y la «deficiente educación» de las masas trabajadoras. Entrañaba ganar previamente una guerra y alterar el protagonismo de la vida social. El «arte de urgencia» era parte de la lucha por conseguir esa «realidad revolucionaria», donde ya no existiera ninguna dicotomía entre el arte y la demanda popular. El 18 de julio no resolvía el problema, pero daba los argumentos políticos y los elementos vivenciales necesarios para buscar la salida. Alberti no renunciaba a las «palabras exactas» y se entregaba circunstancialmente a una «gramática de urgencia», esperando los tiempos futuros en que pudiera escribir

'to devote oneself to'

(20) *El Mono Azul*, núm. 37, 21-10-37: «Nuestro homenaje a la U.R.S.S.», de Arturo Serrano Plaja.

sobre los claveles. No, no, cuando hablaban, él y tantos otros, de volver un día a la poesía exacta y sosegada, pensaban en una poesía que, además, estaría profundamente ligada a los resultados, a la realidad, de la revolución. El hecho, nada accidental, de que los autores del informe señalaran que, pese a cuanto les unía, «eran distintos y aspiraban a serlo cada vez más en función de su condición de escritores y de artistas», reafirma el carácter liberador del arte revolucionario, distinto a ese arte de urgencia, fundamentalmente asentado en la «acción colectiva», y dominado por cierta uniformidad.

Al II Congreso pertenece un informe de César Vallejo que, bajo el título de «La responsabilidad del escritor», apareció en el último número de *El Mono Azul*, en febrero del 39, como homenaje al poeta poco antes fallecido. César Vallejo, que había proclamado reiteradamente su solidaridad con la República, es presentado en la nota de la publicación, «por su vida, sacrificio perenne y su obra responsable», como un «escritor tipo de su generación». De su larga intervención transcribo los siguientes párrafos:

«Los pueblos iberoamericanos ven claramente en el pueblo español en armas una causa que les es tanto más común cuanto que se trata de una misma raza, y, sobre todo, de una misma historia, y lo digo no con un acento de orgullo familiar de raza, sino que lo digo con un acento de orgullo humano, y que sólo una coincidencia histórica ha querido colocar a los pueblos de América muy cerca de los destinos de la madre España» (21).

Las palabras merecen ser ampliadas. Porque la verdad es que *El Mono Azul* está atravesado, de principio a fin, por una constante presencia latinoamericana. No sólo llegaron adhesiones de los escritores argentinos, chilenos, mejicanos, o de cualquier país cuyo régimen político permitiera expresar tales adhesiones —entre los cuales no estaba el Perú, la patria de César Vallejo, dominada por una Dictadura que prohibió cualquier manifestación de solidaridad hacia España—, sino que hasta Madrid vinieron muchos intelectuales de América Latina. Músicos, como el chileno Acario Cotapos; escritores, como los mejicanos Mancisidor, Alicia Reyes y Gastón Lafarga; poetas, como los argentinos Raúl González Tuñón y Córdova Iturburu,

(21) *El Mono Azul*, núm. 47, febrero del 38, págs. 13 a 16: «La responsabilidad del escritor», de César Vallejo.

el peruano César Vallejo, los chilenos Pablo Neruda y Vicente Huidobro, y combatientes, como el cubano Pablo de la Torriente, muerto en el frente de Majadahonda y evocado por el español Antonio Aparicio en una emocionante elegía... Intelectuales que pasaron aquí mucho tiempo, que visitaron los frentes, que escribieron lo que veían y lo publicaron en la prensa española y, cuando era posible, en la prensa de sus países. Escritores que contribuyeron a cambiar la imagen de España en América Latina, convirtiéndola de «antigua metrópoli», de país más o menos anclado en el pasado histórico y en la tradición religiosa, en ejemplo de lucha revolucionaria. Imagen que forzosamente tenía que gravitar sobre una América Latina explotada y miserable, donde la política —salvo en los dos o tres países del Cono Sur, cuyas minorías ilustradas se creían en París y donde las reglas del juego político habían sido copiadas de las democracias occidentales europeas— estallaba compulsivamente en el marco de sociedades oligárquicas. Y que explica la hospitalidad, y, a veces, los graves problemas, que nuestro exilio encontró más tarde en América Latina. Juan Marinello, en noviembre del 37, cerraba sus «Palabras para Cuba» en estos términos:

«Los hijos de tierras sometidas, como la cubana, a terribles sujeciones, a explotaciones exhaustivas, a regímenes dirigidos a la mutilación del hombre, vemos en España nuestro futuro. Ahora sí le llamamos madre. No porque de ella vengamos, sino porque ha podido tanto su energía que traspasa el parentesco de la sangre en un maestrazgo, en una maternidad de nuevo y altísimo sentido; porque está enseñando a los pueblos que nacieron de su impulso el modo de salvarse contra sí mismos; porque ahora, como batalla por el hombre, lucha mejor por el hombre más cercano, el español del otro lado. Madre, porque ahora sí queremos ser hijos leales de su fuerza universal» (22).

El hecho es que la izquierda de aquellos países encontró en la guerra española un estímulo para su propio desarrollo y que la victoria del franquismo creó un hondo abismo entre la nueva España oficial y la inmensa mayoría de la intelectualidad latinoamericana.

Pero volvamos a la comunicación de César Vallejo, que, en otro pasaje, decía:

---

(22) *El Mono Azul*, núm. 41, 18-11-37: «Palabras para Cuba», de Juan Marinello.

«Creo que en este momento, más que nunca, los escritores libres están obligados a consustanciarse con el pueblo, a hacer llegar su inteligencia a la inteligencia del pueblo y romper esa barrera secular que existe entre la inteligencia y el pueblo, entre el espíritu y la materia. Estas barreras, lo sabemos muy bien, han sido creadas por las clases dominantes...

Jesús decía: "Mi Reino no es de este mundo." Creo que ha llegado un momento en que la conciencia del escritor revolucionario puede concretarse en una fórmula que reemplace a esta fórmula, diciendo: "Mi Reino es de este mundo, pero también del otro".»

Como se ve, las ideas de César Vallejo se inscriben en el discurso de aquel grupo de escritores españoles a los que ya nos hemos referido ampliamente. También el poeta peruano habla de la barrera secular, de las razones políticas de su existencia y de la necesidad de conciliar el espíritu y la materia, este mundo —es decir, la realidad socioeconómica— y el otro, es decir, el mundo del arte.

Con respecto al deber tantas veces incumplido del escritor, prueba de su alineación reaccionaria, Vallejo afirma:

«Otra prueba de que la conciencia de la responsabilidad del escritor no está bastante desarrollada es que en las horas difíciles por que atraviesan los pueblos, la mayor parte de los escritores se callan ante las persecuciones de los gobernantes imperantes; nadie pronuncia una palabra en contra, y ésta es una actitud muy cómoda. De desear sería que en estas horas de lucha en que la Policía, la fuerza armada, están amenazando la vida, la actividad de los escritores y del pueblo entero, que estos escritores levanten su voz en estas horas y que tengan el valor de protestar de esta tiranía, de esta actitud.»

Formulación ésta quizá un tanto elemental, a menos que la reduzcamos a una declaración de principios, porque las tiranías disponen de sobrados instrumentos para silenciar a los escritores, o reducir y manipular su proyección, y el problema que a estos se les plantea es cómo articular la respuesta más eficaz, que es, a menudo, la menos brillante, la menos notoria. En última instancia, aceptado el deber de testimoniar contra la injusticia, es imposible establecer ningún tipo de norma sobre el modo de cumplirlo, condicionado como está dialécticamente por las circunstancias. A César Vallejo, el párrafo que más le aplaudieron en el Congreso fue ése en que proclamaba:

«Los responsables de lo que sucede en el mundo somos los escritores, porque tenemos el arma más formidable, que es el verbo. Arquímedes dijo: "Dadme un punto de apoyo, la palabra justa y el asunto justo, y moveré el mundo"; a nosotros, que poseemos ese punto de apoyo, nuestra pluma, nos toca, pues, mover el mundo con esta arma.»

Era exactamente lo que correspondía a la situación en que se hallaba el poeta y quienes le escuchaban: un Congreso público de escritores, que necesitaban creer en el valor político de su obra, que necesitaban afirmar que la pluma los encuadraba dentro de la «revolución en armas». Cosa que probablemente era cierta, pero a la que, por ejemplo, habían tenido que renunciar los escritores alemanes antifascistas que hubieron de abandonar su país y luchaban en las Brigadas Internacionales. ¿Y acaso el propio César Vallejo no estaba diciendo en España lo que no hubiera podido decir en el Perú?

Casi cerrando su intervención, Vallejo proponía su concepto de hombre culto. Aludiendo a un debate anterior, recordaba que un escritor inglés había definido al hombre culto como «al hombre honrado que cumple exactamente con sus deberes, aun cuando sea un perfecto ignorante», mientras un escritor francés entendía por tal a quien «habiéndose especializado en un ramo, ha hecho en él un gran descubrimiento en beneficio de la humanidad, aunque sea un hombre deshonesto y no honrado»; frente a estas definiciones, el poeta peruano proclamaba:

«Para nosotros, los escritores revolucionarios, un hombre culto es el hombre que contribuye individual y socialmente al desarrollo de la colectividad en un terreno libre, de concordia, de armonía y justicia, por el progreso común e individual.»

En esta idea de contribuir al progreso común e individual, identificado este progreso con los objetivos revolucionarios, se resumía el compromiso del escritor, la manifestación de su condición de hombre culto.

Importaría aún añadir un punto. Hemos visto a César Vallejo, citando una frase del Evangelio, aunque fuera para modificarla. También aludimos más atrás a un párrafo «religioso» de León Felipe en el mismo Congreso. A Bergamín, presidente de la Alianza y católico declarado, deberemos la cita del cristianismo como una fuente más de las obligaciones del escritor para con el pueblo. Ciertamente, la Iglesia, por su papel histórico y por su mayoritaria alineación junto a los rebeldes —cuya acción llegó a calificar solemnemente de Cruzada—, era constantemente atacada desde los más diversos frentes de *El Mono Azul,* a partir del mismo Romancero. Bergamín procuró, en varias ocasiones, señalar la irregularidad de esa alineación. Así, cuando recordaba unas líneas publicadas en «El Debate», el 8 de octubre de 1932:

«Hemos sido y seremos los paladines de la lucha legal y del acatamiento a los Poderes constituidos. Ante todo, por razones morales. Respetamos otros criterios; pero nosotros creemos que LA REBELION PROPIAMENTE DICHA ES ILICITA. Esta creencia encuentra firme e inequívoca corroboración en multitud de textos de León XIII. La Pastoral colectiva de los prelados españoles, publicada precisamente a poco de instituida la II República, nos alecciona con la misma doctrina; y los prelados españoles, juntos en aquella declaración, para nosotros son la Iglesia. Por si alguien las olvidó repitamos sus palabras: QUE NO ADMITEN LA SEDICION Y EL COMPLOT.»

O cuando en una conferencia, «La triple impostura del fascismo», parcialmente reproducida en la publicación de la Alianza, declaraba:

«Yo entiendo de este modo mi independencia de escritor, mi libertad de creyente cristiano, católico; vinculada inseparablemente por la sangre al pueblo que vino padeciendo secularmente por la justicia y que ahora, gloriosamente, lucha dando su vida por su verdad, su libertad, su independencia, que es nuestra verdad y nuestra vida. Que lo entiendan bien todos: la voz del pueblo es la voz de Dios; y lo es de tal modo cuando combate por la verdad, por la justicia, por la libertad, que se hace como la corriente salvadora de las aguas, voz de trueno» (23).

A las razones dictadas por la revolución tendríamos, pues, las agregadas por el cristianismo de un escritor revolucionario. Extremo que si hoy no resulta demasiado sorprendente, a la vista de los cambios registrados en la sensibilidad de la Iglesia —que ha dejado de ser, monolíticamente, la Iglesia de los ricos y el sostén político de tantos gobiernos oligárquicos—, sin duda debía serlo para muchos españoles de la época. El caso de Bergamín, sin embargo, se inscribía ya en el complejo proceso que ha aflo-

(23) *El Mono Azul,* núm. 7, 8-10-36: «La triple impostura del fascismo», fragmento de la conferencia dada desde la emisora del PC, por José Bergamín.

rado después, como era también un precedente de los futuros diálogos entre marxistas y católicos la atención que Louis Aragon —que tanta influencia ejercía sobre hombres como Alberti— prestó, en las páginas de «Cuadernos de Madrid», otra publicación de la Alianza, de la que sólo se publicó un número, a un escritor como Bernanos, a raíz de publicar éste *Los grandes cementerios bajo la luna.*

«El nuevo libro de Georges Bernanos es de los que se citan más que de los que se critican. Este escritor, cuyo lenguaje es uno de los más bellos que actualmente se hablan y cuyo carácter e independencia fuerzan al respeto, por muy errróneo que pueda creerse su pensamiento... Sus opiniones son lo que nos separa; monárquico y católico él, yo comunista, no iré a pedirle cuenta de estos abismos entre nosotros, como tampoco él lo hizo el día en que, en contestación a un simple telegrama, aceptó el poner su nombre al lado del mío al pie de una frase que instituía entre sus firmantes una fraternidad predefinida de la unidad francesa frente a los enemigos de Francia... Un gran número de hombres que piensan de distinta manera y que expondrían, según sus opiniones personales, su desacuerdo con el autor de este libro, no podrían, sin embargo, dejar de leer con gran exaltación *Los grandes cementerios.* Y es que más allá de las opiniones están los testimonios» (24).

El caso de Bernanos no es el mismo que el de Bergamín, desde luego. Para aquél —como explica Aragon en otra parte de su comentario—, la Unión Soviética era equiparable a la Alemania hitleriana, o a la Italia fascista, extremo que a buen seguro no pensaba Bergamín, católico y admirador incondicional del régimen comunista. Pero, precisamente por eso, el respeto con que Aragon trata a Bernanos, la idea de que hay un «punto común» —el testimonio—, pese a las diferencias ideológicas, es enormemente significativo y contrasta con la actitud de tantos escritores revolucionarios de la época. En todo caso, y con esto acabo, en *El Mono Azul* existen testimonios de las posiciones arquetípicas: van desde el anticlericalismo más rabioso, desde el ataque generalizado a curas, obispos y beatas, desde la condenación de la Iglesia, al sentimiento de que la alineación oficial de tantas de sus jerarquías y feligreses junto al fascismo es una traición a la religión cristiana. Denunciar esa traición sería, entonces, un compromiso más del escritor católico y revolucionario.

(24) *Cuadernos de Madrid,* núm. 1, 1939, págs. 17 a 24: «Los grandes cementerios bajo la luna», de Bernanos. Crítica de Louis Aragon.

LA LIBERTAD DEL ESCRITOR

María Teresa León, en el primer aniversario de la muerte de Gorki, evocaba así el Congreso de Escritores Soviéticos, donde tuvo la oportunidad de conocerlo:

«Los escritores extranjeros están atentos a la voz de Gorki, en torno a la larga mesa. Todos piensan, estoy segura, en la manera de contar aquellas pocas palabras que se oyen y valorizan los largos silencios. André Malraux pregunta con insistencia asuntos relacionados con la creación de la obra de arte. Gorki se ve cogido entre dos fuegos. Jean Richard Bloch dispara desde el otro lado. El tema se generaliza más. «Hay que dar confianza al escritor», ha propuesto en el Congreso de Escritores la delegación francesa. La libertad del escritor es una de las grandes conquistas obtenidas. A Gorki se le debe en gran parte esta depuración del gusto que observamos. Escribe diariamente artículos para toda la prensa. En ellos defiende la pureza del idioma, la calidad en el estilo, la originalidad en los temas...» (25).

No quiero abrir del todo la cuestión, que me llevaría a la cita de fuentes y reflexiones que están fuera de *El Mono Azul.* Pero es imprescindible recordar los problemas que la orientación burocrática del arte, el establecimiento casi normativo de lo que debía entenderse por una literatura y un teatro socialistas, habían creado a tantos escritores y hombres de talento —encuadrados durante años en el marco de la Revolución Soviética—, desde Mayakowski, que se suicidó, a Meyerhold, obscuramente eliminado. De ahí que la frase de María Teresa León, «la libertad del escritor es una de las grandes conquistas obtenidas», y su recuerdo de las preocupaciones de la delegación francesa, adquieran una especial importancia. A la conciliación del Arte y de su función política, de la autoexigencia estética y la comunicación mayoritaria, se uniría el tema de la libertad del escritor, que fue, precisamente, el más dogmática y tristemente resuelto en ese Congreso, aunque María Teresa quisiera salir del paso con una afirmación inexacta, no sé si por ignorar realmente el alcance de la nueva definición del «realismo socialista» o si porque muchos comunistas no estaban aquí dispuestos a acatarla.

María Zambrano —malagueña, directora de «Hora de

(25) *El Mono Azul,* núm. 21, 24-6-37: «Cómo conocí al gran escritor soviético», por María Teresa León.

España» en su última época, encargada por el Ministerio de Instrucción Pública de diversas actividades culturales— abordaba la cuestión en un breve trabajo incluido en el número 3 de *El Mono Azul*, de fecha 10 de septiembre del 36. El artículo se titulaba, precisamente, «La libertad del intelectual», y decía así:

«Alguien dijo una vez: "Y cuando estéis reunidos, yo estaré con vosotros". Verdad profunda que el individualismo burgués del siglo XIX había olvidado.

El asco del intelectual —del intelectual típico— por la masa, el apartamiento de la vida y su impotencia para comunicarse con el pueblo, es un fenómeno que únicamente se entiende pensando en la situación social aún más que en la ideología del intelectual. Esta situación es la de su pertenencia a la burguesía, que le apartaba de los problemas vivos y verdaderos del pueblo y le encerraba dentro de un círculo restringido y limitado de preocupaciones, cada vez más indirectas y alejadas de la realidad, cada vez más para «minorías», previamente escogidas, donde no era posible ningún avance efectivo. Encerrados en esta tela de araña, su afán de libertad tenía que resultar falso, candorosamente falso en su comienzo y alevosamente hipócrita al correr el tiempo.

La libertad es la palabra mágica, es cierto; pero es necesario esclarecer qué libertad es ésta que queremos y cómo hemos de llegar a ella. Porque el descubrimiento de la libertad humana, reavivado por el romanticismo, fue en seguida confundido con el individualismo, con un individualismo arbitrario y caprichoso, puesto que no contaba con los demás hombres que viven al mismo tiempo y son tan individuos a su vez como nosotros.

Y así la libertad se convirtió en separación de la realidad, en vano ensueño quimérico de una imposible independencia. Se confundió la persona, la persona moral de donde brota la libertad, con el individuo vuelto de espaldas a la vida. Y el intelectual vino a desembocar desde el liberalismo romántico en esteticismo inhumano, trágica contradicción de una encrucijada estéril.

Abandonada a sí misma, la inteligencia se consume en meros juegos sin trascendencia, que al fin acaban —¡tenemos tantos ejemplos!— en tristísima ruina humana. Sólo se justifica y vivifica la inteligencia cuando por sus palabras corre la sangre de una realidad verdadera. Pero la verdad es siempre cosa para todos los hombres, por lo menos de muchos, cuya voz suena terrible para oídos desacostumbrados. Es hora ya de que el intelectual escuche esta voz y la haga inteligible, actual e inolvidable; es hora de que renuncie a la alevosa e hipócrita libertad burguesa para servir a la verdadera libertad humana, que sólo es posible desenmascarando hasta lo último los restos inservibles de un pasado que no quiere pasar y acepte, alumbrándola, esta verdad que sólo al pueblo puesto en pie se muestra» (26).

El comentario era, me parece, peligroso. Porque aún siendo ciertas sus bases, esquematizaba y oficializaba terriblemente la cuestión. María Zambrano pasaba de la constatación de una realidad cultural que debía ser transformada a una «definición de la libertad» —eso fue, exactamente, lo que hizo el realismo socialista, con un daño irreparable para el proceso revolucionario—, a una acusación generalizada contra toda la literatura contemporánea. Si el «afán de libertad» de tantos escritores «minoritarios» se había traducido, muchas veces, en un «individualismo arbitrario y caprichoso», a la comentarista se le escapaba que también ese afán, en el cuadro de una sociedad enajenadora, había permitido la creación de una serie de obras de arte —¡y hasta de una teoría política revolucionaria, derivada de la observación de los hechos y del análisis de los fenómenos económicos!— que constituía un patrimonio de toda la humanidad. ¿Y quién nos garantizaba que «su» concepto de la libertad no era —como el de tantos burócratas que se irrogaron el mismo derecho a definir la libertad de los demás— también «caprichoso y arbitrario»? A María Zambrano se le escapaba, en fin, que el ser «minoritario» o «mayoritario» no dependía tanto de la decisión del artista como de las circunstancias individuales y sociales en que proponía la obra. El Informe, antes comentado, que un grupo de escritores presentó al II Congreso era, precisamente, una rectificación del criterio voluntarista representado por este artículo de la Zambrano. Los artistas asumían sus «diferencias» y el carácter «minoritario» que la ordenación de la sociedad y de la cultura había impuesto a su obra, sumándose colectivamente a la tarea revolucionaria de crear un mundo en el que ya no se asociase —como un aspecto más de la explotación de unas clases por otras— Arte y Minoría. Y en cuanto a que ello fuera una consecuencia de la pertenencia del intelectual a la burguesía, ¿quién podría negar que la gran mayoría burguesa desconoce o rechaza la obra de los artistas más lúcidos y, precisamente por ello, «más solitarios», que salen de su seno? ¿Cómo no recordar aquí

(26) *El Mono Azul*, núm. 3, 10-9-36, pág. 2: «La libertad del intelectual», por María Zambrano.

las palabras, tantas veces escritas en el marco del Teatro de Arte y Propaganda, sobre la necesidad de «educar» a un pueblo sistemáticamente abotargado por las clases dominantes? Preguntas éstas con las que quiero significar no tanto el romanticismo —que ella misma critica— de la articulista como el hecho de que la guerra, la práctica diaria, los problemas concretos de la acción cultural, fueron imponiendo una posición más realista y modificando el idealismo del punto de partida, muy bien representado por el trabajo de María Zambrano. El escritor «participó» en la Revolución y eso condicionó —no hay que pensar en marxista para saber que toda libertad es siempre condicional— su obra; pero sin que ello implicase, en los mejores casos, una «renuncia» y sí la posibilidad de otear una salida a esa «tela de araña» en que la vieja sociedad le había colocado.

Por lo demás, si una sociedad se alza sobre bases competitivas y establece el principio de que el más fuerte tiene que devorar al más débil, si no quiere ser a su vez devorado, el individualismo es un corolario inevitable. De ahí que el escritor antifascista desee un cambio social que modifique su relación con los demás y cree una armonía, en lugar del tradicional antagonismo, entre individuo y colectividad, entre libertad personal y bien común.

Aunque más específicamente referida al campo político, en el número 5 de *El Mono Azul* se publicó un editorial bajo el título de «La Conciencia revolucionaria», que, sin duda, incide sobre las relaciones entre el intelectual y la comunidad. Decía, entre otras cosas:

«En cierto sentido, se puede afirmar que no adelantaremos un paso mientras no se comprenda que el triunfo definitivo, la totalidad del triunfo, depende de cada uno de nosotros. No tendrá derecho a llamarse revolucionario todo aquel que quiera escudarse en deficiencias de organización, de mando, de material de guerra, etcétera, para justificar sus propias deficiencias. De hecho cada uno de los que así piensan es un contrarrevolucionario más. Y merecería el mismo castigo» (27).

Este comentario —ampliación o glosa de una frase de Lenin: «En la revolución, cada revolucionario, individualmente, es responsable de la totalidad de la revolución»— implica, aplicado a los escritores, que el hecho de que éstos piensen, con razón, que un «cambio de las estructu-

---

(27) *El Mono Azul*, núm. 5, 24-9-36, pág. 1.

ras» favorecería la relación de su obra, tanto en el proceso creativo como en el de comunicación, con la mayoría —y no digo pueblo, porque estamos hablando de una situación previa, en la que esto resulta sumamente difícil—, no es una razón para que dejen de proponer individualmente sus obras. Obras que, lógicamente, no podrán corresponder a una realidad revolucionaria, pero que estarán encaminadas, por la actitud crítica y testimonial del escritor, a conseguirla, a hacer pensar, dentro de los límites impuestos por la situación, que esta última es arbitraria o injusta. La libertad, la duda, el análisis, la rebeldía, individuales, podrán, pues, constituir una parte inseparable de la «totalidad del triunfo», sobre todo si las condiciones históricas imponen esa forma de lucha.

Ya he dicho que el tema desborda, en mucho, el marco de *El Mono Azul,* y que, tomándolo como guía, cabría hacer una incursión en todo el arte del último siglo, especialmente a partir de Octubre del 17. La misma idea de Revolución que proponen los de la Alianza —a imagen y semejanza de la Revolución Soviética— ha sido sometida modernamente a duras críticas. Pensemos, por ejemplo, en *El hombre rebelde,* de Camus, o en *Las manos sucias,* de Sartre. O, dentro del mismo comunismo español —que era el que, a través de Rafael Alberti, inspiraba especialmente la línea de *El Mono Azul*—, la distancia que va entre el acatamiento y la admiración incondicional a la URSS en el 37, las posiciones de los «separados» Semprún y Claudín y aun cuanto afirma Santiago Carrillo en su libro sobre el eurocomunismo.

Pero, esto dicho, quiero volver a ceñirme a la publicación y a sus textos.

HISTORIA DE TRES HOMBRES LIBRES Y DE UN CUARTO QUE NO LO FUE

A lo largo de los cinco capítulos de que consta este libro, aparecen citados numerosos escritores españoles, a menudo con la transcripción total o parcial de sus colaboraciones en *El Mono Azul,* de modo que resulte clara su manera de asumir nuestra Guerra Civil.

Hay, sin embargo, cuatro personajes, citados ligeramente, cuyo comportamiento resulta de singular significación. Y de los que quiero hablar ahora, porque con ellos quizá se dibuje todo el arco de las «respuestas» dadas por quienes, llanamente, no se pusieron al lado de la rebelión militar.

Uno sería Pablo Picasso.

Su nombre aparece citado por vez primera en el editorial «Verdadera instrucción pública», del número del 17 de septiembre del 36. Allí puede leerse:

«Como un ejemplo más cerca de nuestros afanes intelectuales, queremos destacar la obra que en el ramo de la instrucción pública ha emprendido su ministro, el camarada Jesús Hernández. El nombramiento de Picasso para director del Museo del Prado y el de don Ramón Menéndez Pidal para presidente del Consejo de Cultura Nacional, encarna vigorosamente toda la intención del propósito. Picasso, este genio destructor y creador, ausente perpetuo de su patria, pero en su ausencia la más imponente afirmación de la popularidad española ante una Europa un poco abrumada y metódica» (28).

Luego, a la semana siguiente, *El Mono Azul* dedicaba un comentario, sin firma, estrictamente a Picasso. Decía:

«No creo que a estas alturas haya nadie que ignore quién es Picasso. Dejando a un lado los motivos polémicos que desde un punto de vista posterior al de Picasso mismo podrían oponérsele, es evidente que Picasso ha significado un tan necesario tránsito en la estética universal, que en modo alguno se puede suponer casual. Con Picasso se acaba algo y algo comienza. Y no casualmente, repetimos, sino necesariamente, ineludiblemente. Si alguien hay en quien pueda concretarse ese como fenómeno biológico que consiste en la exacta coincidencia de una necesidad histórica con su interpretación adecuada en el genio individual, no hay duda de que es en Picasso.

Pues bien; en España, donde Picasso ha nacido (cosa que tampoco es seguramente casual), ha sido preciso la sangre de una guerra civil, la generosa sangre de una revolución, para que esta necesidad histórica sea comprendida en sus verdaderas dimensiones.

Hasta el 19 de julio, la estética oficial entendía que ofrecer a Picasso un puesto de importancia dentro de la escala oficial —si es que alguna vez se pensó en ello— no significaría otra cosa que hacerle un favor demasiado audaz para el Ministerio, y sólo debería intentarse en el caso de que lo mereciera, de que se le ganase a través de todo el intrincado sistema de adulaciones, intrigas, etc.

Hoy, con la Revolución, no sólo ha cambiado la forma, sino el concepto mismo. Hoy, en la actual República española, el criterio en esquema podría ser éste: no es que

---

(28) *El Mono Azul*, núm. 4, 17-9-36, pág. 1.

se ofrezca a Picasso la dirección del Museo del Prado, sino que se conquista para ese puesto a Picasso. La Revolución le necesita y hay que ganárselo. Es problema de honor conseguir que acepte nuestros cuadros de dirección cultural; necesitamos a Picasso, y es, por tanto, imprescindible incorporarle, traerle a España, encuadrarle.

He aquí dos modos de entender la cultura, la barrera que constituye ya una fecha: el 18 de julio de 1936 (29).

El texto gira en torno a tres ideas. La primera, el carácter «revolucionario» de la estética de Picasso; la segunda, la consecuente relación entre la estética y la política, que justificaría —aparte de los pronunciamientos personales del pintor— la designación del nuevo director del Museo del Prado por parte del gobierno de la República; y la tercera, que es la que quiero subrayar aquí, la declarada necesidad de «traerse» a Picasso, de incorporarlo a la dirección cultural, de encuadrarlo. Wenceslao Roces, Subsecretario de Instrucción Pública, proclamaría también, en el primer mitin de la Alianza, el «rescate» de Picasso.

Tras esta «ofensiva» aparecerían en *El Mono Azul* escritos contra el fascismo, firmados por artistas españoles y extranjeros, sin incluir nunca el nombre de Picasso. Cuando llegan los días difíciles de noviembre del 36, en que Madrid corre el riesgo de ser ocupada, tampoco está Picasso. Y en mayo del 37, cuando Alberti y María Teresa León van al Museo del Prado para seleccionar los cuadros que deben ser evacuados —frente a las puertas de la Alianza estuvieron, hasta las tres de la madrugada, *Las Meninas*, de Velázquez, y el retrato ecuestre de Carlos V, de Tiziano—, nadie habla de su director oficial, Pablo Picasso. Inútil seguir buscando. Su nombre tampoco está entre los que, fechado en Madrid, a 28 de abril de 1937, redactan el siguiente documento:

«Ante la destrucción por los aviones alemanes al servicio de Franco de la ciudad de Guernica, archivo de las libertades populares de Euzkadi, sede de su tradición viva, la Alianza Intelectual Antifascista levanta al mundo su protesta por el bárbaro atentado y saluda a los combatientes vascos, al noble pueblo de Euzkadi, que lucha por su libertad y la de España» (30).

Habrá que esperar al último número de *El Mono Azul* para leer, en una apasionada conferencia de Santiago On-

---

(29) *El Mono Azul*, núm. 5, 24-9-36, pág. 7: «Picasso».

(30) *El Mono Azul*, núm. 16, 1-5-37, págs. 4 y 5: «Nuestra protesta por el bombardeo de Guernica».

tañón, un juicio artístico y político sobre Picasso. La guerra andaba ya cerca de su desenlace y el conferenciante, tras elogiar al pintor por «llegar a destruir totalmente la anécdota», por «pensar, en plena pasión por la materia, que la obligación de todo pintor era dar la emoción de la pintura», «la pintura y nada más», resumía así la aportación de Picasso a la causa republicana:

«Picasso, desde el primer momento, se ha puesto al lado del pueblo. Su prestigio de genio universal nos ha ayudado como un fusil en el frente. Nos ha enviado miles de francos, pero no francos recogidos en colectas suplicantes, sino dinero ganado por él, con su talento, su esfuerzo de hombre, de español apasionado. En nuestro pabellón nacional de la Exposición de París ha expuesto un verdadero modelo de «pintura agresiva» que titula «Guernica» y que ha impresionado a los turistas de la casa Cook como una bofetada inesperada. A algunos como un alud que se les echase encima. Picasso cumple su misión del momento» (31).

La respuesta de Picasso, como pintor y como español, fue clara. Su «Guernica» será, para siempre, uno de los imborrables testimonios de aquella terrible hazaña contra un pueblo de Euzkadi. Esa fue su específica manera de «encuadrarse», sin aceptar la «dirección cultural» que aquí se le ofrecía; aunque, a estas alturas, sean muchos los que piensan —y en este sentido me hablaba Antonio Buero— que Picasso debió, en tan difíciles momentos, de acusar siquiera recibo del nombramiento de director del Museo del Prado, y de compartir, total o parcialmente, los riesgos que por entonces asumían otros artistas del campo republicano.

Otro caso sería el de Antonio Machado. Su texto más definitorio respecto de la posición adoptada ante la guerra civil fue, probablemente, su discurso «Sobre la defensa y la difusión de la cultura», pronunciado en el II Congreso de Escritores. La presencia de su nombre en *El Mono Azul* está siempre aureolada por un extraordinario respeto. A ella estrictamente —como un ejemplo más de la extraordinaria independencia del escritor, inequívocamente alineado, y, a la vez, ajeno a todo partidismo o halago— quiero referirme.

Ilya Ehrenburg, en su carta a Miguel de Unamuno —de la que luego hablaremos más extensamente—, al repasar

(31) *El Mono Azul*, núm. 47, febrero del 39, págs. 17 a 29: «Francisco Mateos y su arte», de Santiago Ontañón.

el comportamiento político de los principales escritores españoles afirmaba:

«El poeta Antonio Machado, lírico y filósofo, digno heredero del gran Jorge Manrique, está con el pueblo y no con los verdugos.»

En innumerables ocasiones, en artículos que tratan de los más diversos temas, Machado es citado de pasada como ejemplo de poeta «verdadero» y de español intachable. En la réplica de la Alianza a una declaración del doctor Lafora sobre la disolución de la Casa de la Cultura por el gobierno de la República, en julio del 37 —la institución había sido creada por el Ministerio de Instrucción Pública en noviembre del 36—, se dice:

«El más autorizado de todos los intelectuales españoles, Antonio Machado, desmiente, con sus palabras nobles, verídicas y generosas como él mismo, esa conducta que Lafora quiere achacar al Gobierno de la República. "Yo me complazco en proclamar —dice Machado—, y con ello creo también cumplir con un deber elementalísimo, que ni directa ni indirectamente, ni con la más leve insinuación, he sido objeto de ninguna presión por parte del Ministerio de Instrucción Pública ni de ningún otro órgano del Estado". Solamente con esto quedan patentizadas no sólo dos conductas, sino también dos significados» (32).

El incidente polémico creado por el doctor Lafora no nos interesa. Pero el hecho de que la Alianza invocara el testimonio de Antonio Machado como prueba concluyente de la verdad de sus argumentaciones revela el puesto alcanzado por el poeta. Así, en ese mismo mes de julio —exactamente el día 15—, coincidiendo con el II Congreso Internacional de Escritores celebrado en Madrid, la página de *El Mono Azul* estaba presidida por una gran foto de Machado, bajo la que podía leerse:

«Antonio Machado, nuestro gran poeta. Su poesía, de hondo arraigo popular, ha sido desde los días de julio una de las voces más altas que se han levantado para condenar la traición de las castas militares españolas y los crímenes del fascismo internacional.»

El 5 de agosto de 1937 se publican los nombres de la nueva directiva de la Asociación Internacional de Escritores, de la cual la Alianza es la sección española. Figuran en ella Romain Rolland, André Malraux, Jean Richard

(32) *El Mono Azul*, núm. 25, 22-7-37: «Nuestra Alianza sale al paso del doctor Lafora».

Bloch, Louis Aragon, Julien Benda, Thomas Mann, Heinrich Mann, Feuchtwanger, Bernard Shaw, Ernest Hemingway, Rosamund Lehman, Forster, Alexis Tolstoi, Cholokof, Anderson Nexo, Selma Lagerloff, Ferder, los españoles José Bergamín y Antonio Machado, y, como secretario administrativo, René Bloch. Personas que, en su inmensa mayoría, estuvieron en España durante la guerra y eran la máxima expresión de la gran literatura antifascista internacional de la época.

En octubre cuando, para proyectar una política teatral acorde con el deseable proceso revolucionario, el Gobierno decide formar el Consejo Central del Teatro, su presidencia se reserva, para reforzar su operatividad administrativa, al director general de Bellas Artes, pero Antonio Machado es nombrado vicepresidente primero, por delante de una lista que comprende desde Max Aub a Rafael Alberti, desde Margarita Xirgu a María Teresa León, los nombres de las más prestigiosas gentes de teatro que se han proclamado —porque también está, encabezando los vocales, don Jacinto Benavente— leales a la República.

De Machado sólo publicó *El Mono Azul* —aparte de diversos escritos en los que figuraba como uno de los firmantes— su célebre poema dedicado a la muerte de García Lorca, *El crimen fue en Granada:*

«Se le vio, caminando entre fusiles
por una calle larga,
salir al campo frío,
aún con estrellas, de la madrugada.»

El texto se reproducía del semanario *Ayuda* y la innegable calidad y emoción del poema no está en nada empañada por el hecho de que Machado, como la inmensa mayoría de los españoles, desconociera por entonces las circunstancias concretas del real y verdadero fusilamiento de Federico.

Antonio Machado fue uno de los poetas —como, posiblemente, hubiera sucedido con García Lorca de quedarse en Madrid en julio del 36— que quiso estar siempre cerca del pueblo y que encontró en el 18 de julio la coyuntura histórica que le permitía patentizar, elevándolo a categoría de compromiso solemne, ese deseo. Para ello sólo tuvo que ahondar en su línea de siempre, solidario y solitario, revolucionario e independiente, mereciendo por ello el respeto que no hubiera ganado de halagar a sus lectores. Aunque no se publicara en *El Mono Azul*, no resisto el reproducir un párrafo del discurso de Antonio Machado, el 1 de mayo de 1937, a las Juventudes Socialistas Unificadas:

«Desde un punto de vista teórico, yo no soy marxista, no lo he sido nunca, es muy posible que no lo sea jamás. Mi pensamiento no ha seguido la ruta que desciende de Hegel a Carlos Marx. Tal vez porque soy demasiado romántico, por el influjo, acaso, de una educación demasiado idealista, me falta simpatía por la idea central del marxismo: me resisto a creer que el factor económico, cuya enorme importancia no desconozco, sea el más esencial de la vida humana y el gran motor de la historia. Veo, sin embargo, con entera claridad, que el Socialismo, en cuanto supone una manera de convivencia humana, basada en el trabajo, en la igualdad de los medios concedidos a todos para realizarlo, y en la abolición de los privilegios de clase, es una etapa inexcusable en el camino de la justicia; veo claramente que es ésa la gran experiencia humana de nuestros días, a que todos de algún modo debemos contribuir» (33).

He aquí otra respuesta, que acabó biográficamente, aunque siga viva para siempre, con la muerte del poeta, el 22 de febrero de 1939, exilado y roto, en un hotel de Colliure.

El tercer caso es el de Miguel de Unamuno.

En el primer número de *El Mono Azul* aparecen ya ¡dos! furibundos ataques contra el escritor, máxima expresión un día de la rebelión de los intelectuales españoles contra la dictadura de Primo de Rivera, honrado después por la República española y, en julio del 36, adicto a los militares rebeldes. La indignación —mezclada a la irritación que, a menudo, había producido el «personalismo» de don Miguel, del que es una expresión la concepción del líder político, fatalmente traicionado o decepcionado por los demás, que aparece en alguno de sus dramas— que provocó la posición de quien había sido un socialista en su juventud, y luego, en cualquier caso, un campeón de las libertades y de la cultura, explica tanto ensañamiento. Unamuno era, sin duda, la mayor «conquista» intelectual de los «nacionales», una adhesión utilísima para su propaganda. Ante las declaraciones de Unamuno contra el Gobierno de Madrid, éste incluyó en *La Gaceta* del día 23 de agosto, el siguiente Decreto:

(33) Incluido en *Abel Martín. Cancionero de Juan de Mairena*, de la Editorial Losada, págs. 151 y 152.

«El Gobierno ha visto con dolor que don Miguel de Unamuno, para quien la República había reservado las máximas expresiones de respeto y devoción y para quien había tenido todas las muestras de afecto, no haya respondido en el momento presente a la lealtad a que estaba obligado, sumándose de modo público a la facción en armas.

En vista de ello, y de acuerdo con el Consejo de Ministros y a propuesta del de Instrucción Pública y Bellas Artes.

Vengo a decretar:

Artículo 1.—Queda derogado y nulo en todos sus extremos el decreto de 30 de septiembre de 1934 por el que se nombraba a don Miguel de Unamuno y Jugo rector vitalicio de la Universidad de Salamanca, que creaba en este centro docente la cátedra "Miguel de Unamuno", señalando como titular de ella al mismo señor, y se designaba con dicho nombre al Instituto Nacional de Segunda Enseñanza de Bilbao.

Artículo 2.—Queda asimismo separado de cuantos otros cargos o comisiones desempeñara relacionadas con el Ministerio de Instrucción Pública y Bellas Artes» (34).

Por su parte, como es lógico, el gobierno de Burgos mantenía a Unamuno en el Rectorado de Salamanca con todos los honores.

No puede, pues, sorprendernos que, fruto de la irritación, en el mismo número en que se declaraba que «toda la inteligencia está con nosotros», los de *El Mono Azul* concedieran una especialísima atención a la tarea de pulverizar la personalidad y, lo que era más arriesgado, la obra de don Miguel. Así, bajo el título de «Unamuno, junto a la reacción», Armando Bazán, de origen peruano, que ya se había ocupado del escritor vasco con anterioridad —del año 35 era la edición de su libro «Unamuno y el marxismo», que también incluía un ensayo de Ilya Ehrenburg, otro de los que se apresuraron a cargar contra don Miguel—, publicó en el número inaugural de *El Mono Azul* el siguiente texto:

«Unamuno está disparando sus más envenenados fuegos desde la trinchera enemiga. Su voz, que muchos creían excelsa, se ha puesto a tono con las del ebrio consuetudinario Queipo de Llano, con la de Mola, con la del patriota Franco, que nos envía cabilas para civilizarnos. Después de haber mantenido en el más completo engaño a casi

---

(34) *Vida de don Miguel*, de Emilio Salcedo, Editorial Anaya. Ver capítulo XXVII, «La última guerra civil de don Miguel».

todo el mundo del pensamiento, nos ha descubierto toda la mezquindad de su espíritu, toda la fealdad monstruosa de su inhumanidad.

Tenía dotes excepcionales, dotes verdaderamente geniales de gran impostor. Se hacía considerar como un cristiano inmaculado, como un abanderado de la libertad, como un pionero del perfeccionamiento humano. Y su juego no fallaba nunca. Este hombre, maculado por el vicio de un orgullo satánico, de un egocentrismo feroz, paseaba ante el mundo una albeante testa de apóstol venerable.

Pero los marxistas habíamos visto desde hace mucho tiempo el truco del malabarista. Por eso, a pesar de su fama y su gloria, quisimos presentarle siempre en sus condiciones esenciales, en sus dimensiones precisas.

El marxismo nos enseñaba a gritos que la obra de Unamuno estaba toda alimentada de sangre reaccionaria, que su aliento venía desde la misma noche medieval.

Reconocíamos, por eso, que su llamada "personalidad representativa de España" no era del todo desacertada. Reconocíamos que, efectivamente, la voz y el pensamiento de Unamuno representaban a una España decadente y moribunda, que en sus espasmos de muerte desgarraría la entraña de la España joven, que trae una aurora nueva para el mundo en la frente. No hemos tenido que esperar mucho tiempo para ver con nuestros propios ojos el hundimiento de Unamuno en medio de un mundo de generales, de obispos y terratenientes» (35).

La nota no dejaba de manifestar cierta satisfacción. Armando Bazán, que se definía como marxista, había advertido a tiempo la «verdadera personalidad» de Unamuno —¡a través de tantos años de conducta cívica ejemplar!— y lo que ahora sucedía lo consideraba algo así como su pronosticado desenmascaramiento. En otra columna, publicada justamente al lado, dentro de la Sección «¡A paseo!», tras la condena de Eugenio Montes, se decía de Unamuno:

«Don Miguel de Unamuno, no. Esa especie de fantasma superviviente de un escritor, espectro fugado de un hombre, se alza, o dicen que se alza, al lado de la mentira, de la traición, del crimen. Unamuno fue siempre propenso a meter la débil agudeza de su voz en aparentes oquedades de máscara. Máscara Don Quijote, para él. Máscara el Cristo de Velázquez. La autenticidad del escritor revelaba entonces dignamente el secreto trágico de tales no-

(35) *El Mono Azul*, núm. 1, 27-8-36, pág. 7: «Unamuno, junto a la reacción», de Armando Bazán.

bles mascaradas. Pero ahora no es una voz en grito angustiado de tragedia la que viene a decirnos su palabra. Es algo terrible para él, angustioso de veras para la dignidad humana de la inteligencia. Es la más dolorosa de todas las traiciones: la que se hace el hombre a sí mismo por la más innoble de las cobardías; la que reniega, rechaza, abomina de la excelsa significación de la palabra, de la vida, de la independencia, de la libertad. Esta horrible mentira, encarnada entre los labios del superviviente Unamuno, ¿qué nueva perspectiva sangrienta y amarga nos abre ante su pasado, manchándolo y envileciéndolo quién sabe durante cuánto tiempo ante las generaciones futuras?»

Nota esta última que me atrevo a calificar como uno de los grandes errores de toda la historia de *El Mono Azul*. Primero, por la evidencia de que es la posición política adoptada por Unamuno en las primeras semanas de la Guerra Civil la que lleva al autor del comentario a condenar una obra escrita a lo largo de varias décadas. Y, segundo, porque los hechos posteriores prestan a la pregunta final una especie de valor antiprofético. Bastaría recordar que cuando, hace algunos años, dos escritores brasileños quisieron reunir en una obra, bajo el título de «Libertad, libertad», varios ejemplos contemporáneos de la lucha contra la tiranía, eligieron a Unamuno. Cosa ésta de todos conocida, pero que repito aquí porque los textos que aparecen en *El Mono Azul* sobre don Miguel son una muestra deslumbrante de lo peligroso que resulta tratar el comportamiento de un escritor —su libertad— con el esquematismo burocrático que se aplica a la militancia de carnet.

En el número 4, de 17 de septiembre de 1936, Ilya Ehrenburg incluía esta tremenda «Carta a Don Miguel de Unamuno»:

«Don Miguel de Unamuno, profesor de la Universidad de Salamanca, ex-revolucionario y ex-poeta, colaborador del General Mola: En estos momentos difíciles quiero que hablemos usted y yo, escritor con escritor. No quiero recordarle nuestras entrevistas, que le comprometerían ante los ojos de sus dueños. Sólo nos une el hecho de que ni uno ni otro tenemos en la mano fusil ni pala de sepulturero, sino la pluma del escritor. Usted ha hablado muchas veces con orgullo de nuestra profesión. También yo me enorgullezco de ella. Y hasta me enorgullezco ahora, cuando leo los renglones escritos por usted.

Hace cinco años estuve en el pueblo de Sanabria. Vi allí campesinos martirizados por el hambre. Comían algarrobas, cortezas. A orillas del lago había un restaurant para turistas. Me enseñaron el libro de firmas de los huéspedes. Usted, Unamuno, había escrito en sus páginas unas líneas sobre la belleza del paisaje circundante. Español que hacía profesión de amor a su pueblo, no supo usted ver más allá de las suaves ondulaciones del agua, del óvalo de las colinas. No vio usted los ojos de las mujeres que apretaban contra su pecho a los hijos medio muertos de hambre. Por entonces escribía usted artículos profundamente estéticos en todos los periódicos callejeros de Madrid. Hasta escribió usted un artículo sobre el hambre: cien renglones de investigación filológica acerca de la palabra "hambre". Exponía usted minuciosamente cómo el apetito del hombre del Sur no es el apetito del del Norte, y cómo el hambre descrita por Hamsum difiere del hambre descrita por Quevedo. Se lavaba usted las manos: no quería estar ni con los hambrientos ni con los que les alimentaban con el plomo de las balas. Quería usted ser poeta puro y colaborador de periódicos de gran tirada.

Han pasado cinco años. Lo más bajo de España: verdugos, herederos de los inquisidores, carlistas dementes, ladrones como March, han declarado la guerra al pueblo español. En Sanabria cayó en poder de los bandidos el general Caminero, leal al pueblo. Los malaventurados campesinos de Sanabria habían huido al monte. Con armas de caza bajaron contra las ametralladoras. ¿Qué hizo usted, poeta, enamorado de la tragedia española? De la cartera donde guardaba los honorarios de las elucubraciones poéticas sobre el hambre sacó usted, con la esplendidez de un verdadero hidalgo, cinco mil pesetas para los asesinos de su pueblo.

Dice usted: "Me indigna la crueldad de los bárbaros revolucionarios". Y lo escribe usted en la ciudad de Salamanca. De seguro pasea usted con frecuencia bajo los soportales de la Plaza Mayor. La Plaza es preciosa y usted ha sido siempre un enamorado del estilo Renacimiento español. ¿No ha visto usted, paseando por la Plaza, el cuerpo del diputado Manso, que los nuevos amigos de usted han ahorcado para defender la cultura de los bárbaros? Las columnas obreras han ocupado Pozoblanco. Han hecho doscientos prisioneros de la Guardia Civil. No han dado muerte ni a uno solo de ellos. En Baena los blancos rociaron de bencina y quemaron vivos a diez y nueve campesinos inermes. El diputado por Córdoba, Antonio Jaén, que manda los obreros que sitian Córdoba, se ha dirigido por radio al que fue su amigo, el general Cascajo, que lucha ahora al lado de los rebeldes. "Si no te rindes serás responsable de la suerte de una Ciudad tan querida, de miles de vidas humanas, de los monumentos artísticos de Córdoba"; éstas han sido las palabras de Jaén. Y Cascajo ha contestado: "Te aconsejo, Jaén, que no vengas hacia Córdoba, porque tengo en mis manos a dos hermanos tuyos".

Usted, Unamuno, ha escrito mucho sobre la hidalguía española. Sí, yo me inclino reverente ante la hidalguía del pueblo español; pero no son los verdugos de Salamanca sus herederos, sino los trabajadores de Madrid, los pescadores de Málaga, los mineros de Oviedo.

Quiere usted mantener la tradición artística de España. También la mantienen los obreros, que han salvado del fuego centenares de cuadros y de imágenes de las iglesias que los fascistas habían convertido en fortalezas.

Estuve en Oviedo esta primavera. Ya en octubre de 1934 habían demostrado los amigos de usted cómo aprecian los monumentos de su patria. Habían colocado ametralladoras en el campanario de una catedral gótica. Ahora han convertido la Alhambra en una fortaleza. Su mecenas, el general Franco, ha declarado que está dispuesto a destruir media España con tal de vencer. El probo General, en su modestia, no quiere disgustarle. En realidad, está decidido a terminar con España entera con tal de derrotar a su pueblo.

Dice usted que el mísero y el analfabeto hablan con entusiasmo de Rusia: "No pueden saber lo que es Rusia, cuando no conocen ni su propio país". Sí, tiene usted razón; en su país hay muchos analfabetos. ¿Y quién tiene la culpa de ello, sino los generales, los curas y los banqueros, que han reinado siglos y siglos en España? Cuando España ha despertado, cuando ha sentido deseos de saber, cuando el obrero ha tenido en sus manos un libro, cuando los campesinos han exigido escuelas, jesuitas y espadones se han decidido a ametrallar a su pueblo desde aviones italianos y alemanes. Cuando se tomó Tolosa, los blancos se apresuraron a sacar todos los libros de la biblioteca pública para quemarlos solemnemente en la plaza mayor. Donante generoso, sus cinco mil pesetas no son para escuelas, sino para hogueras. Pero esté usted tranquilo, que Dios se las devolverá centuplicadas. Sus ejercicios filológicos sobre el hambre serán seguramente traducidos ahora al alemán.

Se sonríe usted del "mísero" campesino que habla de Moscú. De seguro que no sabe cómo viven las gentes en mi patria, no conoce sus ciudades ni sus ríos. Pero sabe una cosa, y es que en Moscú no hay más generales Franco, ni verdugos como los de Salamanca, ni escritores que pueden burlarse del hambre. Por esto repite con entusiasmo el nombre de Moscú. Y a España la conoce mejor que usted, Unamuno. Es posible que no se haya fijado en la línea de alguna colina. Pero sabe por sí mismo lo que es el hambre, lo que es la lucha y lo que es la dignidad.

De pronto se ha puesto usted a hablar con palabras vulgares, al alcance de todos. Ha dejado usted de razonar sobre raíces y sufijos. Bendice usted a los verdugos y afirma usted que están "defendiendo la cultura". En España estaba un colega de usted, el viejo escritor Pío Baroja. No era, ni mucho menos, un revolucionario. Como usted, no tenía simpatía por los marxistas. Cuando le pregunté por qué no había ido al Congreso de Escritores para la Defensa de la Cultura, me contestó que no quería ocuparse de política. Ha caído en manos de los amigos de usted: querían que diera su bendición a los carlistas, asesinos de obreros. Pío Baroja ha contestado: "No". ¿No ha enrojecido usted de vergüenza al oír esta contestación? Sus amigos han arrastrado a Pío Baroja por las calles. Le gritaban: ¡Perro! Querían fusilarle. ¿Verdad, Unamuno, que han defendido valientemente la cultura?

Los escritores de España no van por vuestro camino. El poeta Antonio Machado, lírico y filósofo, digno heredero del gran Jorge Manrique, está con el pueblo y no con los verdugos. El filósofo Ortega y Gasset, que había vacilado mucho, ha vuelto la espalda a los bandidos en esta hora decisiva. Ramón Gómez de la Serna ha declarado que está dispuesto a luchar al lado del pueblo. El joven poeta Rafael Alberti, al que unos campesinos libraron de la horca de los "defensores de la Cultura", lucha valientemente contra los de galones de oro. Los escritores se apartan de usted, y se ha quedado usted con los civiles, que en otro tiempo le llevaban a la cárcel y que ahora estrechan la mano del fascista Unamuno.

Decía usted antes: "No han hecho nuestros abuelos a España con la espada, sino con la palabra". Defendía usted su derecho a la neutralidad. Pero ha llegado un día en que ha entregado usted para espadas el dinero que le dieron las palabras. Yo soy también escritor; pero sé que los hombres conquistan la felicidad con palabras y con armas. No nos escondemos tras un razonamiento poético; hemos escogido nuestro lugar. Ya no hay en la lucha escritores "neutrales". El que no está con el pueblo, está contra él; el que habla hoy de arte puro pondrá mañana monedas en la mano ensangrentada de un general. El odio necesita alimento, como el amor. Su ejemplo, Unamuno, no se perderá.

Recomienda usted al presidente Azaña que ponga fin a su vida. El presidente Azaña está en su puesto, como todo el pueblo español, como las muchachas de Barcelona, como los ancianos de Andalucía. No le diré a usted, Unamuno, que se suicide para corregir así una página de la historia literaria española. Se suicidó usted ya el día en que entró al servicio del General Mola. Se parece usted físicamente a Don Quijote y quiso hacer su papel: desterrado, sentado en la Rotonde, encaminaba usted a los chicos españoles a la lucha contra los generales y los jesuitas. Ahora matan a aquellos chicos con balas que permite comprar su dinero. No, no es usted un Don Quijote, ni siquiera un Sancho Panza; es usted uno de aquellos viejos sin alma, enamorados de sí mismos, que sentados en su castillo veían cómo sus fieles servidores azotaban al malaventurado caballero» (36).

Carta que había sido publicado en *Pravda,* con fecha del 21 de agosto, y cuyos severísimos juicios resumía Bergamín en el Primer Mitin de la Alianza en estos términos:

«Estamos seguros, en cambio (éste, "en cambio", es por la contraposición entre Don Miguel y García Lorca, "poeta popular que no puede morir"), de que ha muerto Don Miguel de Unamuno: lo han fusilado los fascistas. Y algo peor; después de muerto le han arrancado las entrañas, el cerebro y el corazón. Lo han vaciado; lo han disecado; lo han llenado de paja y de serrín; lo han puesto en pie, insuflándole la voz de un general borracho, para ponerlo mentirosamente al lado suyo ante el mundo, como un fantoche: un espectro que jamás ha existido» (37).

Fechadas en Salamanca, el 9 de octubre del 36, son unas declaraciones de Unamuno al periódico derechista chileno *El Mercurio,* que reproduce *El Mono Azul* del 22 del mismo mes bajo el expresivo título de «Un Fantasma habla para América». Hacía ya días que había tenido lugar el acto de apertura oficial del curso de la Universidad de Salamanca en el que el Rector se había enfrentado al general Millán Astray. Pero, probablemente, el hecho aún no se había «filtrado» en la zona republicana. Quizá, en todo caso, la noticia debió de llegar muy poco después. Porque, a partir de este momento, el nombre de Unamuno desaparece de la lista de acusados de *El Mono Azul.* Aunque quizá por la «iracundia» de los ataques, pase mucho tiempo antes de que la publicación, y aun de forma indirecta, «reivindique» el nombre de Don Miguel, sin abordar nunca —como parecían exigirlo las anteriores acusaciones— la trayectoria conflictiva y global del personaje. Ni explicar —con todo lo que ello suponía de denuncia de la realidad «nacionalista»— el

(36) *El Mono Azul,* núm. 4, 17-9-36, págs. 2 y 3.
(37) *El Mono Azul,* núm. 6, 1-10-36, pág. 7.

enfrentamiento de Don Miguel con las autoridades de su zona.

Será un argentino, Córdova Iturburu, el primero que aluda a Unamuno en *El Mono Azul* en términos opuestos a como lo había hecho la publicación hasta ese momento. Sucede en el número del primero de mayo de 1937, a siete meses y medio del sonado acto salmantino y a cinco de la muerte de Unamuno. El artículo de Córdova Iturburu se titulaba «España y el pueblo y los intelectuales argentinos». En un determinado momento decía:

«Leo los artículos de José Bergamín, el gran católico, densos, enérgicos y serenos; los poemas inflamados de Rafael Alberti, de Arturo Serrano Plaja, de Emilio Prados; oigo la levantada voz de Antonio Machado, el inmenso poeta; me entero que en París, en este instante se está dando a la estampa un álbum de grabados en que Pablo Picasso relata la turbia historia de Francisco Franco; he visto a Siqueiros batiéndose en el Frente de Teruel... ¿Podría ser de otro modo? ¿Podrían estar los poetas y los artistas con los asesinos materiales de García Lorca y asesinos morales de Unamuno, con los incendiarios fracasados del Museo del Prado, etc.» (38).

Es decir, que no sólo se alude al «asesinato moral» de Unamuno, sino que su nombre aparece en la lista, ya clásica, de los paladines del antifranquismo. Siendo otro argentino, Raúl González Tuñón, quien, en un reportaje publicado en el mismo número, «En una trinchera», nos recuerde, aun sin citar al escritor, el ejemplar incidente:

«Los soldados están en sus puestos, ni fatigados ni orgullosos. Son los soldados del Ejército de la República. Otros, en los refugios o chabolas, escriben cartas, leen periódicos, estudian. Son los "rincones rojos". ¿Esto ocurre en el otro lado? Qué va a ocurrir. "¡Muera la inteligencia!", gritó una vez el general Millán Astray. Quiero saber ahora mismo si en las bolsas de los cadáveres fascistas se ha encontrado un libro de poemas...»

Poco después, en el marco del II Congreso Internacional de Escritores Antifascistas, el danés Jef Last defendía la *Vida de Don Quijote y Sancho*. Llegaba la hora de rescatar «también» la obra, antes denigrada, del Rector de Salamanca:

«Miguel de Unamuno, en su libro *Vida de Don Quijote y Sancho*, había dicho que Sancho era verdadero idealista

---

(38) *El Mono Azul*, núm. 16, 1-5-37, pág. 8.

porque creía en Don Quijote. No se puede leer la maravilla de Cervantes sin encontrar en cada página las pruebas casi asombrosas de la admiración que el hombre del pueblo siente por su superior en espíritu, veneración que le seduce a menudo a seguir al intelectual. Yo no quisiera comparar el pueblo heroico español de hoy con Sancho Panza, que recibe los golpes sin defenderse, con el solo deseo de ganar su promesa. Pero me atrevo a decir que en el Sancho gobernador, justo y valeroso, se encuentran ya las características esenciales de nuestros soldados de hoy» (39).

Párrafo éste que no sólo legitima las interpretaciones de Don Miguel, sino que, en cierto modo, las sobrepasa, aprovechando la ocasión para afirmar, sin empacho alguno, la «superioridad de espíritu» del intelectual y su tácita obligación de responder a cuanto Sancho, el pueblo, espera de él.

Tras estas manifestaciones de dos argentinos y un danés, habrá que esperar al número 45 —mayo del 38— para que en *El Mono Azul* sea una pluma española la que hable de Unamuno. Subrayemos en su honor que es la de Bergamín, que se había distinguido por sus ataques a Unamuno en el I Mitin de la Alianza, y que ahora, aun tardíamente, se apresta a la rectificación:

«La voz de Lorca, asesinado en Granada, y la de Miguel de Unamuno, a quien ellos también mataron en Salamanca, nos pertenecen. Su voz y su palabra están en su sangre, que lucha en la persona de sus hijos, con nosotros, en nuestro frente» (40).

En todo caso, el papel de Bergamín en este asunto no deja de ser doloroso, si pensamos —y así lo cuenta Rafael Alberti en *La Arboleda perdida*— que su padre, Ministro de un gobierno de Alfonso XIII, fue quien privó por vez primera a Unamuno del Rectorado de la Universidad de Salamanca, lo que tal vez hizo que el hijo, con espíritu de reparación, fuese luego un fervoroso admirador del escritor vasco. ¿Hasta qué punto la ligereza de Unamuno, sus declaraciones contra el gobierno republicano, no serían para Bergamín una momentánea liberación?

Y acaba la tragedia de Unamuno contada por *El Mono Azul*. La tragedia de un intelectual que si empezó hacien-

(39) *El Mono Azul*, núm. 23, 8-7-37: «El fascismo es la barbarie», de Jef Last.

(40) *El Mono Azul*, núm. 45, mayo del 38, pág. 4: «Un silencio de vida» de José Bergamín.

do de su libertad un instrumento crítico alzado contra los desmanes del campo republicano, fue luego, a la vista de lo que sucedía en la «zona nacional», la razón de un acto valeroso, cuya significación ejemplar sobrevive a cualquier aproximación emotiva. Justamente porque se trata de un acto difícil, heroico si se quiere, engendrado por los más exigentes imperativos de la «libertad intelectual», por el derecho a contradecirse cuando el espíritu crítico lo exige.

El cuarto y último caso sería el de Benavente. La verdad es que en *El Mono Azul* nunca se manifiesta ningún entusiasmo por su figura ni por su obra. Luis Cernuda, hablando de un posible repertorio teatral, escribía:

«Ciertas primeras comedias de Jacinto Benavente o de los hermanos Alvarez Quintero, probablemente olvidadas por el público, sería peligroso representarlas hoy, porque sus mejores cualidades han quedado sumergidas bajo los defectos que todos conocemos en la producción de dichos autores» (41).

No había, pues, equívoco ninguno. Y el hecho de que Queipo de Llano —probablemente para «justificar» el fusilamiento de García Lorca, antes de que éste fuera conocido por la opinión pública española e internacional— propalase, desde una de sus escuchadas emisiones sevillanas, el asesinato de Benavente en la «zona roja», prueba que, para la mentalidad de la mayor parte de los españoles del 36, el «sitio» de Don Jacinto estaba en el campo franquista. Probablemente ésta era la razón, tanto de ciertas manifestaciones revolucionarias de Benavente —a modo de cobertura— como del interés de la República en solicitárselas. Así, el soneto que leyó el propio autor en un Festival del Socorro Rojo Internacional, otro que publicó en *Hora de España*, o las declaraciones que aparecieron en el penúltimo número —julio del 38— de *El Mono Azul:*

«He ido estudiando al pueblo, descubriendo sus cualidades y sus virtudes hasta llegar a ser una parte integrante del mismo. Lo veía en el trabajo, lo escuché cantar bajo los naranjos en la claridad radiante de nuestro sol meridional y tomé parte en sus paseos por los jardines de Madrid.

Observándole me he inspirado y he podido producir libros, teatro. A él se lo debo todo.

---

(41) *El Mono Azul*, núm. 38, 28-10-37: «Un posible repertorio teatral», de Luis Cernuda.

Sobrevino la subversión rebelde y criminal, desencadenando sobre este pueblo, al que tanto quiero, un huracán homicida, cuya violencia es mucho mayor que la de todas las invasiones pasadas juntas.

No he titubeado, y desde los primeros días me puse al lado de la víctima, contra el verdugo, y a su lado lucharé hasta el final.

El fascismo, estoy seguro, es el hijo sangriento de la Inquisición; se apodera del trabajo para explotarlo, del movimiento para forzarlo, del heroísmo para envilecerlo, de la gloria para mancillarla, del pensamiento para prostituirlo. Yo no puedo estar a su lado.

He firmado el manifiesto de los intelectuales a favor de la República.

Unas veces aviones, otras los barcos. Y esto cada día, cada noche. He tenido que interrumpir mis trabajos.

Los peligros y las dificultades de la guerra han fortalecido mis sentimientos republicanos.

Prefiero caerme de inanición o morir aplastado por las bombas antes que postrarme a los pies de los invasores. Nada podrá hacerme ceder. Y así somos millones y millones.

Escribo a los amigos que tengo diseminados por el mundo. Me dirijo a los intelectuales demócratas y libres de numerosos países para que trabajen con tenacidad en ayuda al pueblo español, que lucha, no sólo por su existencia, sino por la libertad y la cultura universales. Muchos luchan en favor de nuestra causa. Otros no quieren oír nuestro llamamiento, que debe encontrar, sin embargo, un eco en todas partes donde laten corazones humanos. Los que de lejos contemplan impasibles los horrores que padecemos, ¿tienen conciencia? ¿Merecen aún el título de hombres?» (42).

Realmente, el caso de Benavente es un poco el opuesto al de Unamuno. Si este último formuló su desavenencia, primero con los «rojos», y luego con los «nacionales» —quizá bajo un impulso afín: el rechazo de la violencia inútil, del revanchismo de clases que legitimaba sus crímenes con grandes palabras—, en el momento en que se lo exigió el imperativo ético, sin pensar para nada en sus consecuencias personales, en su estricta seguridad, ni —y ese sería el discutible pero respetable reproche que cabría hacer a Don Miguel— en su carácter de «contradicción» o de «norma» dentro del programa histórico de cada bando, Don Jacinto se trazó, simplemente, la estrategia

---

(42) *El Mono Azul*, núm. 46, julio del 38, pág. 1: «Jacinto Benavente define la facción».

Publicación de la ALIANZA

AÑO III.—NUM. 46

UN CEREBRO ENTRE LAS BOMBAS

JACINTO BENAVENTE DEFINE A LA FACCION

Mudo, ágil, metido en su alma, el maestro Benavente pasa y repasa por las calles de Valencia. Una vez son unas cuartillas, otra una salida a escena, otra una interviú, y después retorna a su silencioso vivir. Sin estrépitos, sin relumbros publicitarios.

Hoy nos trae la voz de don Jacinto la pluma de Jean Braman, que desde "Petit Niçoise" lo presentó al mundo como "Un cerebro entre las bombas".

Jean Braman escribió. Y don Jacinto dijo:

"He ido estudiando al pueblo, descubriendo sus cualidades y sus

El fascismo, estoy seguro, es el hijo sangriento de la Inquisición; se apodera del trabajo para explotarlo, del movimiento para forzarlo, del heroísmo para envilecerlo, de la gloria para mancillarla, del pensamiento para prostituirlo. Yo no puedo estar a su lado.

He firmado el manifiesto de los intelectuales a favor de la República.

Unas veces aviones, otras los barcos. Y esto cada día, cada noche. He tenido que interrumpir mis trabajos.

Los peligros y las dificultades de la guerra han fortalecido mis sentimientos republicanos.

Prefiero caerme de inanición o morir aplastado por las bombas antes que postrarme a los pies de los invasores. Nada podrá hacerme ceder. Y así somos millones y millones.

Escribo a los amigos que tengo diseminados por el mundo. Me dirijo a los intelectuales demócratas y libres de numerosos países para que trabajen con tenacidad en ayuda al pueblo español, que lucha, no personal que le convenía. Y así, cuando pensó que su figura podía estar en entredicho en la zona donde vivía, se pronunció contra quienes en realidad era los «suyos» en términos de inusitada y «compensadora» virulencia. O aceptó el puesto de Vocal en el Consejo Central de Teatro, aunque justo es decir que tal aceptación era un acto de prudencia mucho más explicable.

Paralelamente, la República se limitó a «utilizarlo», sin que su nombre apareciera jamás —¡y qué duda cabe que un Premio Nobel no era desdeñable para el caso y que si le hubieran pedido la firma Don Jacinto la habría dado!— en los escritos y documentos que, publicados o reproducidos en *El Mono Azul,* definían la línea y el compromiso de los intelectuales antifascistas. Don Jacinto había ganado un Nobel y lo negoció con sus enemigos, que le respetaron a cambio de periódicas declaraciones de adhesión, a las que, eso sí, la propia inseguridad de Don Jacinto, el sentimiento de que no estaba entre los «suyos», agregó una «sobredosis» de antifascismo tan comprensible como patética.

De lo que hizo Benavente cuando entraron los nacionales en Valencia nada pudo ya decir, lógicamente, *El Mono Azul.* Todo su cuadro de colaboradores afrontaba el drama de la derrota y, en los mejores casos, del exilio. En *El Español,* del 4 de mayo de 1946, se evocaba así el comportamiento de Benavente:

> «En cuanto se encontró con el caqui del uniforme y la faja roja del general Aranda, se abalanzó sobre él y le dio un abrazo al mismo tiempo que decía con voz trémula, velada por la emoción: "¡Ya sabe usted, mi general! ¡Me obligaron! ¡Me obligaron!" Y asomándose don Jacinto con el general al balcón y dando saltitos de júbilo como un chiquillo, poniéndose de puntillas como para colocar más la voz y ver mejor la luz, gritaba mientras sonreía y lloraba: "¡Viva España!" "¡Viva España!"» (43).

Sólo un hombre que se sabe, al fin, entre «su gente», se atreve, después de las declaraciones hechas durante la Guerra, a ese comportamiento. Aunque, bien mirado, si su línea de autor dramático se sujetó en los cuarenta al tono que le definía desde muchos años atrás en la escena y en la sociedad española —dominando de nuevo el teatro durante la década y media en que sobrevivió al fin de

---

(43) *Jacinto Benavente. Su vida y su teatro,* de José Montero Alonso, Madrid, 1967, Rivadeneyra, págs. 294, 295 y 296.

la Guerra—, como articulista se sintió obligado, otra vez, a «compensar» sus devaneos revolucionarios con una serie de trabajos que tienen su sitio en la antología de la literatura más fascista y rencorosa de la postguerra.

Es ésta otra respuesta «arquetípica» —en términos un tanto límites si se quiere— a las relaciones impuestas por la Guerra entre la libertad del escritor y su compromiso, su ideología y su circunstancia, su verdad y su temor. Si el 18 de julio hubiera cogido a Lorca en Madrid y a Benavente en Granada, ni el primero hubiera muerto ni el segundo hubiera tenido que representar, con su propia carne, su eterno teatro de las «apariencias sociales».

III

UN ARTE DE URGENCIA

Informe de

II (1)

El arte abstracto de los últimos años nos parecía falso. Pero no podíamos admitir como revolucionaria, como verdadera, una pintura, por ejemplo, por el solo hecho de que su concreción estuviese referida a pintar un obrero con el puño levantado, o con una bandera roja, o con cualquier otro símbolo, dejando la realidad más esencial sin expresar. Porque de esa manera resultaba que cualquier pintor reaccionario — como persona y como pintor, que es lo más importante—podía improvisar en cualquier momento una pintura que incluso técnicamente fue-

(1) Continuación de informe de un grupo de escritores jóvenes, que empezamos en el número anterior.

Un combatiento

(Dibujo de Fernando Briones.)

NTELECTUALES ANTIFASCISTAS PARA LA D

No hace mucho, Alberti me recordaba con cierto orgullo su contribución al concepto de «arte de urgencia», término usado desde entonces. El concepto nace de una exigencia histórica inmediata, presupone un determinado proceso político-cultural y se traduce en obras, poemas o pinturas de unas características formales y temáticas específicas.

Arte «de circunstancias», en general, quizá lo sea todo. Lo que ocurre es que las circunstancias, a fuerza de mantenerse, dejan de parecerlo, máxime si quienes se benefician de ellas procuran —y esa es una constante de las distintas culturas— presentar la realidad que se deriva de las mismas como una verdad «objetiva». Una de las diferencias claras entre el pensamiento —y el arte no deja de ser una forma específica de manifestarse— conservador y el pensamiento revolucionario consiste precisamente en que aquél tiende a presentarse como un conjunto de ideas y de valores que están «por encima de la historia», mientras este último subraya su relación con las condiciones concretas que lo engendran y modifican. Todo esto ha sido sobradamente dicho y desarrollado. Pero convenía empezar por ahí para evitar cualquier interpretación simplista del «arte de urgencia», estableciendo de un modo normativo que se trata, por falta de tiempo, por su relación con la calle antes que con el sillón, de un arte menor y secundario. El discurso es otro.

Decíamos antes que el concepto de «arte de urgencia», tal y como fue entendido durante nuestra Guerra Civil —y sobre el que cabría establecer antiguas e ilustres afinidades, desde las variaciones que introducían los comediantes del arte según la composición del público, o aun la cautela de los perseguidos mimos latinos ante la posible presencia de policías camuflados, hasta los espectáculos políticos de Piscator de los años veinte, o el teatro periódico de la Revolución Soviética—, se halla ligado a una exigencia histórica inmediata. Esto es, que se produce en una situación colectiva, cuya excepcionalidad reclama una respuesta así mismo excepcional; puesto que de teatro hablamos, un tipo de obras que no hubieran tenido sentido al margen de su preciso e ineludible contexto.

Otro elemento básico del «arte de urgencia» es que el conflicto de donde brota esté, como tal, en ebullición, pendiente de un desenlace radical. Si en Rusia hubo un teatro periódico durante la Revolución —a veces para dar cuenta de una victoria militar, a veces para conmemorar un acontecimiento reciente que seguía operando como un estímulo— fue totalmente lógico que, consolidado el nuevo régimen, éste planteara una política cultural a largo plazo, y dentro de unas coordenadas sistemáticas claramente incompatibles con la idea de un «arte de urgencia». Si en Alemania y en los mismos Estados Unidos hubo un «teatro de urgencia» en los años treinta, y luego desapareció fue, simplemente, porque en ambos países —sobre todo en Alemania, claro— la lucha concluyó con la victoria temporal de una de las partes. Esta dimensión combativa del «arte de urgencia» resultó especialmente evidente en España. Se estaba librando una Guerra Civil y el «arte de urgencia» formaba parte del armamento ideológico, destinado antes a consolidar el propio campo que a incidir sobre el campo enemigo. La «urgencia» venía, pues, dictada por la necesidad de operar a tiempo, ya que, una vez resuelto el conflicto, con la derrota o aun con la victoria, un arte hecho en función de aquél sería anacrónico e inútil.

Tendríamos, pues, establecida ya una primera cualificación de esta «urgencia»: su imprescindibilidad en una determinada situación histórica, en la que sería tan absurdo hablar de un arte sosegado y de una planificación cultural a largo plazo como lo sería el proponer un arte de urgencia en las etapas consolidadas.

Con lo dicho habríamos llegado a una definición general, y todavía bastante perogrullesca, del concepto. Dónde empezaría éste a tomar un cuerpo específico sería en la contemplación de los procesos culturales que preceden a esas manifestaciones de «urgencia». En efecto, llegado el conflicto, la parte que tiene a su favor el orden cultural precedente —es decir, la clase social que lo estableció— necesitará muy tibiamente de un «arte de urgencia». Aunque la «nueva situación» sea, por los riesgos que contiene, por el valor modificador de su futuro desenlace, acuciante, esa clase amenazada cuenta ya con el apoyo de una tradición cultural repleta de obras que puede alzar a su favor en esas horas o meses de combate. El «arte de urgencia» es sustituido en dicho campo —con independencia de que puedan aparecer, como de hecho aparecieron en la zona «nacional», algunas obritas de circunstancias— por la «reposición» de una serie de títulos y de autores que, además de gozar del «reconocimiento artístico», favorecen el ideario del grupo o clase dominante. Distinta es, en cambio, la situación de quienes militan en grupos o clases marginados por la Cultura oficialmente establecida, o, lo que aún es peor, manipulados por ella. Si tales grupos o clases se enfrentan con quienes eran sus dominadores, aun cuando, en primer término, se luche por el poder —con todos los presupuestos económicos que ello implica—, paralelamente se está planteando una lucha cultural; es decir, la abolición del punto de vista de la clase dominante como única expresión de la Cultura para dar entrada a un arte que sea el resultado de la vida y de las necesidades populares. Si esos dos puntos de vista —sobre, pongamos por caso, la distribución de los beneficios de una fábrica, o sobre los rendimientos de la tierra, o sobre la organización de la medicina, o sobre la administración de justicia, etc.— conducen a un distinto sentido de la belleza, del ritmo, del silencio, de la línea o del color, ello no hace sino expresar la discrepancia entre dos realidades sociales. Si, dentro del proceso histórico, en un momento dado, esta discrepancia desemboca en una situación revolucionaria, es justo e inevitable que quienes luchan por destruir el orden que les asigna los peores puestos, luchen también por hacer oír su cultura, por romper la imagen enajenada que sistemáticamente les asigna el poder y la cultura dominantes.

No hay, pues, llegada la ocasión conflictiva, una cultura generalmente reconocida que las clases populares puedan «poner en pie de guerra». Incluso buena parte de las «grandes obras» que tuvieron una raíz popular o expresaron una solidaridad con los oprimidos, fueron luego concienzudamente «desinfectadas», poniendo los críticos e historiadores el énfasis en su belleza puramente formal. La misma realidad social —¿cuántos obreros españoles van a los museos, a los teatros, a las librerías, a los conciertos?— se ha encargado de establecer la discriminación, de manera que los «artistas del pueblo», tanto por los cauces abiertos a su desarrollo profesional como por las cuotas de enajenación popular, se ven muy pronto separados de su gente, de su medio, de sus raíces.

Esto nos lleva ya a un punto específico de nuestro «arte de urgencia»: la necesidad de promover un concepto popular de la cultura, sobre la base de rescatar o potenciar el sentido revolucionario de ciertas obras del pasado a la vez que se crean otras totalmente consecuentes con los postulados políticos defendidos en la Guerra.

Mientras en el hombre de la derecha se da una coherencia entre su conciencia política y su conciencia cultural, hija del ejercicio del poder, cuando los movimientos obreros, acuciados por la situación económica, son capaces de enunciar un programa político, y si hace falta hasta de morir por él, carecen, en términos generales, de la reflexión cultural consecuente. Y esto ha de ser así, irremediablemente, porque, en otro caso, uno de los términos de la lucha contra la explotación se caería por los suelos. La explotación comporta, en sentido amplio, la enajenación, y si la solidaridad contra ella puede engendrar una conciencia revolucionaria de clase, la conquista de una conciencia cultural, la reflexión sobre la historia, sobre el arte, sobre lo que éste significa, y sobre la consecuente necesidad de asumir el pasado y de reinterpretarlo en función del futuro por el que esa clase lucha, supone un proceso de desalienación mucho más profundo y a más largo plazo. No es, pues, nada contradictorio que fueran hombres como Rafael Alberti quienes solicitaran con mayor ahínco el nacimiento de ese «arte de urgencia», verdadera avanzadilla en la reconciliación —tras la sistemática degradación de la sensibilidad popular, a través de una «subcultura» estereotipada y sensiblera, de la que eran los mejores librados quienes vivían lejos de las capitales— entre el pueblo combatiente y la expresión cultural que correspondía al sentido de su acción política.

Vendría aquí otro problema —al que me refiero con cierta extensión en el capítulo precedente—, relacionado con el carácter «colectivo» del arte de urgencia. El poeta, el intelectual, el artista, políticamente solidarizado con la clase popular, es quien primero comprende la devastación —además del saqueo— cultural de que dicha clase ha sido objeto. Y lo comprende, sobre todo, porque lo sufre. Desde Valle a Miguel Hernández, por citar dos ejemplos dispares de literatura, verbal, humoral e ideológicamente hecha de dolor popular, podríamos citar numerosos ejemplos de artistas que no eran entendidos por una gran parte del mundo social con que alimentaban su obra. Se diría que este drama, al menos en principio —el fusil de Sender junto al fusil del miliciano desconocido; la amenaza indiscriminada del bombardeo—, iba a ser aminorado por la experiencia común de la Guerra. De ahí que al plantearse el concepto de un «arte de urgencia» se pensara en una obra colectiva, en un conjunto de poemas o de obras de teatro escritos por «todo el mundo», la firma famosa al lado de la firma del novel o desconocido. ¿Cómo, de otra forma, se acortarían las distancias? Si Alberti acude hasta los frentes para recitar romances a los soldados, ¿no sería deseable que esos soldados acudieran con su pluma hasta los romances?

Finalmente, el «arte de urgencia» genera, a la vez que sus temas específicos, sus formas, dentro de algunas variantes, también específicas. En poesía, se propone el romance por razones obvias. Por estar arraigado en una tradición popular, por ser una forma generalmente aplicada a la épica, por resultar sencilla su versificación —desde el punto de vista meramente técnico— y por prestarse muy bien al recitado. En cuanto al teatro, en el capítulo correspondiente, transcribiremos las precisiones de Alberti, dictadas en buena parte por la experiencia, acerca de cómo debían ser las «obras de urgencia» para cumplir su función.

En todo caso, también hemos dicho en otro lado que la adaptación que hizo Alberti de *La Numancia*, de Cervantes, podría calificarse con rigor de «teatro de circunstancias», tanto por las referencias específicas que introdujo, como por la significación que tenía la obra en el Madrid asediado del 37. Sin embargo, aun aceptada esta calificación «general», conviene subrayar que se trata de una obra —o de una versión— con escasos puntos de contacto con lo que el propio Alberti definió como «teatro de urgencia», de cuyas exigencias formales sí está cerca su «Radio Sevilla», por ejemplo.

Habría, pues, un concepto general de «teatro de circunstancias», del que hay numerosos ejemplos en la historia. Y, como una expresión específica del mismo, el llamado «teatro de urgencia», cuyos rasgos cabría definir así:

a) Teatro exigido por la Guerra Civil.
b) Arma ideológica para la formación del combatiente y de la retaguardia.
c) Respuesta contra la tradición conservadora de la mayor parte de nuestros dramaturgos.
d) Intento de aproximar la conciencia política del obrero y su comportamiento cultural. Lucha contra los «subgéneros» y los populismos destinados al consumo y a la enajenación populares.
e) Convocatoria abierta. Arte colectivo, derivado de una experiencia histórica colectiva, aunque lo expresen sensibilidades individualizadas.
f) Formas sencillas, adaptables a la economía de medios, dictadas por la eficacia y la utilidad.

DE ALBERTI A SANTIAGO ONTAÑON

En el Boletín de Orientación Teatral, del 15 de febrero de 1938, Alberti escribía:

«Difícil es para los jóvenes escritores, los que pretenden ser autores de teatro y que además viven plenamente la lucha, producir obras de mayor responsabilidad, de mayor esfuerzo y trabajo. No hay tiempo. Aquél que está movilizado, o cumple obligaciones ajenas a su profesión en la retaguardia, no puede entregarse ampliamente a obras que requieren un reposo, cierta tranquilidad casi imposible de encontrar en la guerra. Una novela, un drama o comedia, en tres actos, por lo general, no se improvisa. ¿Qué hacer? Los viejos autores conocidos, los pocos que subsisten en nuestra zona y siguen disponiendo de sus veinticuatro horas para trabajar, o no saben escribir como la situación presente lo exige, o no han comprendido aún la importancia del teatro como instrumento de lucha y de cultura. Bien. Una consciencia de otro momento comprendemos que no se transforma en un día. Pero tenemos derecho a pedir de esos autores un pequeño esfuerzo, un grano siquiera de voluntad que contribuya en algo a lo que el Gobierno de la República desea hacer del teatro en estos instantes. Mientras...

Viene produciéndose por toda la España leal, desde casi el mismo día que estalló el movimiento, un tipo de literatura, que pudiéramos llamar de "urgencia", y que ya nos ha dado, no sólo en cantidad, sino hasta en calidad, muy buenas muestras. Podemos considerar literatura urgente, útil, eficaz, necesaria, los miles de romances y poemas que en hojillas, revistas y recitales recorren las trincheras, las calles, lugares de reposo y trabajo; así también como cierto tipo de crónica rápida, precisa, que recoge tal o cual suceso o hazaña, esta o aquella anécdota mínima, preciosa, de nuestro pueblo y sus soldados. Pero, ¿y el teàtro? Poco, muy poco, casi nada se ha hecho en este sentido» (1).

Como se ve, la «urgencia» no es una opción, ya que una «cierta tranquilidad» es «casi imposible de encontrar en la guerra». Quienes participan en ella, no necesariamente en los frentes, sino «comprendiendo la importancia del teatro como instrumento de lucha y de cultura», son empujados, por lo que antes apuntábamos, a una acción que no admite dilaciones. En realidad, el juicio de Alberti, de gran valor testimonial, es, desde el punto de vista crítico, un tanto ingenuo. Solicitar de «quienes siguen disponiendo de sus 24 horas para trabajar», que escriban «como la situación presente lo exige», era casi un contrasentido, por cuanto esta «disponibilidad de tiempo» estaba ligada a la incomprensión del valor combativo y cultural del teatro en un momento apremiante. ¿Acaso los grandes poetas agrupados en la Alianza no hubieran necesitado disponer de las 24 horas para escribir sus versos? Y, sin embargo, todo el mundo postergó esa exigencia.

> «Después de este desorden impuesto, de esta prisa,
> de esta urgente gramática necesaria en que vivo,
> vuelva a mí toda virgen la palabra precisa,
> virgen el verbo exacto con el justo adjetivo» (12).

Escribirá Rafael Alberti, el poeta que aspira a la palabra precisa y se sabe arrojado, por el desorden «impuesto», a una gramática de urgencia.

Si los «viejos autores conocidos» no sintieron este problema es porque, tal como apuntamos en el capítulo destinado al teatro, pertenecían, en su inmensa mayoría, al mundo conservador. Un mundo que tenía su propio concepto de la cultura y que veía en la Revolución una agre-

---

(1) Recogido en *Prosas encontradas, 1924-1942*, por Robert Marrast, Editorial Ayuso, págs. 195 y 196.

(2) *Entre el clavel y la espada*, Buenos Aires, 1939-1940. Poema «De ayer para hoy».

sión contra la misma. ¿Acaso, como reconocerá Serrano Plaja, la noche del estreno de «La tragedia optimista» en la Zarzuela, no ha sido el pueblo secularmente enajenado por la explotación? Sólo que si el escritor antifascista deduce de ello que ha llegado la hora de romper esa causalidad, y acabar a la vez con la explotación y la incultura, para quienes se hallan ligados, incluso profesionalmente, con las clases dominantes, la subversión de lo establecido entraña la ruina, también simultánea, de la cultura y del orden.

Las palabras de Alberti, en última instancia, corroboran mi argumentación de que el arte de urgencia y el arte revolucionario vinieron a superponerse en el combate de la Guerra Civil de un modo inevitable, fueran o no conocidos sus autores, con las distancias que existen entre quienes son artistas y quienes no lo son, entre quienes trabajan con una verdadera poética y quienes se desahogan con los lugares comunes. Así, junto a los romances melodramáticos, con aire de arenga o de sermón laico, o los romances insultantes, escritos con el trazo grueso del que se proclama biológicamente superior a su enemigo, florecen los romances soleados, las elegías profundas, las sátiras llenas de gracia, y aun los hermosos romances del asombro ante la guerra, que constituyen, en su conjunto, un testimonio inigualable de la época. Mientras, en el teatro, el avance es mucho más lento, quizá, puestos a resumir en una sola razón las innumerables razones, porque el teatro está, mucho más que la poesía, al nivel de toda una clase social, que era, precisamente, la que se oponía a los objetivos revolucionarios.

Fue Santiago Ontañón —por seguir dentro del marco de *El Mono Azul*— quien explicó, en una Conferencia luego publicada en la revista, lo que era el arte de urgencia. Hablaba Ontañón de Francisco Mateos, que por entonces acababa de presentar una exposición, y el conferenciante se extendía sobre los deberes de un pintor, arrastrado por el odio al enemigo, por su necesidad de gritar y testimoniar:

«... no tenemos otra obligación que gritar, gritar hasta enronquecer, para que nos oigan en el último rincón del mundo. Como sea, con la pluma, con el pincel, con el lápiz, con la palabra, pero gritar, tan fuerte que nuestro eco quede vibrando en el aire eternamente. Esa es nuestra misión.»

Las palabras de Ontañón (3) resumen con exactitud lo que mejor definiría un arte de urgencia: su condición de grito. ¿Y quién negará que ciertas situaciones, personales o colectivas, se «expresan» mejor en el grito que con esa «palabra precisa» a la que un día esperaba volver Rafael Alberti? El arte de «urgencia» sería algo así como un cartel, obligado a ganarse al transeúnte en unos segundos, a proponer el trazo eficaz, claramente expresivo, «urgentemente» preciso, porque esa era la única precisión consecuente con la época. Ontañón, al aplaudir la virulencia de Mateos, hunde sus pies en la experiencia cotidiana para que su discurso pueda ser rectamente entendido:

«¿Cómo no vamos a insultar? ¿Cómo podremos dejar de gritar? ¿Cómo vamos a pintar en estos momentos para exponer al mundo algo que no se relacione con esta horrible guerra? ¿Cómo quieren que exaltemos las cosas nobles, bellas de la vida, si por dentro nos come (nos tiene que comer) el odio? No; hay que seguir atacando. Mientras silben balas, que nuestros lápices no se rindan y rocen contra el papel de una manera enérgica, viril, como soldados que somos. Porque es necesaria esta pintura. Cuando se contempla una de estas estampas se siente la misma sensación que ante la noticia inesperada de la muerte de un amigo en el frente, que levanta más odio, más deseo de venganza.

¿Estamos en guerra? Pues guerra. Ya vendrán otros tiempos y la historia dirá. Porque no está el pintor aislado en su mundo, sino comunicándose con el espectador. Y esto de hoy es pintura al servicio suyo, de su idea, que es la nuestra, la de todos los españoles leales.

Yo creo (y conmigo muchos amigos de convicciones y talentos probados) que es necesaria esta pintura de urgencia como es necesario el "teatro de urgencia", y no hablamos "por boca de ganso", que es un poco la fórmula con que antes se hablaba en los cafés: no. Tenemos una experiencia. Sabemos de las reacciones del pueblo ante la sátira, la crudeza y la agresividad con que hemos reproducido sus problemas. Hemos escuchado comentarios, oído gritos espontáneos, imposibles de frenar. Observamos los rostros sencillos en los cuales se puede leer claramente como en los libros más hermosos. Y de esta experiencia hemos sacado en conclusión la eficacia de este *arte de urgencia.* Hay que conservar vivo el recuerdo constante que entra por los sentidos, que les hace ver su responsabilidad, dentro de la órbita en que se mueven, y

(3) *El Mono Azul,* núm. 47, febrero del 39, págs. 17 a 29: «Francisco Mateos y su arte», por Santiago Ontañón.

la importancia de su trabajo y la auténtica defensa de sus derechos bien explicados en su conciencia.

Debo confesar que fue para mí una gran satisfacción cuando, en el día del estreno en el teatro de la Zarzuela de «El saboteador», una señora de aspecto muy sosegado y pacífico, no pudiendo contenerse al comprobar el sabotaje de uno de los personajes, gritó: "¡Matadle!"; lo dijo con toda su alma. El público lo rió y, al llamarle la atención, ligeramente azorado, un señor, al parecer su esposo, la buena señora seguía indignada gritando: "Pues sí, que lo maten si es un canalla. ¿No has visto lo que ha conseguido? ¡Qué lo maten, que lo maten!". Edmundo Barbero, el gran actor, no sabe en el inmenso peligro que estuvo aquella tarde. (Se lo digo ahora que ha pasado todo.)

¿Por qué no ha de ser la pintura como el teatro? ¿No hay una analogía entre los dibujos titulados "Marcialidad fascista", "El gran desfile", "Quiera Dios que gane Franco" y "Arriba España" con "Los salvadores de España", magnífica farsa de Alberti?»

Se diría que Ontañón ha perdido todo sentimiento artístico; que ese dilema que llevaba a empuñar la espada sin olvidar el clavel —«¡Cuánta hermosa y grande poesía ha dejado de escribirse en España por tener que ocuparse del franquismo!», me decía Alberti en París, con sincera amargura— se había resuelto en su caso con una total entrega a la primera. No es así, sin embargo. Cuando el conferenciante parece más invadido por la indignación, por la condena visceral del enemigo, se pregunta: «¿Qué impresión puede llevarse un combatiente al salir de esta Exposición?». La respuesta, lejos de quedarse en el terreno de las argumentaciones morales o políticas, nos remite de inmediato a las preocupaciones artísticas:

«Primeramente ha de sorprender la belleza de la realización, la emoción y el apasionamiento en el color, lo rotunda y lo segura que es la mano maestra que los trazó. Su dolor, su poesía, su tristeza callada algunas veces, sus gritos desesperados en la mayoría de las obras admiradas, le impresionarán después.»

Y más adelante subraya que el visitante sentirá «excitado el apasionamiento, la memoria, por el camino maravilloso del arte».

En esta misma dirección, resulta muy significativo el párrafo que Ontañón dedica a Francisco de Goya. Cuando uno podría esperar que el conferenciante buscara en agresivos humoristas y dibujantes satíricos los antecedentes de la pintura que postula, proclama:

«Hubo (hay) un aragonés indomable que como nadie supo gritar, insultar, herir a tiempo. Francisco de Goya crea el tipo de dibujo agresivo más descarnado que se ha producido en la Historia del Arte. Es el primero que rubrica el dibujo con la noticia. El que rubrica (pero sin literatura, ¡eh!), escuetamente como un palo rotundo de aragonés. Goya es el padre y el modelo del buen dibujante de periódico; es el genio capaz de suplir toda una página de periódico llena de literatura banal. Goya dibujando su "Justiciado", hace más en contra de la pena de muerte que cuanta literatura se ha podido hacer alrededor de este castigo. Goya, pintando la familia de Carlos IV, hizo más en contra de la Monarquía que todos los conspiradores de la época. Y, sobre todo, nos los ha dejado ahí, puestos como unos muñecos de pim-pam-pum de lujo, para irrisión de la gente.»

Juicio que no sólo vuelve a reafirmar la necesidad de una conciencia artística, sino que señala algo que nunca hubiéramos imaginado en un texto como éste: la eficacia de la cautela, la superioridad política de la obra artística sobre ese desahogo personal, poco atento a las posibilidades reales de la acción, que Ontañón resume en los «conspiradores de la época».

Otra alusión amplia, manejada con el mismo sentido, es la que se refiere a Picasso. Si Goya «podía ser citado como uno de los grandes maestros revolucionarios, no sólo en ciertas audacias pictóricas, sino igualmente por su contenido político y social», el caso de Picasso tenía unas características especiales. Personalmente leal a la República, de inequívoca línea política, su obra, pese a la falsa imagen que en ciertos sectores pudiera crear su «Guernica» o su serie de dibujos contra el General Franco, carece, en términos generales, de ese «contenido político y social» —de esa «simbología revolucionaria» que algunos toman por arte revolucionario— que suele aceptarse como pauta para la definición ideológica de un artista. Ontañón defendía en estos términos al pintor malagueño:

«Va en busca de la verdad pura. No quiere engañar a nadie y da a cada cual lo que se merece. Una revolución que conmueve al mundo. En su afán de no engañar a nadie, de sinceridad absoluta, llega a destruir totalmente toda anécdota. Llega el amor apasionado de Picasso por la pintura, por la pintura como materia, tal como sale de su tubo, con su carnosidad, su sensual calidad y su pureza.

De ahí su pintura abstracta y su cubismo, su atacado cubismo. Ese cubismo que ha hecho decir en el mundo las mayores tonterías... Picasso piensa, en plena pasión por la materia, que la obligación de todo pintor es dar la emoción de la pintura. La materia pintura, ¿lo oís bien? La pintura y nada más. Su disciplina máxima es no dejarse ni una sola salida por donde escapar al campo de lo fácil, del "camouflage"... Huir de lo accesorio, ese es el gran valor de la pintura de Picasso. ¿Que está llevado a rajatabla? ¡Qué duda cabe! ¿Con fuerza y crudeza tan españolas que es casi siempre arisco? Desde luego. He aquí un sentido revolucionario de acción. Picasso es aquel hombre que en la manifestación popular tira la primera piedra contra el cristal.»

La relación entre arte y propaganda —base de la más importante iniciativa teatral republicana durante los años de guerra —no solamente era lícita, sino que contaba con una larga tradición histórica. El problema estaría, en todo caso, en que la segunda no asfixiara al primero. Ya hemos visto lo que Ontañón pensaba de Goya y de Picasso, semejante a lo que, salvando las distancias, opinaba de Mateos. Casi al final de su conferencia, tras otros ejemplos, Ontañón precisaba:

«De la importancia del arte como propaganda de las ideas hay una muestra imponente por su magnitud y claridad: el arte religioso; ¿quién duda que el arte religioso ha contribuido a la propagación del catolicismo en unas proporciones que casi obscurece otros medios? ¿Por qué los sevillanos creían (y siguen creyendo, para qué nos vamos a engañar) en la Macarena y en el Jesús del Gran Poder? ¿Por conocimientos teológicos? No; creen porque les gusta la Macarena, lo que de arte tiene la imagen.»

El último párrafo, dirigido al mismo Mateos, contenía estos juicios:

«Sé también que habrá mucha gente a la cual la pintura de Mateos no le agrade. ¡Qué duda cabe! Como sé que hay mucha gente que no quiere hablar de la Guerra y se mete en su casa... No te importe, Mateos. En Madrid hay miles de almas, esas almas que ayer pisoteaban rabiando de odio ese pan arrojado por manos extranjeras, que nos desconocen y no saben que comemos pan y nos reímos de las bombas.»

Perdonémosle a Ontañón la amarga y un tanto castiza jactancia de las últimas líneas. Lo que éstas expresan es lo que importa: la discrepancia «estética» entre los que viven la guerra y los «que no quieren oír hablar de ella».

Discrepancia que no permite, en la totalidad del discurso, adjudicar a unos la «preocupación» y a otros la «despreocupación» artística. Simplemente, los primeros se hallan inmersos en su tiempo, abiertos a las transformaciones de la historia, y no entienden ningún concepto del arte que aspire a vivir disociado de ella ni de sus urgencias.

Alberti, a propósito de la «calidad» del teatro de urgencia, escribió:

«La prisa, la necesidad de variar de programa, la "urgencia" política del momento, hacen que a veces estas obritas sean literalmente descuidadas. No importa. Tienen eficacia teatral y política. No pedimos más ni menos al joven teatro de urgencia» (4).

Estas palabras, en la pluma de Alberti, significaban muchas cosas. Porque aunar eficacia teatral y política implicaba, exactamente, eso: «situar» el teatro en esa circunstancia. ¿Acaso él, que había escrito antes del 36 tantos versos perfectos, y volvería a escribirlos en el exilio, no era el autor de «Radio Sevilla», una pieza escrita con «gramática de urgencia»? El concepto de calidad, bajo los bombardeos, cambiaba de sentido. Porque una cosa parecía clara: muchas obritas de urgencia representadas ante los milicianos eran «mejores» que las que, en los viejos teatros, repetían los trucos pulcros y banales de la comedia podrida. Del teatro «que no sabía que había una guerra». A falta de Goyas y de Picassos, mejor una pieza de urgencia que un cuadro de Romero de Torres.

URGENCIA E HISTORIA

Si el «arte de urgencia» nace *de* y *para* una experiencia colectiva, sus temas, lógicamente, corresponderían a esa experiencia. En nuestro caso, a la guerra civil.

En numerosos países —y pienso en América Latina, sobre todo— se ha generado modernamente una especie de teatro de urgencia asincrónico con la realidad histórica. El fenómeno es grave y significativo. Se derivaría de la «prolongación» de una respuesta cuando el conflicto que la engendró pasa por una nueva etapa. No basta, por seguir con el ejemplo, que la situación sea, en tér-

(4) Prefacio del volumen *Teatro de urgencia*, publicado en Madrid, por *Signo*, en 1938. Recogido en el volumen *Prosas encontradas, 1924-1942*, de Robert Marrast, pág. 201.

calidad = 'eficacia teatral y política'

minos generales, la misma. Es decir, que la oligarquía nacional, las multinacionales y el gran capital norteamericano constituyan una fuerza que somete a millones de latinoamericanos a duras condiciones de vida. Sobre esa gran verdad, cada país y cada época establecen un conjunto de circunstancias precisas; en ellas debe encuadrar el dramaturgo latinoamericano su «propuesta urgente», evitando a toda costa el hacerlo en lo que ya son generalizaciones del tema, sus lugares comunes y transferibles. Es decir, en lo que ya no son sus «circunstancias específicas».

Hago aquí esta precisión —sin ahondar más en ella— para señalar el riesgo de juzgar cualquier arte de urgencia cuando se está fuera de su realidad vital subyacente y ésta se sustituye por ideología e historia. Podemos, perfectamente, analizar la realidad socioeconómica de América Latina, pensar que la guerrilla fue una respuesta consecuente... y plantear la lucha armada en un marco donde sea inviable.

La guerra civil española es hoy un «tema» y, a la vez, un acontecimiento mítico. Un episodio de la historia, perfectamente explicable en el cuadro de las realidades sociales y políticas de su época, y una «gesta popular» —o, si se quiere, desde el otro lado, una cruzada— poblada de héroes, de hazañas, de catástrofes. La «congelación» de la historia practicada por el franquismo, su perpetuación ideológica de la guerra, las conmemoraciones y monumentos a ella dedicados, el intento de «borrar» las tradiciones políticas y culturales de carácter simplemente democrático, han contribuido, sin duda, a mitificar un acontecimiento que nuestra sociedad —según se desprende de la simple celebración anual del Desfile de la Victoria— no estaba en condiciones de conocer ni de asumir como parte del ininterrumpido proceso histórico. Mientras en otros países, apenas una década después de la última guerra mundial, la actitud política y emocional de la colectividad ya situaba el acontecimiento en el pasado, aquí, treinta años después de «la victoria», buena parte de la sociedad sentía que el conflicto permanecía «irresuelto», que algún día «se moriría el General» y el proceso proseguiría, dentro de una relativa paz, o de una restablecida guerra. Si combinamos este hecho con el bienestar material que ha conocido un amplio sector de españoles durante la última etapa franquista, entenderemos hasta dónde puede resultar difícil acercarnos a un «teatro de urgencia», cuyas bases ideológicas han sido posteriormente sublimadas y cuyo marco vivencial nos es totalmente ajeno.

Muchos esperarían encontrar en esas obritas los ecos de una España «heroica», lúcida y revolucionaria. La valoración ideológica de la lucha popular conduciría al rechazo de cualquier elemento discordante y, sobre todo, en relación con nuestro tema, a una exaltación de la «vida cultural» paralela, las más de las veces sin fundamento.

Quizá uno de los objetivos tácitos de este trabajo sea, precisamente, la crítica de esa ingenuidad, mostrando cómo en plena guerra civil, en un Madrid profundamente sacudido por su defensa, los Intelectuales Antifascistas se planteaban cómo conseguir —contra la absoluta banalidad de la cartelera, semejante a la que, salvando las excepciones, había prevalecido en los años republicanos, al margen de lo que esos y otros grandes escritores confiaran a la letra impresa— un teatro, una «vida cultural», que correspondiera tanto al valor ideológico como a la realidad vivencial de la lucha revolucionaria.

Separados, pues, de aquella circunstancia, tanto por la magnificación ideológica como por el cambio profundo de nuestra experiencia cotidiana, el juicio sobre el «teatro de urgencia» se presta a numerosos errores e ingenuas decepciones. Ya hemos visto que uno de los grandes méritos de la Alianza fue el ponerse al «nivel de la realidad», sin abdicar jamás del compromiso artístico, pero buscando el modo de provocar una manifestación a través de la cual fueran aproximándose los términos vida, cultura y revolución.

Otro punto habría de ponernos en guardia contra cualquier juicio definitivo. El «arte de urgencia» se inscribe en la primera fase de un proceso que fue tajantemente cortado. Era un trabajo de «ruptura», tras el cual debían producirse una serie de acontecimientos políticos y culturales que le prestaran el marco para su desarrollo. Al no ocurrir, ha seguido abierto el foso entre el pueblo —sometido a la tarea de producir; adecuadamente «controlado» su tiempo de ocio— y la cultura, incluida aquella «originariamente» popular y luego academizada, o aquella que defiende los intereses de las clases populares y suele buscar en ellas la fuente de su lenguaje. Ese es el foso que los hombres de la Alianza querían contribuir a llenar. Por tanto, si las «obras de urgencia» se sitúan estrictamente en el marco de la «cultura» —de la cultura de la izquierda, la que definen los Valle, Lorca y Alberti—, cometemos un profundo error. No es ésa su concatenación. Ni siquiera en el caso de Alberti tendría sentido examinar «Radio Sevilla» junto a *El Adefesio* o *Noche de guerra en el Museo del Prado*. Son obras situadas en distintos caminos, por cuanto la primera asume la conciencia colectiva, sale en su busca, mientras las segundas expresan sin ambages la conciencia «total» —artística y política— de un hombre llamado Rafael Alberti. Es decir, que la primera pertenece al esfuerzo abortado por el desenlace de la guerra civil, a la historia truncada de un movimiento social, mientras que las dos segundas se inscriben —con su estética y sus ideas específicas— en el marco de una respetada tradición literaria y teatral.

Esta distinta génesis del arte de urgencia, su particular modo de inscribirse en la historia, se relaciona con su carácter colectivo. El poeta o el dramaturgo renuncia a explorar su personalidad para ser la voz de un problema común. En la obra de arte, la «identificación» entre quien la propone y quien la recibe suele darse al margen de la intencionalidad de ambas partes. El artista, en tanto que ser humano crecido en unas determinadas circunstancias, las expresa, de alguna manera, desde lo más profundo de su libertad y su intimidad. El espectador —o el lector—, a partir de sus propias relaciones con el mundo, tan condicionado como el mismo artista, se «identifica» con tales o cuales contenidos de la obra mediante el proceso o el acto súbito del reconocimiento. La obra de arte aparece con un perfil inseguro, que cada uno de nosotros debe iluminar. En el arte de urgencia, en cambio, autor y destinatario asumen en todo instante la «utilidad colectiva» de la obra, su relación directa e inequívoca con un tema tipificado. De manera que si el «arte en general» constituye una materia para conocer la historia, el «arte de urgencia» aspira a ser la misma historia, reducido como está su autor al de mero expositor de un problema común, en cuyo tratamiento dramático no debe aflorar ningún elemento que no sea representativo y generalizador.

Bien se ve que para que una expresión así no resulte falazmente manipulada, arengatoria y paternalista, ha de darse un hecho histórico que realmente sacuda a toda la comunidad. Cuando Ontañón habla de los bombardeos de Madrid se dirige a quienes son bombardeados. Lo que, visto desde fuera, podría considerarse como un elemento más de la lógica de la guerra —en la que sólo cuenta quien la gana—, es, para quienes soportan los bombardeos, causa lícita de odio y de ansias de venganza. Esto es importante, porque, en otro caso, se corre el riesgo de identificar el arte de urgencia con el arte simplemente didáctico, al servicio de un programa o de una ideología. Bastaría comparar cualquiera de las piezas didácticas breves de Brecht con las que Alberti calificó de teatro de urgencia para constatar la diferencia. Si el alemán puede hablar «del que dijo sí», para, luego, ante las críticas políticas de que ha sido objeto su obra, agregar nuevas consideraciones sobre «el que dijo no», nuestros autores «urgentes» tienen que ser precisos y claros desde la primera a la última línea. La razón está en que sus obras no son respuestas analíticas, sino actos insertos en la dinámica del hecho histórico, que se encuadran, claro es, en un determinado campo ideológico.

Digamos, finalmente, que para muchos escritores de la Generación del 27, tan profundamente interesados por los problemas de la forma —al fin y al cabo, el año que los nombra corresponde a la conmemoración de un centenario de Góngora—, el «arte de urgencia» supone una profesión de civismo y de humildad, una vía por donde acceder «a la calle» y liberarse de las concepciones puras de la estética.

IV

EL ROMANCERO DE LA GUERRA CIVIL

QUEIPO DE LLANO, AL MICROFONO:
—Esta noche tomo Málaga

Cuando la Alianza de Intelectuales Antifascistas decidió publicar *El Mono Azul,* Hoja Semanal para la Defensa de la Cultura, era obvio que reservaba a la poesía un destacado papel. No en balde Rafael Alberti era el principal animador de la publicación, cuyas distintas etapas y periódicas desapariciones deben explicarse tanto en función del curso de la guerra como de las andanzas del comprometido poeta gaditano. El primer número, por delante incluso del breve editorial que daba cuenta del origen y función de la Alianza, se abría con una «letrilla de *El Mono Azul*» escrita por Rafael. Una foto de Pablo Neruda cubría la contraportada. En el centro del semanario, a doble página, aparecían ya los cinco primeros romances, presididos por una caricatura de Queipo de Llano, y encabezados por la siguiente convocatoria:

«La Sección de Literatura de la Alianza inaugura en este número el *Romancero de la Guerra Civil.* Se pide a todos los poetas antifascistas de España, anónimos y conocidos, que nos envíen inmediatamente su colaboración.»

La petición, un tanto conminatoria de acuerdo con los tiempos que corrían, fue atendida con largueza. Y *El Mono Azul* contó, durante los once números de su primera etapa —desde el 27 de agosto al 5 de noviembre del 36— con una serie de romances que, unidos a los que aparecieron en el número 15, de febrero del 37, en la esporádica y no mantenida resurrección de la antología, llegaron a sumar la cifra de 65, escritos por un total de 34 poetas.

Al margen de estos doce números de la publicación, en ella aparecieron frecuentemente romances, pero de un modo menos sistemático, más en función de la calidad de los poetas —Neruda, Nicolás Guillén, Langston Hughes, César Vallejo, etc.— que de esa inicial voluntad de crear una poética de nuestra guerra civil. Así que, aun dando por hecho que la poesía de la guerra desbordó el marco de esos doce números de *El Mono Azul*, limitaremos este comentario a los poemas que allí se reunieron bajo el título de *Romancero de la Guerra Civil*, documento de extraordinario interés para conocer una etapa clave de la moderna historia española: los primeros meses de la guerra civil, vividos, en la mayor parte de los casos, en el Madrid cada vez más cercado por las fuerzas «nacionales».

Sobre la importancia de tales romances en el cuadro de la vida madrileña de aquellas difíciles jornadas tenemos muchos testimonios. Si a los pocos meses de iniciada la guerra decreció su producción, fue porque la situación psicológica era otra. El heroísmo y la muerte habían ido perdiendo, instalados en la cotidianeidad, su primitivo carácter. Paralelamente, el canto a los héroes y a los mártires, la literatura de guerra, había ido saturando a las gentes, cada vez más agobiadas por las dificultades materiales de una situación prolongada. De *La Voz* es un reportaje de noviembre del 37, cuyos titulares afirmaban: «Mucho canto heroico, mucha literatura bonita; pero de comer ¿qué?» «Cambiamos un saco de romances por medio kilo de patatas. Porque de romances tenemos ya atestada la despensa.» Y si esto se decía en un periódico, censurado y leal al gobierno republicano, caracterizado incluso por su interés en los temas culturales, es porque debía de tratarse de un sentimiento ampliamente compartido.

Desde la toma del Cuartel de la Montaña a los descalabros de las fuerzas republicanas en algunos frentes cercanos a Madrid, desde los difíciles días de noviembre del 36, cuando los nacionales atacaban desde las orillas del Manzanares, a la «estabilización» del asedio, discurrieron procesos cuyo curso es fácil rehacer. Se pensó, primero, en una victoria rápida. Luego, ante la evidencia de que no sería así, se creyó que la resistencia trabajaba en favor de los «leales», tanto porque daba pie a la creación del aparato político y militar que exigían las circunstancias, como porque las tensiones internacionales prometían hacer de nuestra guerra el primer capítulo de una conflagración mundial. Sin embargo, el hecho real es que las fuerzas «nacionales» avanzaban sin cesar; que al apoyo de Hitler y Musolini a uno de los bandos se oponía la prudencia de las democracias occidentales, necesitadas de ganar tiempo para su rearme; que el ímpetu y el sacrificio de los cuadros populares no se traducían en mejoras de su realidad material; que los políticos del Frente Popular andaban a menudo desunidos; que ni siquiera estaba claro que a los regímenes democráticos del mundo les interesase la victoria de una España «roja»... Mientras, paralelamente, los escritores de la Alianza procuraban mantener el espíritu de unidad y de lucha —el único sector, inicialmente enmarcado en el Frente Popular, al que atacó claramente *El Mono Azul* fue el trotskista—, organizando congresos, consiguiendo la resonante solidaridad de famosos escritores, realizando campañas de agitación y propaganda en las ciudades, celebrando recitales y aun representaciones en los frentes...

Tendríamos, pues, en el Romancero un reflejo exacto del estado de ánimo del campo republicano. Nace y crece en los primeros meses de la guerra, cuando nace y crece la milicia popular. Se detiene cuando advierte que el heroísmo no conduce necesariamente a la victoria. Se hace grave, sereno, elegíaco, en los mejores casos; banal y estereotipado, en los peores, cuando la guerra se pone cuesta arriba y está de más cualquier entusiasmo ingenuo, cuando la realidad social ha vuelto a imponer, con implacable dialéctica, una serie de problemas que ningún voluntarismo ideológico puede resolver.

Llegados a este punto, los hombres como Alberti, padres del Romancero, orientan su actitud en una doble dirección: de un lado, siguen escribiendo poesía de guerra, pero en un tono más reposado y más hondo; del otro, recitan y recuerdan, con carácter de crónica y ejemplo, los romances de los primeros meses de la lucha antifascista...

TEORIA DEL ROMANCERO

Aunque, como decíamos, el *Romancero de la Guerra Civil* apareció, con ese título explícito, sólo en doce números, son muchas las referencias que se hacen de él a lo largo de los 47 que alcanzó la publicación. Hasta el punto de constituir uno de los más claros orgullos de los promotores de la misma.

Lorenzo Varela, en el número 5, explicaba:

«De todas partes de España llegan los romances más extraños, más varios. Sin embargo, todos ellos, los que llegan de las avanzadas, los que llegan de los terrenos de labranza y los de los poetas más conocidos, tienen una misma orientación. Ha renacido el sentimiento popular español obedeciendo a las mismas leyes de siempre, a pesar de lo distinto del afán, de lo diferente de las circunstancias. Obedeciendo a las mismas leyes porque es el hombre, el mismo hombre, quien renace en el movimiento popular de hoy. Y sólo se diferencia de las otras veces que apareció en la historia, porque hoy aparece más pleno, más capacitado para dar forma histórica a su sentimiento. El pueblo y el poeta se han identificado en el romancero presente, dando lugar a la más profunda relación. Se trata no del poeta por un lado y el pueblo por otro, sino poeta y pueblo en comunión, andando el camino de albedrío par a par. Y de ahí es hoy el poeta, poeta del pueblo; y el pueblo, pueblo del poeta. El pueblo ha conquistado al poeta, y el poeta, ganado por el pueblo, se ha conquistado a sí mismo, haciendo crecer así el fruto de la conquista. Sólo podía suceder de esta forma al recobrar el pueblo su personalidad, al manifestar su ímpetu cordial capaz del sacrificio épico... Y es el romance, la forma empleada por el pueblo cuando luchaba por construir España, la misma forma que emplea hoy en su reconstrucción. Antes era la lucha por conquistar un Dios y un país donde venerarlo. Ahora es la lucha para conquistar el hombre el derecho a ser mejor, y un país identificado con quienes han de conquistarlo. Y es este matiz de presencia actual en la revolución española el que da nuestro *Romancero de la Guerra Civil.* Por eso el pueblo lo comprende y lo comparte» (1).

La cita ha sido larga, pero aclara el valor que los hombres de la Alianza daban al romancero. El tema de las relaciones entre poesía y pueblo, entre la exigencia estética y la torpe ingenuidad de muchas expresiones populares, es algo que forzosamente torturó a quienes gozaban de una sólida formación literaria y se hallaban políticamente ligados al destino de las clases trabajadoras. Buena parte de la poesía de Alberti —y, de un modo menos consciente y «militante», también la de García Lorca— intenta responder estilísticamente a esa cuestión. El *Romancero de la Guerra Civil* tenía, sin embargo, una cualidad irremplazable: la solidaridad no nacía de una decisión moral

(1) *El Mono Azul,* núm. 5, 24-9-36, pág. 7: «El Romancero de la Guerra Civil», por Lorenzo Varela.

del poeta, sino que venía impuesta por una realidad y unos intereses «existencialmente» compartidos. La calidad de los romances era distinta, desde luego, según fuesen de Vicente Aleixandre, de Rafael Alberti o de los incipientes cantores de la gesta popular. Pero la pasión, las circunstancias y el sentimiento de participar en un «destino común» eran los mismos; y de una misma raíz nacían los romances, hermanando a «los que escribían en las avanzadillas, a quienes vivían en tierra de labranza y a los poetas más conocidos».

EL EXITO DEL ROMANCERO

Del número 11 (5 de noviembre de 1936, a dos días de la fecha clave en la defensa de Madrid) es la reproducción de un texto del periódico mural *Vitalidad*, del Hospital Médico Popular de Chamartín. Dice:

«El romancero de guerra de *El Mono Azul* es la metralla que la Alianza de Intelectuales Antifascistas lanza contra los traidores enemigos del pueblo.»

Del número 15 (febrero del 37), una carta remitida desde Nueva York en la que se asegura:

«El *Romancero de la Guerra Civil* tiene el sello de la autenticidad. Mucho mejor se ve la verdadera España, que sabe luchar, triunfar y morir, a través de los romances, que por las noticias que se publican en los periódicos. Tanto me han socavado el alma que me puse a traducir los que tenía a mano. Ante varios grupos he leído algunos de los romances. Todos han quedado encantados. El poeta Archibald McLeish y el gran escritor John Dos Passos están dispuestos a traducir. Cuantos beneficios resulten de la venta del libro irán para Madrid, para la causa por la cual luchan ustedes tan maravillosamente.»

Proyecto éste que fue adelante y dio pie al comentario que, en el número 41 (noviembre del 37), saludaba con entusiasmo la aparición en lengua inglesa de los romances de la guerra española. Respecto del valor político dado a esta edición nos dará idea uno de los párrafos del comentario —de un interés no periclitado, sobre todo si pensamos en el tono arqueológico, anclado en el pasado, de cierto pimpante hispanismo, precisamente norteamericano— citado:

«La crisis actual del mundo nos ha acercado más que nunca a España. La España del pasado constituyó una preocupación de nuestros intelectuales, sabios y artistas. La mayoría de nuestro pueblo no puede establecer ninguna relación con las ideologías vivas actuales de España, porque su desarrollo cultural había llegado a un límite. El atractivo fascinador de su inconmovible y pasada cultura atrajeron durante estos últimos años indecisos a toda la gente desorientada, que buscaba en las glorias ajadas de la España medieval consuelo para sus mismas preocupaciones. Solamente aquellos pocos que pudieron ver muy lejos en el futuro, adivinaron que algún día España lucharía por la libertad del mundo... España, de quien dijeron que era una nación invertebrada, ya ha encontrado su espina dorsal en el esfuerzo de sus masas anónimas. El sentido de la colectividad, el sentido trágico creado por la guerra civil, ha despertado a los poetas del pueblo y los ha hecho abandonar sus ensayos cerca de una estética formalista.»

Esta última consideración nos clarifica otro de los componentes del remozado Romancero: la voluntad de una serie de poetas, adscritos a la Generación del 27 y preocupados por la pureza estética —Juan Ramón era el maestro inmediato y Góngora el ejemplo lejano—, por «sumergirse» en la realidad popular, por abandonar —como había hecho su antecesor, Valle, bajando de su marfileña torre modernista, para desesperación de su biógrafo Gómez de la Serna— su papel de «hermanos separados». La explícita alusión a Góngora que el autor del comentario hace más adelante ratifica nuestra interpretación:

«Inmediatamente de estallar la revolución, los poetas y artistas jóvenes de España han principiado a formular, en palabras, gestos, colores y melodías, las aspiraciones y necesidades de las masas, ya sin líderes, traicionadas y abandonadas por sus explotadores de antaño. Claro que la poesía inaccesible de Góngora no pudo ser de ninguna utilidad en un momento en que los campesinos y trabajadores hicieron barricadas con sus cuerpos desnudos para detener el avance sangriento de los moros, de los asesinos del Tercio Extranjero y los aristócratas mimados de la fortuna. Con un certero instinto, los poetas han resucitado la más vieja tradición de la poesía española: el romance.»

El trabajo concluía con esta afirmación:

«Nadie podrá darse exacta cuenta de lo que significa la guerra civil si no lee estos romances. Las aspiraciones del Frente Popular, los vicios del Ejército, de la Iglesia, de los grandes terratenientes; los nuevos héroes, los movimientos de las masas, la resistencia desesperada de los frentes, Guadarrama, Andalucía, los pueblos sin nombre, las puertas de Madrid invencible, todo esto y más está expresado con la fuerza y la claridad, que son siempre la característica de la poesía profunda y vital.»

Las traducciones del Romancero a diversos idiomas y su misma edición —aparte de la publicación en *El Mono Azul*— por el Ministerio de Instrucción Pública, son muestras de la importancia concedida a este material. Otros ejemplos, reiterados, serían las incontables ocasiones en que algunos de los romances fueron recitados ante amplios auditorios o en programas de radio. Así, en *El Mono Azul,* de fecha tres de septiembre, leemos:

«Han estado nuestros compañeros María Teresa León y Rafael Alberti en el frente de Guadarrama. Hablaron con los milicianos del cuartel del coronel Asensio y recitaron con un emocionante éxito los versos del *Romancero de la Guerra Civil.* Después actuaron en El Escorial con el mismo éxito de todas partes que tanto nos enorgullece.»

Pocos días después, en la inauguración de la emisora del Partido Comunista, Alberti, tras su saludo «a los hombres libres del mundo», recitaba «El mulo Mola», de Bergamín; «La toma de Caspe», de Manuel Altolaguirre, y su «Radio Sevilla». Casi inmediatamente, con ocasión del primer mitin de la Alianza, se intercalaba entre los discursos el recitado de varios romances: Plá y Beltrán decía el dedicado a Juan Marco, caído en el frente de Teruel; Manuel Altolaguirre, «La toma de Caspe»; Lorenzo Varela, «Fernando de Rosa»; Helena Cortesina, uno de Emilio Prados dedicado a García Lorca, y Rafael Alberti, «Radio Sevilla» y «El último Duque de Alba». A mediados de octubre, en Aranjuez, el infatigable Alberti cerraba un mitin de la Alianza recitando romances. Y otro tanto hacían unos días después el propio Rafael y Manuel Alcázar en Ciudad Real, mientras un grupo de poetas convocaba, para hacer oír el Romancero, a los vecinos de Móstoles y Navalcarnero...

En el segundo mitin de la Alianza, celebrado en el Teatro Español de Madrid, a finales de octubre, con la intervención de Aragon, Ludwig Renn, Gustav Regler, entre otros, Alberti recitó su nuevo romance, «Defensa de Madrid», que volvió a decir el día 30 del mismo mes en un mitin que tuvo lugar en el Gran Price de Barcelona, para cuya ocasión preparó además el gaditano otro romance, «Defensa de Cataluña».

¿Para qué seguir? La Alianza había acordado en una de sus sesiones «la creación del romancero de la guerra civil, coplas y canciones del momento». Y el acuerdo —¿cómo es posible «acordar» el nacimiento de la poesía?— se cumplió por lo que había en él de sensibilización ante la realidad, de inserción activa en cuanto estaba sucediendo. La personalidad de Alberti —convertido en un verdadero poeta de la calle, en un poeta de la agitación y el entusiasmo— fue el riquísimo factor aglutinante.

De la misma Alianza había salido la letra que se cantaba con la música de «Los cuatro muleros» en los duros días de noviembre:

> «Los cuatro generales
> —¡mamita mía!—
> que se han alzado,
> antes de Nochebuena
> —¡mamita mía!—
> serán ahorcados.
> Puente de los Franceses,
> —¡mamita mía!—
> nadie te pasa,
> porque tus milicianos
> —¡mamita mía!—
> ¡qué bien te guardan!
> Por la Casa de Campo
> —¡mamita mía!—
> y el Manzanares
> quieren pasar los moros
> —¡mamita mía!—
> ¡no pasa nadie!»

Canciones, romances, coplas. Todo era voz y arma del pueblo republicano. Estímulos con los que mantenerse en pie y dibujar un nuevo rostro. Los poetas se sentían, en aquellos primeros meses, obligados a encontrar las palabras que la situación estaba pidiendo.

CENSO DE POETAS

La doble página del Romancero llegó a cobijar hasta 34 nombres. Muchos publicaron un solo romance; Manuel Altolaguirre publicó seis; cinco, Lorenzo Varela y

Herrera Petere; cuatro, Rafael Alberti y Pérez Infante; tres, Pedro Garfias, Beltrán Logroño y F. C. Ruanova; dos, José Bergamín, Vicente Aleixandre, Pla y Beltrán, Serrano Plaja y Miguel Hernández. Entre los que aparecieron con un solo romance, hay poetas, como es el caso de Emilio Prados y Antonio Aparicio, que publicaron en *El Mono Azul* muchos poemas del mismo corte que no están en la doble página del Romancero.

Si repasamos la lista, encontraremos a algunos de los nombres claves de la Generación del 27, tales como Alberti o Vicente Aleixandre, más los de otros que, siendo menos conocidos, participaron igualmente en aquel movimiento. De Miguel Hernández se incluyeron dos de sus extraordinarios poemas de *Viento del pueblo;* Antonio Machado y Luis Cernuda también publicaron en *El Mono Azul*, pero fuera del Romancero.

Entre quienes publicaron un solo romance, figura más de un nombre hoy ilustre, como es el caso de Rosa Chacel, Gil Albert o el profesor Sánchez Barbudo. Otros se perdieron en el exilio, fueron borrados por el desenlace de la guerra, o no pasaron de voces para cantar una sola circunstancia.

En cuanto a los nombres «mayores» del Romancero, quizá, con independencia del número de poemas publicados, habría que citar a Alberti, satírico jocundo, con su lenguaje crepitante, implacable, y, sin embargo, lleno de una última, limpia y mediterránea vitalidad; a Bergamín, mucho más epigramático, agrio y cortante; a Manuel Altolaguirre, centrado en las epopeyas del pueblo humilde; a Herrera Petere, más diverso, aunque singularmente sensible a las imágenes de los paisajes cruzados por la sangre y por la guerra; a Lorenzo Varela, que, además de publicar cinco poemas, se ocupó más de una vez de ensalzar el Romancero y debió de ser, desde su puesto en la Alianza, uno de los principales colaboradores de Alberti en la tarea de estimularlo...

Si tuviéramos que atenernos a la «calidad» de los romances, se nos plantearía de inmediato el problema que surge a la hora de juzgar un «arte de urgencia». Es evidente que hoy no gravita sobre nuestro ánimo, sobre nuestras pasiones, sobre nuestra experiencia o nuestro presumible destino la carga de fuego que pesaba sobre la España republicana en los primeros meses de nuestra guerra civil. De ahí el riesgo del juicio sobre un «arte de circunstancias» cuando tales circunstancias ya no existen o se han modificado profundamente. Hoy nos conmueven muchos de aquellos poemas, pero, casi siempre, en la medida en que nuestra conciencia histórica sea capaz de situarnos en un mundo que, emocionalmente, no es el nuestro.

Aun así, en el Romancero han quedado en pie una docena de poemas que no solicitan de nosotros el menor esfuerzo de acercamiento a sus circunstancias. Poemas que, por el contrario —y ese sería el ejemplo del más difícil y más grande «arte de urgencia»— nos las «imponen» con la insustituible y cortante nitidez de la revelación poética. Es decir, las crean. La subjetividad del escritor es la vida de su comunidad; su angustia y su desolación, su perplejidad y su voluntad de lucha y de canto, son profundamente suyas y personales, y, sin embargo, se encuentran rigurosamente trabadas por la sensibilidad social. A esta docena de poemas pertenecen los de Rafael Alberti, Vicente Aleixandre, Rosa Chacel, Rafael Dieste, Miguel Hernández, Gil Albert, o ese entrañable romance de Herrera Petere «Contra el frío de la sierra», escrito en octubre del 36, cuando el aire del Guadarrama combatía contra los mal petrechados milicianos.

LOS TEMAS DEL ROMANCERO

El Romancero, como nos recordaban los comentarios parcialmente transcritos, era un documento de la guerra civil en el que aparecían sus diversos temas. Sin embargo, con el ánimo siempre discutible y generalmente útil, de ordenar la materia literaria, dividiré los romances, según su tema dominante, en los siguientes grupos:

A. *Romances dedicados a las hazañas de la Milicia Popular*

Incluiríamos aquí hasta catorce romances: tres de Manuel Altolaguirre, dos de Pedro Garfias y uno de Lorenzo Varela, Herrera Petere, González Fernández, Beltrán Logroño, Pérez Infante, Serrano Plaja, Plá y Beltrán, Quiroga Plá y Juan Gil Albert.

Ante la imposibilidad de estudiar todos los romances —ya que ello exigiría mucho espacio—, nos referiremos a los más representativos y de mayor interés. Lo que nos obliga, en este apartado, a empezar con Manuel Altolaguirre, poeta malagueño, nacido en 1905, exiliado en Cuba y Méjico después del 39, y muerto en accidente de automóvil en 1959, en Burgos, con ocasión de una visita a España.

El titulado «La toma de Caspe», publicado en el primer número de *El Mono Azul* podría ser el ejemplo. Allí está el pueblo en armas contra un enemigo dibujado con todos los vicios que se derivan de su papel político. La tradicional cualificación del enemigo, propia de cualquier poesía *de* y *para* la guerra, no se cimenta esta vez en el patriotismo, sino en la lucha de clases, aunque a las afirmaciones conceptuales —«El pagó vuestros salarios / a costa de pasar hambre»— se agregue la anécdota melodramática con que galvanizar al campesino combatiente.

«Todos los hombres del pueblo,
a la cabeza el alcalde,
contra guardias inciviles
están luchando en las calles.
La guardia incivil rebelde
lucha contra los leales
que sin armas se defienden
de los fusiles y sables.
Un cuerpo a cuerpo terrible
en las arterias de Caspe:
de un lado los uniformes,
las blusas por otra parte;
un pueblo de campesinos
contra una turba salvaje
de mercenarios que quieren
gobernar sobre cadáveres.
¿Qué haréis vosotros, civiles,
sin el pueblo que trabaje?
El pagó vuestros salarios
a costa de pasar hambre.
¿Es que además del dinero
queréis beberle la sangre?
No podréis del todo hacerlo;
ved el victorioso avance
de las heroicas milicias
que nos llegan de Levante.
¡Animo, mis campesinos!
¡Animo, pueblo de Caspe!
El Ejército del pueblo
pone en fuga a los cobardes.
El capitán no ha podido

retroceder, y el infame
con el cuerpo de una niña
se atrinchera. ¡Miserable!
La niña, sobre su hombro
sostiene el cañón del máuser.
El guardia civil dispara
sin que le conteste nadie.
La niña ve que los tiros
que desde su espalda salen
han herido mortalmente
a su hermano y a su padre.
La niña pide a sus hombres
que no teman el matarle,
pero nadie le dispara
y el guardia civil se evade.
El guardia incivil dejó
la niña en unos trigales,
pero cuando por el campo
intentaba refugiarse,
una granada certera
cayó iracunda del aire.
Nada quedó de su cuerpo,
fue deshecho en un instante,
borrado del mundo fue
quien no mereció habitarle.»

En esta línea se encuentran los demás romances del grupo, ya dedicados a las milicias ferroviarias —«El tren blindado», de Herrera Petere—, a la marina leal —«El Jaime I», de Beltrán Logroño—, al sacrificio de unos dinamiteros —«El cañón y el automóvil», del mismo Altolaguirre— o a cualquier hazaña de las fuerzas populares. El tono es dramático, con alguna excepción, como es el caso del romance «Las vacas de Avila», de Lorenzo Varela, que glosa la acción de un comando que arrebata a los fascistas unas cuantas cabezas de ganado. El tono es en este caso más bien jocoso, como se desprende de la simple lectura de los primeros versos del poema:

«A tres kilómetros de Avila,
a tiro de perdigón,
trescientas vacas dan leche
a tropas de la reacción» (2).

Especialísimo interés tiene dentro de este apartado el largo romance de Juan Gil Albert titulado «El cuartel de Caballería», dedicado a los primeros días de la sublevación en Valencia. El escritor consigue fundir el campo

(2) *El Mono Azul*, núm. 1, 27-8-36, pág. 4.

y la ciudad, la huerta y los barrios populares, en una premonición de sangre que, al final, se resuelve con la caída del cuartel. Comienza el romance con las palabras del oficial «renegado», que se las promete muy felices:

«El pueblo estará dormido
cuando por Andalucía
me habrán enviado moros
mis amigos de Sevilla.
¡Qué matanza está en los aires,
que frenesí me domina
cuando veo las acequias,
pardas, de sangre teñidas!»

Pero el viejo Turia, a cuyas orillas se alzaba el Cuartel, las oyó y dio la alarma en la Ciudad.

«La voz ha sonado en Cuarte,
y en el Portal de Valldigna,
por Ruzafa a Encorts se extiende
y por la Correjería;
los finos abaniqueros,
que ahora llevan carabina,
los de las manos pintadas
para la ebanistería,
los que destilan azahar,
los riberiegos de Alcira,
los que cargan en los barcos
cestos de huerta florida,
noctámbulos por caminos
sus pasos ya se avecinan,
del olor a los caballos
en la Alameda dormida.»

El romance, con temperatura actual y la perfección de una canción de gesta, describe así el asalto del cuartel:

«Ya relinchan los caballos,
porque tienen alegría,
ya los presos van en hombros,
que ya nadie los fusila;
ya las armas se arrebatan
de manos de la perfidia,
para volar a los campos
de Teruel y Andalucía.»

La rebelión ha sido aplastada. La ciudad está en manos del pueblo.

«Y regresaba a su cauce,
como antaño, el río Turia» (3).

---

(3) *El Mono Azul*, núm. 8, 15-10-36, págs. 4 y 5.

El romance, admirable en su mayor parte, nos recuerda, por su refinamiento y su vigor, por la verdad de sus viejas raíces, unas palabras escritas por Cassou acerca de esta poesía de guerra:

«Ha bastado con cambiar algunas palabras, conservando el tono, el viejo tono popular, el ritmo, el matiz y casi la música de esas admirables canciones profundamente impresas en la memoria ancestral, para que los poetas españoles de hoy se encuentren cara a cara con el moro...»

Si, en bastantes casos, la aproximación al viejo romance descubre el esfuerzo de quien la hace, en el de Gil Albert las resonancias son como esas aguas de su tierra que siguen regando la huerta por las viejas acequias árabes.

B. *Romances dedicados a ensalzar el espíritu del pueblo, sin referirse a ningún hecho concreto*

Aunque, como es lógico, todos los romances rezuman una voluntad de propaganda, en este capítulo estarían los que más responden a ese propósito. He incluido once, de los que corresponden dos a Miguel Hernández y los otros nueve a Félix V. Ramos, Vicente Aleixandre, Alcázar, Boda, Ramón Gaya, Beltrán Logroño, Lino Novas, Pedro Garfias y Rafael Alberti.

De los dos extraordinarios poemas de Miguel Hernández, el que comienza:

> «Sentado sobre los muertos
> que se han callado en dos meses,
> beso zapatos vacíos
> y empuño rabiosamente
> la mano del corazón
> y el alma que lo mantiene.»

Y el celebérrimo:

> «Vientos del pueblo me llevan,
> vientos del pueblo me arrastran.»

nada o muy poco hay que decir aquí. Pertenecen a esa poesía fraguada por una situación extrema, que, a fuerza de encarnar sus circunstancias, las trasciende y las impone a todos los lectores.

De los nueve romances restantes, algunos se quedan

en el tópico; otros, como el titulado «Defensa de Cataluña», de Alberti, por más que el autor consiga probar nuevamente que es un poeta extraordinario, suenan a consigna del momento:

«¡Catalanes!: Cataluña,
vuestra hermosa madre tierra,
tan de vuestros corazones
como tan hermana nuestra,
con un costado en la mar
y entre montes la cabeza,
soñando en sus libertades
sus hijos manda a la guerra» (4).

Más hondo, y quizá uno de los poemas de este capítulo que mejor ha resistido el paso del tiempo, es el «Romance del fusilado», de Vicente Aleixandre. El hecho de que el «Romance del fusilado» siga siendo hoy un buen poema, frente al tono arengatorio de la mayor parte de los incluidos en el apartado —y no me refiero, claro, a los de Miguel Hernández ni aun al de Alberti—, quizá se deba, además de a la calidad del poeta, a que Aleixandre se inspira en un hecho concreto, aunque lo amplíe y trascienda. Lo que no deja de ser interesante subrayar, porque, en principio, uno podría tomarlo como una limitación, como una hegemonía de la anécdota:

«Veinte años justos tenía
José Lorente Granero
cuando se alistó en las filas
de las Milicias de Hierro.»

Apresado en el combate, es fusilado:

«Sonó aquella voz infame.
¡Fuego!, gritó, y fuego hicieron
las nueve bocas malditas
que plomo vil escupieron,
y nueve balas buscaron
la tierna carne de un pecho
que latió por el amor
y la libertad de un pueblo.»

El poeta canta así el amanecer del cuerpo fusilado:

«Amanecía la aurora
y el alba doraba el cuerpo,
un cuerpo que con el día
se levantó de este suelo,

(4) *El Mono Azul*, núm. 11, 5-11-36, págs. 4 y 5.

y en pie, sangrando, terrible,
adelantó el pie derecho
y subió monte hacia arriba
como un sol que va naciendo
y va dejando su sangre
o su luz como un reguero» (5).

C. *Romances satíricos, en los que se ridiculiza al enemigo*

Franco, Mola, los arzobispos que se sumaron al movimiento «nacional», la gran burguesía, la aristocracia, son satirizados por el Romancero. Del soldado llano que lucha en el bando franquista no se dice nada. Se supone que son víctimas de la situación. Incluso la fobia contra los moros tiene singulares matizaciones en romances que los tratan como a seres engañados por falsas promesas de liberación colonial.

Los romances satíricos son casi siempre feroces y aspiran a ridiculizar a los líderes enemigos o a sus fuerzas sociales más significativas. La tradición de la prensa anticlerical de la etapa precedente encuentra ahora ocasión de radicalizarse, presentando a las jerarquías eclesiásticas bajo las más agresivas y desconsideradas imágenes. Curiosamente, uno de los poetas satíricos es José Bergamín, que hace a menudo profesión de su fe católica. Extremo que, lejos de ser contradictorio, viene a plantearse en las páginas de *El Mono Azul* como una escisión entre el cristianismo y la Iglesia «de los ricos». La expectación con que la prensa siguió las tensiones entre la Iglesia romana y la política de Hitler hasta apuntar ingenuamente que el Papa podía llegar a la excomunión del Führer y, más tarde, a la del Caudillo, revela el esfuerzo de un sector de la República por destruir la idea de cruzada con que muchos católicos acogieron el sentido de la guerra. En general, los romances que tocan este tema soslayan cualquier referencia específica a la religión para, en cambio, atacar implacablemente a sus jerarquías y condenar el papel temporal de la Iglesia. Bergamín —y con ello se adelanta la que ha sido posición revolucionaria en la Iglesia de muchos países del Tercer Mundo— critica la connivencia entre el golpe militar y la Iglesia española, se solidariza con la actitud del pueblo frente a las sotanas

(5) *El Mono Azul*, núm. 4, 17-9-36, págs. 4 y 5.

y, a la vez, asiste a congresos católicos internacionales o cita las Encíclicas más progresistas. El romance de Herrera Petere, «Dios no os hace ningún caso», es singularmente expresivo en este sentido:

«.................
¡Malditos de Dios, malditos!
los que a Cristo traicionaran,
los que rasgan evangelios,
los cristianos de palabra;
el arzobispo de Burgos,
monseñor Gomá y comparsa» (6).

Los doce romances incluidos en este grupo corresponden: dos a Rafael Alberti, otros dos a Bergamín y a Herrera Petere, y los restantes a Rafael Dieste, Luis Pérez Infante, Felipe C. Ruanova, J. A. Balbontín, López Parra y Antonio Aparicio. Los de Alberti, geniales y desvergonzados, dominados por esa línea de brochazos que ya apareciera en su «Fermín Galán», están dedicados a Queipo de Llano —«Radio Sevilla»— y al último Duque de Alba.

Si el primero —antecedente de una obrita teatral de urgencia con el mismo tema y título— es, lisa y llanamente, un brillantísimo insulto a quien, además de ganar Sevilla para los «nacionales», causaba verdaderos estragos desde la emisora de la ciudad, el segundo es un hermoso romance sobre la decadencia de la aristocracia, específicamente matizado en esta ocasión por el hecho de que las Milicias Comunistas hubieran ocupado el viejo palacio ducal:

«Señor duque, señor duque,
último duque de Alba,
mejor duque del Ocaso,
ya sin albor, sin mañana.
....
Vuélvete de Londres, deja
si te atreves a dejarla,
la triste flor ya marchita,
muerta, de tu aristocracia,
y asoma por un momento
los ojos por las ventanas
de tu palacio incautado,
el tuyo, el que tú habitaras;
súbeles las escaleras,
paséalos por las salas,
por los salones bordados
de victoriosas batallas,

(6) *El Mono Azul*, núm. 15, 11-2-37, pág. 5.

bájalos a los jardines,
a las cocheras y cuadras,
páralos en los lugares
más mínimos de tu infancia,
y verás cómo tus ojos
ven lo que jamás pensaran:
palacio más limpio nunca
lo conservó el pueblo en armas.
Las Milicias Comunistas
son el orgullo de España» (7).

El Mono Azul, n.º 2

Los poemas de Bergamín se titulan «Al traidor Franco» y «Romance del mulo Mola», títulos ambos lo bastante explícitos como para tener que añadir cualquier comentario. Antonio Aparicio publicaría en el número 13 de *El Mono Azul,* en el que no apareció el Romancero como sección específica, otro poema dedicado a quien compartía, con Queipo y Franco, los dardos del humor y malhumor republicanos. Se titulaba «Lidia de Mola en Madrid», y circuló profusamente por la capital en los días más duros —noviembre del 36— de su asedio.

«A Franco, el pirata» es el título del romance de Balbontín. De los restantes, dos caricaturizan la ayuda económica de los señoritos al fascismo y cinco se disparan contra la jerarquía eclesiástica, siendo, entre estos últimos, el titulado «Bendición episcopal», de Rafael Dieste —gallego, nacido en 1899, autor bilingüe, director del Teatro de

(7) *El Mono Azul,* núm. 2, 3-9-36, pág. 4.

Guiñol de las Misiones Pedagógicas, director de *Nova Galiza* durante la guerra, vinculado al nacimiento de *El Mono Azul* y *Hora de España;* exiliado durante algún tiempo, y vuelto luego a su tierra—, el más brillante y literariamente más equilibrado. Los preparativos de la que luego será frustrada bendición de dos aviones se describen así:

El Mono Azul, n.º 2

«Aeródromo de Burgos,
tablado presidencial.
Mucho empaque en las miradas,
en los pechos vanidad.
El arzobispo en el medio,
a su diestra el general,
a la siniestra el alcalde
y otros magnates detrás.
Todos ostentan insignias
que al sol reluciendo están,
murmuran todos y ríen
con mucho ceremonial.
Allí damas principales
de manteca y azafrán
los ojuelos removían
con chispas en el mirar.
Las viejecitas devotas
y el devoto sacristán
en viendo tanto esplendor
no dejan de suspirar.

Din don, din don, las campanas
altas de la catedral,
gori, gori, los latines
que silabea el dean» (8).

D. *Romances dedicados a los muertos en la lucha*

A partir del número 4, la doble página del Romancero lleva una dedicatoria. He aquí las nueve publicadas: «Homenaje a Federico García Lorca», «A José Colom, héroe del pueblo, «A Saturnino Ruiz, caído en Somosierra», «A Lina Odena», «A las mujeres que trabajan en la guerra», «A la defensa de Madrid», «A los cuatro batallones de choque» y «A Pérez Mateo, héroe de Madrid». Dedicatorias que corresponden cronológicamente a momentos específicos del campo republicano, desde aquel en que llegaron noticias del fusilamiento de Lorca —noticias imprecisas, como prueban los versos de «El crimen fue en Granada», de Antonio Machado, reproducidos también en *El Mono Azul*—, a otros, tremendamente difíciles, en que fue necesario crear en Madrid un disciplinado espíritu de resistencia.

Cada dedicatoria presupone la presencia de uno o más romances que la justifican. Así, en el «Homenaje a Federico García Lorca», es Emilio Prados —nacido en Málaga en 1899; muerto en el exilio mejicano en 1962— quien escribe, con el estilo del Romancero Gitano:

«¿En dónde está Federico?
Sólo responde el silencio:
un temor se va agrandando,
temor que encoge los pechos.
De noche los olivares
alzan los brazos gimiendo.
La luna lo anda buscando,
rodando, lenta, en el cielo.
La sangre de los gitanos
lo llama abierta en el suelo;
más gritos lleva la sombra
que estrellas el firmamento.
Las madrugadas preguntan
por él, temblando de miedo» (9).

Y en la doble página dedicada a José Colom, Manuel Altolaguirre:

---

(8) *El Mono Azul*, núm. 2, 3-9-36, pág. 5.
(9) *El Mono Azul*, núm. 4, 17-9-36, pág. 4.

«Por España, por el aire,
vuela el capitán del pueblo,
y ve los ríos de sangre
regando los cementerios» (10).

Mientras Lorenzo Varela —nacido en 1917, en La Habana; educado en Galicia; exiliado en Buenos Aires— evoca en estos términos, en el número correspondiente, el entierro de Fernando de Rosa, de origen italiano, muerto en el frente de Peguerinos:

«Cruza el entierro las calles.
De emoción frías y pálidas,
las manos en puño gritan
lo que los labios se callan.
Juventudes, Sindicatos,
todo el pueblo que trabaja
lleva a Fernando de Rosa
hacia la tumba, cavada
por tiernas manos obreras,
por manos de camaradas» (11).

Singular es, sin duda, el romance que Altolaguirre dedica a Saturnino Ruiz, obrero impresor, a quien conocía de antiguo. La solemnidad de la elegía se cambia esta vez, siquiera en algunos versos, por el recuerdo del amigo de trabajo caído en Somosierra:

«Estoy mirando mis libros,
mis libros, los de mi imprenta,
que pasaron por tus manos,
hoja a hoja, letra a letra.
Pienso en el taller contigo
antes de estallar la guerra;
pienso en ti, tan cumplidor
delante de la minerva.
Un libro de García Lorca,
con sus primeros poemas,
iba de él a ti pasando
por el amor de las prensas» (12).

Las mujeres son también objeto de homenaje. A veces, concretado en un nombre, como es el caso de Lina Odena, muerta cuando avanzaba con las tropas desde Málaga a Granada. Lorenzo Varela la recuerda en estos términos:

---

(10) *El Mono Azul*, núm. 5, 24-9-36, págs. 4 y 5.
(11) *El Mono Azul*, núm. 6, 1-10-36, pág. 4.
(12) *El Mono Azul*, núm. 7, 8-10-36, pág. 4.

«¡Lina Odena, Lina Odena,
ya nadie puede salvarte!
¡Ya no veremos tu risa,
tu estrella de comandante!
¡Ya tus palabras guerreras
no encenderán nuestra sangre!» (13).

En ocasiones, como en el romance de Felipe C. Ruanova —nacido en el 17, colaborador de las Misiones Pedagógicas—, «A punta de aguja», incluido en la doble página dedicada «A las mujeres que trabajan en la retaguardia», contemplándolas como heroínas anónimas, que ganan sus batallas con la aguja.

En varios casos, el romance rehúye el nombre del caído, porque aspira a convertirlo en un símbolo general. Es el caso de «A los milicianos muertos», de Rafael Morales Casas, que se sujeta al esquema general de proclamar la inmortalidad de los héroes, o el de «Han matado al maestro», de M. Alonso Calvo, que concluye así:

«Camaradas de mi España,
hermanos del mundo, obreros,
en alto los fuertes puños,
altos los pechos de acero
hasta morir contra el fascio
asesino de los pueblos.
¡Muchos niños de Castilla
se han quedado sin maestro!» (14).

Dedicada la última doble página del Romancero «A Pérez Mateo, héroe de Madrid», aparecido cuando *El Mono Azul* llevaba ya tres números sin incluir la sección, no es aventurado imaginar que su esporádica presencia tuvo por objeto cerrar el ciclo que el canto a la defensa de la capital había dejado abierto. En efecto, el número de la primera semana de noviembre había exaltado la lucha y solicitado el alistamiento de todos los madrileños en los cuatro batallones de choque del Quinto Regimiento. Los enfrentamientos inmediatos habían causado muchas bajas y el Romancero no podía retirarse definitivamente sin rendir un homenaje a su memoria.

Son, pues, romances que incluimos —dentro del convencionalismo de nuestra división, puesto que en la mayor parte de los poemas hay elementos que permitirían trasladarlos al apartado de los que se refieren a la defensa

(13) *El Mono Azul*, núm. 8, 15-10-36, pág. 4.
(14) *El Mono Azul*, núm. 11, 5-11-36, pág. 5.

de Madrid— en el grupo de las elegías dedicadas a los héroes.

Aparece aquí —ilustrando la razón de la dedicatoria— el romance de Ruanova a Pérez Mateo:

«Camarada, tú no has muerto:
el cuerpo dejó un vacío,
pero tu vida cortada
persiste en nosotros mismos» (15).

También el de José Romillo a Antonio Coll, marinero que abatió a cuatro tanques con bombas de mano e inutilizó a otros dos antes de morir:

«Tú solo contra los seis,
Antonio Coll, marinero.
¿En qué yunque se forjaron
tus músculos y tus nervios?
¿En qué arroyo varonil
bebiste tanto denuedo?» (16).

Y con mayor entidad, extenso, a tono con el impacto que produjo la nueva, el romance de Luis Pérez Infante titulado «La muerte de Durruti». Consta de cuatro partes: I, Madrid en peligro. II, Durruti en Madrid. III, La muerte. IV, Promesa de venganza. El líder anarquista —sobre cuya muerte tanto se ha especulado después— aparece como una especie de Mío Cid del siglo XX:

«En los frentes de Aragón
se libraba gran batalla
cuando llegó la noticia
de que a Madrid se acercaban
cinco ejércitos rebeldes
con las más modernas armas.»

Durruti decide entonces partir a la capital:

«Buenaventura Durruti,
pelo en pecho, dura barba,
con sus hombres más valientes
va por tierras castellanas.
Sus ojos llevan el mar
hasta las llanuras pardas.»

El líder lucha y muere en Madrid:

«Madrid. Mediado noviembre.
Era un llover de metralla.

---

(15) *El Mono Azul*, núm. 15, 11-2-37, pág. 4.
(16) *El Mono Azul*, núm. 15, 11-2-37, pág. 4.

Del tejado a los cimientos
se estremecían las casas.
....
Los catalanes avanzan.
Locas, a los cuatro vientos,
silban y silban las balas,
que, perdidas, blanco encuentran,
por azar, y en él se clavan.
Uno de estos proyectiles
detiene en seco la marcha
de todos los catalanes...
Cunde el espanto. —¿Qué pasa?
Nadie sabe ni responde.
Pelo en pecho, dura barba,
Buenaventura Durruti,
el que a la muerte citara,
abrazado con la muerte,
yerto en el campo quedaba.»

Finalmente, el entierro. En Barcelona, rodeado de promesas de venganza:

«La multitud, apiñada,
se duele calladamente
por el cadáver que pasa.
¡Ay, dolor de Barcelona,
que es dolor de toda España!
Puños en alto prometen
tomar cumplida venganza» (17).

Históricamente, el poema no aclara ninguna de las dudas que —justificada o tendenciosamente, aunque hoy parece verosímil la tesis de que Durruti murió al disparársele un fusil «naranjero», prefiriéndose, por razones obvias, ocultar tan accidentado final— se alzaron tras la muerte del discutido líder anarquista, de la que algunos acusaron a los comunistas y otros a los mismos libertarios, ya fuera porque Durruti representaba el ala «opuesta a todo pacto con el Estado republicano», Estado al fin, ya fuera, en sentido contrario, porque había dado secretamente los primeros pasos hacia el Partido Comunista. Tesis tan encontradas entre sí y tan faltas de toda prueba, que restituyen al romance de Pérez Infante el valor de un testimonio de primera mano sobre el eco de la muerte de Durruti en el campo en que militaba.

(17) *El Mono Azul*, núm. 15, 11-2-37, pág. 5.

E. *Romances dedicados a la defensa de Madrid*

Siendo *El Mono Azul* publicación madrileña y programáticamente antifascista, es obvio que la difícil situación de la capital española constituyó el alimento cotidiano de muchas de sus editoriales, de sus relatos y de sus poemas. Incluso las instrucciones para aminorar el riesgo de los bombardeos o para utilizar los fusiles y las ametralladoras, aparecen en los días de noviembre redactadas —y dibujadas— con escalofriante sencillez.

Hasta once son los romances que tienen a Madrid como tema específico, aunque, indirectamente, todo *El Mono Azul,* desde su primera a su última línea, desde su primer número a su último, se halle profundamente ligado a la defensa de la antigua capital de la República, pronto cambiada, ante el avance enemigo, por Valencia.

En los primeros días de septiembre el tema de los bombardeos todavía intenta combatirse con cierta dosis de humor:

> «¡Qué valientes sois, amigos,
> aviadores rebeldes!
> ¡Voláis tan bajo, tan bajo,
> que no se os ve ni con lentes!» (18).

Y se califica a los aviones de «pulgas del relente» —el romance es de José Rivas Panedas—. Pero a mediados de octubre el estado de ánimo es ya bien distinto. Madrid ha sido por entonces psicológica y materialmente golpeado. Rosa Chacel —novelista vallisoletana, nacida en 1898, de nuevo en España tras un largo exilio en Brasil— escribe en ese momento uno de los mejores poemas de todo el Romancero:

> «Por tejas y chimeneas,
> entre veletas y agujas,
> por aceras y calzadas,
> por callejuelas oscuras,
> corre la alarma de noche,
> corre en un grito, desnuda.
> Ojos de fuego y melena,
> al viento entregada, aúlla.
> Asoma por las esquinas
> en rauda indecible fuga,
> con su grito llama al pecho
> que adormecido no escucha;

---

(18) *El Mono Azul,* núm. 2, 3-9-36, pág. 4.

con su insistente lamento
en desvelo, el sueño muda.
Los lechos abren su flor,
su calor de lana o pluma,
los brazos de los amantes,
reacios, se desanudan.
Pesados cuerpos de niños,
arrancados de las cunas,
estremecidos, se acogen
al seno que los refugia.
Las escaleras prolongan,
bajo las plantas desnudas,
su espiral interminable,
hacia las cuevas profundas» (19).

De Rafael Alberti, en los días en que se desplomaban los frentes cercanos y los «nacionales» avanzaban por la carretera de Talavera y se situaban en la misma Puerta de Toledo, es el vibrante romance «Defensa de Madrid»:

«Madrid, corazón de España,
late con pulsos de fiebre.
Si ayer la sangre le hervía,
hoy con más calor le hierve.
Ya nunca podrá dormirse,
porque si Madrid se duerme,
querrá despertarse un día
y el alba no vendrá a verle.
No olvides, Madrid, la guerra;
jamás olvides que enfrente
los ojos del enemigo
te echan miradas de muerte.
Rondan por tu cielo halcones
que precipitarse quieren
sobre tus rojos tejados,
tus calles, tu brava gente.
Madrid: que nunca se diga,
nunca se publique o piense
que en el corazón de España
la sangre se volvió nieve.
Fuentes de valor y hombría
las guardas tú donde siempre» (20).

Los títulos de otros romances incluidos en el mismo número —29 de octubre de 1936— no pueden ser más explícitos: «Alerta los madrileños» y «Arenga», de Manuel Altolaguirre —aunque el primero lo firme con el apellido

(19) *El Mono Azul,* núm. 8, 15-10-36, pág. 4.
(20) *El Mono Azul,* núm. 10, 29-10-36, pág. 4.

materno, Bolín—, o «A Madrid», de Luis Pérez Infante, insisten en el peligro y en la necesidad de la defensa. Así, Altolaguirre, subrayando la significación de Madrid —cuya resistencia era, frente a tantas derrotas militares, un símbolo ante la opinión internacional—, escribe:

«Madrid, te muerden las faldas
canes de mala ralea,
vuelan cuervos que vomitan
sucia metralla extranjera.
Lucha alegre, lucha, vence,
envuélvete en tu bandera;
te están mirando, te miran;
que no te olviden con pena» (21).

A la semana siguiente, 5 de noviembre, a dos días de la fecha clave, el Romancero es aún más angustioso y definitivo. Rodeado de versos está el recuadro con las direcciones donde los hombres y las mujeres de Madrid pueden alistarse en los cuatro batallones de choque para «aprender el manejo de las armas, sin abandonar la producción». Los batallones se llaman Leningrado, Comuna de París, Marinos de Cronstadt y Madrid. Los organiza el Quinto Regimiento, y Herrera Petere —nacido en Guadalajara en 1910, poeta y novelista en Méjico— versifica en romance la demanda de alistamiento:

«Hombres de Madrid, oídme
los hombres de pelo en pecho,
albañiles, tranviarios,
metalúrgicos, canteros,
comerciantes y empleados...
¡Habla el Quinto Regimiento!
Hombres de Madrid: escuchadme,
que vuestro oído esté atento,
que ni una mosca se mueva;
tened los ojos abiertos,
aquel y el otro, acercaros;
para irse no hay pretexto,
no hay prisa, novia ni cine...
¡Habla el Quinto Regimiento!
El de la Victoria y Thaelmann,
el regimiento de Acero,
el de Líster y Galán,
el de García y Modesto.
Por vosotros vengo, amigos,
por vuestro bien, compañeros.

(21) *El Mono Azul*, núm. 10, 29-10-36, pág. 4.

Póngase falda el cobarde,
que el neutral se chupe el dedo.
¡Adelante a la batalla:
habla el Quinto Regimiento!» (22).

Madrid superó la carga de aquellos días de noviembre. El día 12, sin perder fecha, aunque con un nuevo formato, sin color y con otra tipografía, *El Mono Azul* daba cuenta de la victoriosa resistencia. Se publicaba, en primera página, un largo romance de Antonio Aparicio, al que ya nos hemos referido, «Lidia de Mola en Madrid», pero el espacio habitualmente dedicado al *Romancero de la Guerra Civil* lo ocupaban unos cuantos consejos de la Alianza: «El valiente no es el que se pone en pie, sino el que se protege para ser más eficaz», «La trinchera no es una tumba, sino una defensa»...

Como ya hemos dicho, durante tres números no apareció el Romancero. Luego, en el 15, la ya lograda defensa de Madrid forzó la publicación de una nueva serie —la última— en homenaje a Pérez Mateo. Dos de los romances estaban dedicados a todo el pueblo madrileño. Uno, firmado por Lorenzo Varela, proclamaba exultante:

«¡Venga, venga la Alemania,
que en Madrid su fin la espera,
que aquí la cita la muerte
por las calles y azoteas!
¡Venid, venid los de Italia,
barítonos de la guerra,
los césares gondoleros
de las aguas de Venecia!» (23).

El otro, de Vicente Aleixandre, hablaba del «Miliciano desconocido», del héroe anónimo de la defensa:

«¿Es alto, rubio, delgado?
¿Moreno, apretado, fuerte?
Es como todos. ¡Es todos!
¿Su nombre? Su nombre ruede
sobre el estrépito ronco,
ruede vivo entre la muerte;
ruede como una flor viva,
siempre viva para siempre.
Se llama Andrés o Francisco,
Se llama Pedro Gutiérrez,
Luis o Juan, Manuel, Ricardo,

(22) *El Mono Azul*, núm. 11, 5-11-36, pág. 4.
(23) *El Mono Azul*, núm. 15, 11-2-37, pág. 4.

José, Lorenzo, Vicente...
Pero no. ¡Se llama sólo
Pueblo Invicto para siempre!» (24).

F. *Romances sobre el frío de la sierra*

Precediendo cronológicamente a los primeros días de noviembre, aparecieron dos romances referidos al frío que pasaban los milicianos en los frentes de la sierra. Son romances en los que el tratamiento un tanto descarnado del héroe que lucha sin descanso se ve reemplazado por una aproximación humanizadora, atenta al soldado que tirita de frío en las trincheras, antes que a la iconografía del glorioso combatiente.

Especialmente conmovedor es el titulado «Contra el frío de la sierra», de Herrera Petere:

«Lomas de viento de hielo,
sed ya de jardines verdes,
que los soldados del pueblo
no pasen frío en el frente.
Cumbres de brisas heladas,
sujetad aún vuestras nieves.
Nublados de los otoños,
tristes fríos de septiembre,
no hierais a los milicianos
que pasan noche en el frente.»

El poeta pide a los vientos que se dirijan al Norte, por donde avanza el enemigo. Luego, por un momento, el romance adquiere el tono feroz acostumbrado, para acabar prevaleciendo la idea de que el frío —casi como en un juicio de Dios— no debe castigar al pueblo leal.

«¡Respetad los milicianos,
tristes fríos de septiembre;
España lucha con ellos,
lo mejor que España tiene!» (25).

Dos números más tarde, en el ya citado romance «A punta de aguja», Felipe Camarero Ruanova elogia a las mujeres que abrigan a los milicianos combatientes. El poeta abandona los deseos quiméricos para cantar el valor de las respuestas concretas, hacederas y prácticas:

---

(24) *El Mono Azul,* núm. 15, 11-2-37, pág. 4.
(25) *El Mono Azul,* núm. 7, 8-10-36, pág. 5.

«A punta de aguja
se ganan batallas.
No bastan fusiles,
ni bastan las balas,
ni basta el coraje,
ni la ciencia basta,
que otros enemigos
tomaron las armas.
Aire de la sierra,
más que aire, navaja
que afila la nieve
de las cumbres altas,
¡ay, cómo perdiste
toda tu eficacia!
¿Dónde está el empuje
de que blasonabas?
¿En qué se quedaron
tantas amenazas?
Manos de mujer
frenaron tu marcha...» (26).

Llevábamos ya casi cuatro meses de guerra. Y la República sabía —aunque ello pareciera una traición a ciertos sectores anarquistas— que la unidad, la preparación y la disciplina eran imprescindibles para intentar vencer al fascismo. En su número del 10 de septiembre del 36, *El Mono Azul* había saludado con alborozo «al Gobierno de la victoria, representante genuino de las fuerzas que integran el Frente Popular: republicanos, socialistas y comunistas, con el apoyo de la CNT»; y en el del 12 de noviembre, apenas frenado el enemigo en el mismo Manzanares, se afirmaba con orgullo:

«Nadie puede decir ahora del miliciano que sea indisciplinado y vacilante. La moral de la victoria se apoya en la disciplina, en la obediencia estricta a las órdenes y en el severo control de todo.»

El poema de Ruanova se inscribe ya en esa situación.

G. *Romances dedicados a los moros*

Los moros son citados tangencialmente en repetidas ocasiones. Su presencia en España es uno de los argumentos utilizados contra los militares rebeldes, que buscan en África, Italia y Alemania los apoyos para su lucha.

---

(26) *El Mono Azul*, núm 9, 22-10-36, pág. 4.

Los moros, tratados peyorativamente e incluso con ciertos matices racistas, aparecen como la temible encarnación de la barbarie.

Existen, sin embargo, hasta tres romances dedicados a los moros, en los que éstos son contemplados de un modo distinto. Sus autores son García Luque, Lorenzo Varela y Sánchez Barbudo.

El primero, en un breve poema, presenta la figura del moro que se pasa a las filas republicanas:

> «Busta Ben Ali Mohamed,
> barba negra, negros ojos,
> negro, de sus avanzadas
> se desprende sigiloso.
> Y arrastrándose en la hierba
> dice, alzándose de pronto,
> el puño en alto, tranquilo,
> ante los fusiles, solo:
> —Yo estar rojo, camaradas.
> No tiréis, que yo estar rojo» (27).

El segundo imagina a los moros bajo el engaño de creer reconquistar lo que fueran joyas de la civilización árabe:

> «Salió de Ceuta el guerrero
> para hacer la guerra a España
> y robarle la Mezquita
> y la Alhambra de Granada,
> que la libertad del pueblo
> él no pensaba robarla» (28).

En cuanto al poema de Sánchez Barbudo, «La muerte del moro Mizzian», el más cuidado literariamente de los tres y el que mejor renueva los aires del romancero medieval, cuenta la confesión de un oficial moro y la derrota que sobreviene a sus tropas.

> «Muero traidor a mi patria,
> soy comandante Mizzian;
> me trajeron los fascistas
> a obreros asesinar;
> yo buscaba aquí un sol viejo,
> no lo he podido encontrar;
> viví con capitalistas,
> gente sin moralidad;
> he venido a extrañas tierras
> a los míos traicionar.

(27) *El Mono Azul*, núm. 2, 3-9-36, pág. 5.
(28) *El Mono Azul*, núm. 4, 17-9-36, pág. 4.

Yo me muero arrepentido,
ellos castigo tendrán;
morirán por esas manos
que me acaban de matar.
Perdido su jefe el moro,
ya no saben pelear.
Por las vertientes abajo
los moros llorando van,
tiraban todos las armas
para clemencia implorar» (29).

LOS ROMANCES POSTERIORES

Siquiera a modo de apéndice, nos parece imprescindible referirnos a los romances aparecidos en *El Mono Azul* tras liquidar la sección fija del Romancero. Ya hemos aventurado las posibles razones de esta liquidación, reafirmadas en la decreciente calidad e intensidad de los romances. Sigue, naturalmente, en pie, y lo seguirá por muchos años, aun después de la derrota, una gran poesía de la guerra civil española, reflejando la distinta relación de los poetas con los hechos presentes y pasados. Pero su sentido ya es otro. Ya es el poeta quien cuenta, contrariamente a lo que sucedió en los primeros meses, en los que tan decisivamente gravitaba una experiencia, un temblor, colectivos, de los que el poeta sólo quería ser portavoz.

En el conjunto de números posteriores a la publicación regular del *Romancero de la Guerra Civil* sólo encontraremos 55 poemas, lo que ya supone, con independencia de la merma de espacio que significó para *El Mono Azul* encuadrarse dentro del formato de *La Voz*, una considerable disminución de la atención prestada a la poesía en la primera etapa. De esos 55 poemas, algunos son simple reproducción de lo que había nacido fuera de los estímulos y los cauces de *El Mono Azul*, aunque siempre ligados, bien a la guerra española, como es el caso de «Gloria del pueblo en armas», de Pablo Neruda, bien a la lucha internacional por una sociedad más justa, como sería el caso de las colaboraciones de Nicolás Guillén y Langston Hughes. Otros, dedicados directamente a situaciones y personajes del campo revolucionario, quizá deban definirse —y no sólo por no utilizar la métrica del romance—

(29) *El Mono Azul*, núm. 7, 8-10-36, págs. 4 y 5.

mucho antes como la «poesía de guerra» de unos cuantos poetas, que como parte del *Romancero de la Guerra Civil*. Son poemas, a veces extraordinarios, como algunos de Rafael Alberti, de Miguel Hernández, de Neruda, de Huidobro o de Luis Cernuda, que deben ser estudiados desde la singular poética de sus autores, por más que reflejen una conmoción general. En un caso se da la trágica circunstancia de que poco después de publicar un poema, «A los héroes caídos para siempre», aparece la noticia de la muerte de su autor, José Ramón Alonso.

Afines al espíritu del primitivo *Romancero de la Guerra Civil* figuran hasta un total de 19 poemas, más el titulado «La última voluntad del Duque de Alba», aparecido en el número 2 y reproducido, fuera de toda sección, en el 14. El simple intento de agrupar por temas esos diecinueve romances nos descubre la evolución de la guerra. Aparecen, en efecto, al margen del cambio de tono en el tratamiento de los distintos temas que antes señalábamos, nuevas realidades, que se reflejan en los versos que Rivas Panedas (en octubre del 37) dedica a la Unión Soviética, o en el grupo de romances que se refieren específicamente al tiempo de guerra transcurrido. Volvamos a la división convencional que antes proponíamos y veamos los resultados:

A. *Romances dedicados a las hazañas del Ejército Popular*

Por lo pronto, la figura del miliciano ha sido sustituida por la del soldado, la de las Milicias Populares por la del Ejército del Pueblo. Además, el curso de la guerra ha ido mermando las posibilidades de esta temática. No porque las hazañas no existan, sino porque, frente a la crudeza implacable de los partes militares, quizá resultaría ingenua y hasta contraproducente su exaltación. Odas a Líster, al Campesino o a Modesto sí hay. Pero se adivina en ellas más el deseo de robustecer su autoridad que de cantar sus victorias.

Sólo un romance entra claramente en este apartado; es el escrito por Antonio Aparicio (julio del 37), delegado de cultura en la Brigada que protagonizó la acción glosada en el poema. Se titula «Conquista de Quijorna por los soldados del Campesino»:

«Viene desde Extremadura
con un recuerdo de hambre
y un corazón de rebelde
que por el pecho le sale,
porque el pecho, con ser ancho,
no basta para guardarle.
....
Campesino entró en el pueblo
con sus cuatro comandantes.
Los caminos de los cerros
se llenaron de cobardes,
con el aliento perdido
para poder escaparse.
Así conquistó Quijorna
el gran Valentín González,
por apodo «El Campesino»
y extremeño por su sangre» (30).

El pueblo tenía ya sus héroes, sus jefes y quienes los cantaban.

B. *Romances dedicados a ensalzar, de un modo general, el espíritu combativo del pueblo*

Son mucho más retóricos que los correspondientes del primer período. Existe una literatura arengatoria cotidiana que, muy lógicamente, se va convirtiendo en lugar común. Cuatro romances podrían ser colocados en este apartado. De ellos, dos dedicados a los campesinos, firmados por Antonio Aparicio y Mario Arnold, ambos combatientes, y, por tanto, dotados de esa tensión vital que ya no existe en buena parte de la retaguardia republicana. No es sorprendente, en este sentido, que el único romance a una victoria militar, la toma de Quijorna, lo escribiera un comisario que participó en la acción, ni que sean del mismo Aparicio y de Arnold estos dos buenos romances dedicados al campesinado.

En la breve introducción a «Romance de los campesinos», Aparicio nos habla de la creciente incorporación a las trincheras de los hombres salidos de los rincones «sin voz en el mapa».

«Campesinos son mis camaradas —añade—, y en los duros combates librados junto a las aguas del Jarama, los campesinos españoles, hechos a subir los más resueltos picos de la sierra, subieron, enfrentándose con la lluvia

(30) *El Mono Azul*, núm. 25, 22-7-37.

de plomo, hasta donde funcionaban las manos y las ametralladoras alemanas.»

«Compañeros de los montes
y camaradas del llano,
ponen el pie sobre ellos
y clavan como el arado
el fusil sobre la tierra,
hiriéndola y avanzando.»

Sin embargo, lo que en el 36 hubiera sido un canto al campesino anónimo, tiene ahora, además, el nombre de un jefe:

«Va delante de nosotros
para señalar el paso
que hacia los triunfos conduce,
un hombre hecho de rayos,
como el rayo, decidido,
y como el rayo, abrasado.
Valentín, que pone el ojo
sobre el terreno poblado
por cañones enemigos
y no se rinde al descanso
hasta que ve victoriosas
las armas de sus soldados» (31).

En el caso de Mario Arnold, cuyo romance está dedicado «A mi gran camarada, el comandante Carlos J. Contreras, con admiración y un abrazo», el jefe es Enrique Líster:

«Caminan por la llanura
con las hoces a la espalda
y el fusil, tímidamente,
roba caprichos al alba.
«¡Son los soldados de Líster!»
—dice un eco, mientras cantan—;
y sus pasos ya se pierden
entre las mieses doradas.
Pero Líster va delante;
le llama el campo; le llama
porque es preciso que gane
la mejor de sus batallas» (32).

En «Romance de Zurbano Ramos», de Lorenzo Varela (julio de 1937), cada verso es el eco de un pensamiento monolítico, acuñado por los doce meses de guerra:

«A golpes de corazón,
a martillazos severos,

(31) *El Mono Azul*, núm. 16, 1-5-37, pág. 7.
(32) *El Mono Azul*, núm. 28, 12-8-37.

España canta sangrando,
cumple con fuerza su sueño.
El brazo de la pasión
abraza todos los pechos,
el pulso español levanta
su libertad en el viento» (33).

Y en cuanto a «El hombre del momento», de Moreno Villa, publicado a finales de noviembre del 36, justamente en la época en que desaparece la sección fija del Romancero, pese a encontrarse ligado de modo directo a un episodio de la guerra —la defensa de Madrid—, repite conceptos y sentimientos que, en torno al «miliciano desconocido», habían sido ya acuñados en el propio Romancero:

«Botas fuertes, manta recia,
fusil, pistola; es el hombre.
Barba hirsuta, barba intensa,
salivas e imprecaciones,
pisar duro, mirar fijo,
dormir vestido: es el hombre.
Es el hombre del momento.
No se ve más que este hombre,
la calle, trenes, portales,
bajo lluvias, bajo soles,
entre sillas derrumbadas
y fenecidos faroles,
entre papeles mugrientos
que el cierzo invernizo corre.
Toda la ciudad es suya» (34).
....

C. *Romances satíricos en los que se ridiculiza al enemigo*

Este es el apartado que acusa con más nitidez la marcha de los acontecimientos. El titulado «Lidia de Mola en Madrid», de Antonio Aparicio, se publicó en el número del 12 de noviembre de 1936. Iba recuadrado en primera página, junto a un editorial que, evidentemente, proponía un nuevo estilo y un nuevo modo de abordar la guerra. El editorial declaraba:

«Madrid es en estas horas lo que debe ser: un campamento.»

---

(33) *El Mono Azul*, núm. 26, 29-7-37.
(34) *El Mono Azul*, núm. 14, 26-11-36, pág. 4.

Y postulaba la «crítica implacable de los propios defectos», dentro de un espíritu de disciplina y de realismo. A su lado, el romance se dirigía a Mola en estos términos:

«Embiste, Mola, si puedes,
si es que aún te quedan fuerzas,
desde el morrillo hasta el rabo
para moverte siquiera.
....
Embiste, Mola, si puedes,
Rusia nos mira y espera
verte clavar los hocicos
contra la amarilla tierra.
....
Tu tumba será Madrid;
tu muerte ya tiene fechas,
carteles por las esquinas
lo gritan con grandes letras.
....
Como el mulo, como el buey,
morirás rodilla en tierra.
No harán falta los estoques
ni las graciosas maneras.
Con la puntilla en la mano,
Madrid, valiente, te espera.»

No, no era ese el tono —y el vecino texto editorial era un ejemplo— que la guerra iba imponiendo. En el número del 26 de noviembre, o sea, dos semanas después, en un artículo sin firma, titulado «Por el camino de la victoria», podía leerse:

«Mientras el enemigo esté a las puertas de la capital, el peligro de ésta sigue siendo, de todos modos, inminente. Un día desfortunado, un revés en la lucha, que cualquier ejército lo tiene, puede tener graves consecuencias, y por eso las fuerzas que defienden Madrid no se pueden permitir ni el menor descuido. »

En otras palabras: el curso de la guerra ponía en evidencia la frivolidad de mucha poesía satírica, cuya eficacia momentánea quedaba después ampliamente contrarrestada. Poco a poco, se dejó de «insultar» al enemigo y se procuró juzgarlo.

De los romances posteriores al cierre de la sección, aparte del ya citado de Aparicio, sólo uno podría entrar claramente en este apartado; y, significativamente, se presenta como un «Romance anónimo del siglo XX». Se titula «Las cuatro letras de Burgos», y combina el insulto generalizado con la referencia concreta a moros, italianos y alemanes:

«A las seis letras de Burgos
les han salido otras cuatro;
cuatro letras repartidas
en cuatro casas de trato.»

Inútil decir que las cuatro letras corresponden a la palabra «puta», y que el falso romanceador anónimo utiliza cada una de ellas para ordenar su desahogo. Así:

«Para la tercera casa
se juntan los italianos,
porque su letra es la T,
la letra del toreados» (35).

Por aquel entonces se estaba poniendo en pie el Teatro de Arte y Propaganda, dispuesto a llevar adelante una tarea educadora, de la que, sin duda, también era destinatario el anónimo poeta. «Las cuatro letras de Burgos» es un documento que ayuda a entender la desesperación de muchos hombres de la Alianza ante el foso entre el protagonismo combatiente de las clases populares y la pervivencia cultural de muchos elementos castradores.

D. *Romances dedicados a los muertos en la lucha*

De los cuatro poemas «posteriores» —en realidad, uno no es un romance— publicados en *El Mono Azul* sobre este tema, al margen del Romancero, uno es la reproducción del que en CNT, firmado por Antonio Agraz, apareció dedicado a la muerte de Durruti. En realidad, se trata de un romance perfectamente asimilable a los que, dentro de la sección del Romancero, fueron dedicados a los «héroes de Madrid», incluido el que Luis Pérez Infante escribió con el mismo tema. El romance de Agraz conserva el temblor de los primeros meses de lucha, agrandado por el dolor ante la muerte de quien ya era una figura legendaria:

«¡Ha muerto Buenaventura!
Por la mañana acabó.
Peleaba como bueno
y como bueno cayó.

(35) *El Mono Azul*, núm. 31, 2-9-37.

Una bala mercenaria
del ejército traidor
le abatió en el verde césped,
que de rojo se tiñó.
....
¡Ay, valles de Estrechoquinto,
cimas de Montearagón,
altas montañas de Caspe,
vegas de Bujaraloz!
¡Ay, tierras de Cataluña,
que Durruti defendió!
¡Se acabó vuestro valiente!
¡Se fue vuestro luchador!
Vino a defender Madrid,
y Madrid se lo tragó» (36).

Ninguna referencia, ni aun remota, a las especulaciones que luego se han hecho sobre la muerte de Durruti y la identidad ideológica de su ejecutor. El romance, publicado en el órgano del anarquismo, acepta la que fue tesis «oficial».

En esa misma línea emotiva, nacida del dolor sincero de ver morir a quien era tenida por un símbolo de vitalidad y de energía, está el romance dedicado a Gerda Taro, el personaje que mereció los textos quizá más conmovedores de la publicación de la Alianza. En el número del 29 de julio del 37, Salas Viu escribía unas desgarradoras líneas bajo el título de «Gerda Taró, nuestra camarada, ha muerto». Entre otras cosas, decía:

«Trabajaba de una manera intensa. Había estado en el avance de nuestras tropas sobre la Granja, Guadarrama, la Universitaria, en todos nuestros frentes de Madrid. Ultimamente iba a diario a Brunete, a Quijorna, a Villanueva de la Cañada. Allí estuvo —saltando entre los trozos de metralla con su trípode a cuestas, su máquina al costado— al día siguiente de entrar los soldados de la República en estos pueblos, y allí la sorprendió una muerte que supo esquivar tantas veces... Te recuerdo, ahora que ya no existes entre nosotros, Gerda, cuando, cansados de todo un día de trabajo, de luchar cada uno con sus armas y en su puesto por nuestra causa, nos reuníamos de noche, después de la cena, en nuestra Alianza, junto a la radio, varios camaradas, y sentados en el suelo contábamos los viejos romances de «Don Bueso», o el de la pérdida de Alhama, en espera de los partes de guerra...»

---

(36) *El Mono Azul, núm.* 14, 26-11-36, pág. 4.

Dos semanas después, en el número del 12 de agosto, venía un texto de Córdova Iturburu, remitido desde París:

«Veo alzar el puño a obreros y estudiantes, veo mujeres que se signan, veo pañuelos que secan lágrimas furtivas, veo caras que se arrugan en el doloroso rictus del sollozo, veo el homenaje conmovedor de algún rostro de mujer gastado por las noches. Entre esa doble fila emocionada y emocionante, silenciosa, vamos nosotros, silenciosos también, escritores, artistas, obreros, camaradas, detrás del pequeño ataúd de Gerda Taro, la pequeña fotógrafo de «Ce Soir», la arriesgada amiga de los soldados españoles, la incomparable compañera de la Alianza de Intelectuales de Madrid, la que cantaba con nosotros, en su español vacilante, las hermosas canciones de la guerra» (37).

En el mismo número, Luis Pérez Infante publicaba, «A Gerda Taro, muerta en el frente de Brunete». La métrica no era la del romance, pero el poema, aureolado por el dolor colectivo y el recuerdo de la fotógrafo —nacimiento en Rumania, juventud en París y muerte en Brunete— no sólo respondía a lo que fue un día el espíritu del Romancero de la guerra civil, sino que, en cierto modo, lo depuraba, como si la larga lista de camaradas muertos, el recuerdo de tantos rostros definitivamente desaparecidos, prestara a la muerte de Gerda Taró todo el peso de la historia. Se acababa el tiempo de cantar a los héroes con músicas de victoria. La guerra no iba bien y la muerte había dejado de ser un término ideológico para irse convirtiendo en una demoledora experiencia cotidiana.

Acépteseme que, por una vez, no haya respetado el presupuesto de la métrica. Pero la figura de Gerda Taró pertenece absolutamente a los héroes del Romancero.

De noviembre del 37, es un romance, sin firma, «Homenaje a los héroes caídos en el Sollube», que exalta la resistencia de las fuerzas vascas en sus cumbres.

«¡Sollube, ya no eres monte
porque te eleve la tierra;
ya eres monte de pasión,
ahora el arrojo te eleva!
¡Los bravos soldados vascos
te dan dos naturalezas;
la de renombrado monte
y monte de la pelea!» (38).

(37) *El Mono Azul*, núm. 28, 12-8-37.
(38) *El Mono Azul*, núm. 41, 18-11-37.

De muy poco después es un romance de Manuel Altolaguirre, el poeta que apareciera más veces en el censo del Romancero. Su nuevo poema se titula, «Romance del fusilado», y está dedicado a Antonio Rodríguez Moñino. El tono, si lo comparamos con los textos anteriores de Altolaguirre, acusa un sensible cambio. El poeta es ahora más elegíaco, mojada la pluma en una experiencia (estamos ya en diciembre del 37) distinta a la que prometían los primeros días revolucionarios:

«Frondas de luto cobijan
con cipreses de alto sueño
el muro verdoso y lívido,
lugar del fusilamiento.
No quiero decir los nombres
de los mártires del pueblo;
están de pie, son fantasmas,
símbolos, claros espejos;
tampoco quiero decir
nada de los que tuvieron
la misión de darles muerte
al sonar la voz de fuego.
Pero a quien quiero nombrar
con mis mejores acentos
es a Esteban Ruiz, soldado
de inolvidable recuerdo» (39).

La hazaña de Esteban Ruiz consistió en que, formando parte de un pelotón de fusileros facciosos, se negó a disparar contra los obreros. Condenado a su vez a muerte por ello, y colocado ante el cuadro de soldados:

«No le quisieron matar
ni un disparo fue certero.
A su lado, heroicamente,
otras víctimas cayeron.
Ningún soldado atendió
nuevas órdenes de fuego.
Como nadie lo mataba,
un desalmado sargento
las balas de su revólver
le hundió en la frente y el pecho.
Murió Esteban Ruiz. Murió;
pero dio vida a su pueblo.»

El esquema es el de siempre. Héroe que muere. Y supervivencia en los camaradas, que sentirán incrementado

(39) *El Mono Azul*, núm. 42, 2-12-37.

su valor al saberse «habitados» por el caído. Pero, esta vez, aun siendo tradicional la concepción —su acción interna— del romance, es, sin duda, distinto el clima, mucho más cerrado, como si le faltara aire, si lo comparamos con los que merecieron los primeros héroes. Y es que la muerte ha dejado de ser, definitivamente, una gloria, un sacrificio, para adquirir su dimensión escueta de tragedia.

Durruti y Gerda Taro, cada uno en su papel, son aún dos figuras llenas de luz, cuyo entierro conmueve las calles de Barcelona y de París. Los vascos del Sollube, o este Esteban Ruiz, recordado por Altolaguirre, forman parte de ese censo incalculable de los que mueren en «operaciones de trámite» y reciben el burocrático honor de ser recordados en los monumentos y en los homenajes al soldado desconocido.

E. *Romances dedicados a la defensa de Madrid*

No hay duda de que la defensa de Madrid constituye la más brillante página político-militar del campo republicano. El cerco llegó a ser agobiante y la ciudad vivió muchos meses al alcance de los cañones enemigos, entre grandes privaciones materiales y con la sicosis colectiva de saber que en cualquier momento podía desencadenarse —como, de hecho, ocurrió en algunos barrios— la lucha casa por casa, o, como sucedió en la Universitaria, piso por piso.

Ahora bien, la historia del Madrid republicano acusa varias etapas bien definidas. Está, primero, el entusiasmo de la toma del Cuartel de la Montaña y del afianzamiento de las Milicias Populares. Viene luego la preocupación por la caída de los diversos frentes, que culmina con la llegada de los «nacionales» —dueños de Leganés, Alcorcón, de parte de la Universitaria y de la Casa de Campo— hasta el mismo Manzanares. En inminente peligro de ser ocupada, el 7 de noviembre de 1936, los milicianos, con el apoyo de las Brigadas Internacionales, consiguen rechazar al enemigo. A partir de entonces, se produce una increíble estabilización del frente. Del centro de Madrid a la primera línea de fuego se va en unos minutos, pese a lo cual la vida de la capital se organiza. Funcionan los teatros, los cines y los bares, con las limitaciones materiales que la situación impone. Si, tras la euforia incontrolada de las primeras semanas, la lucha de noviembre obligó —como decía un editorial de *El Mono Azul*— a transformar Madrid en un campamento, la estabilización de la línea del Manzanares introdujo en la capital una relajación de la que hay abundantes testimonios en la prensa republicana de la época y, por supuesto, en la misma publicación de la Alianza, cuando, por ejemplo, arremete contra la irresponsabilidad y mediocridad de los escenarios madrileños y postula la labor del Teatro de Arte y Propaganda.

Es, pues, natural, que si Madrid sigue siendo la plaza irrenunciable, el testimonio de que las fuerzas republicanas pueden resistir el ataque «nacionalista» —no olvidemos el valor estratégico del «resistir es vencer», tanto por lo que presuponía de plazo para organizar un Ejército Popular, lógicamente inexistente el 18 de julio, como por la previsible inserción de la guerra española en la futura e inevitable Guerra Mundial—, se tienda a conservar la imagen de un Madrid heroico a toda costa. La misma idea de establecer un paralelo Numancia-Madrid, tal y como quiere Rafael Alberti al presentar en el Teatro de Arte y Propaganda su adaptación de la obra de Cervantes, no deja de contener una dimensión contradictoria. ¿Cómo imaginar a los numantinos entregados a espectáculos banales en pleno cerco, hasta el punto de que se hiciera necesario preparar un drama que les recordara su papel heroico?

Madrid se convierte en un «tema necesario». Ganada por los milicianos, defendida en el invierno del 36, sigue generando una literatura que, a menudo, ya no brota de la realidad madrileña cotidiana, sino de la necesidad de conservar y subrayar —de capitalizar, diríamos ahora— el valor político y militar de la defensa.

Así, a finales de octubre del 37, José Rivas Panedas firma el romance titulado «Madrid necesita un canto», inimaginable un año atrás, cuando Madrid era el tema, directo o indirecto, de tantos romances y canciones de guerra. Lo que Rivas quería era que se cantara la resistencia cotidiana, a la que, como se ve, no le salían ya los romances:

«Madrid necesita un canto
que no seré yo quien cante,
porque mi voz es pequeña
y el canto, como él, es grande.
El canto precisaría
a su modelo ajustarse,
como se ajusta el rumor
al serio mar que lo hace.

Un canto de cantar solo,
sin adjetivos ni frases,
igual que la resistencia
del pueblo, igual que la sangre
serena de la ciudad
a los diarios embates» (40).

En el número del 18 de noviembre, sólo tres semanas después de la demanda de Rivas Panedas, iba un romance de Rafael Morales, «Madrid de carne y de piedra», que tal vez aspiraba a ser la respuesta:

«Madrid de ventanas rotas,
Madrid de ventanas ciegas,
como un puño te levantas
en medio de la pelea;
puño que nunca se baja
es puño que tiene fuerza.
Tienes regadas tus calles,
tus pisos, tus azoteas,
de sangre roja y caliente
de un pecho que no se seca;
sangre que riega tus calles,
sangre que riega tus piedras,
entre casas derruidas
y destrozadas cabezas
de suaves niños rientes
y madres que los parieran
..................» (41).

No importa que, apenas dos semanas atrás, para conmemorar el primer aniversario de la batalla de noviembre del 36 —adelantando ligeramente la celebración, para ligarla con el XX aniversario de la Revolución de Octubre—, en *El Mono Azul* se volviese a publicar la letra de «Madrid, qué bien resistes» y se dedicasen dos recuadros a recordar los nombres de Francisco Pérez Mateo y Emiliano Barral, escultores y miembros de la Alianza, caídos, respectivamente, en Carabanchel y en Usera, defendiendo Madrid. Lo que un día fue muerte y romance escrito al filo de la batalla era ahora conmemoración. Conmemoración dramática, porque los facciosos seguían en las puertas de Madrid; pero conmemoración al fin y romance hecho con la memoria de once meses de asedio y bombardeo.

---

(40) *El Mono Azul*, núm. 38, 28-10-37.
(41) *El Mono Azul*, núm. 41, 18-11-37.

G. *Romances dedicados a los moros*

Desaparecido el tema del «frío de la Sierra», que incluíamos en un apartado especial, tanto porque el Ejército republicano estaba efectivamente mejor equipado, como porque aludir al frío del soldado hubiera sido la negación de lo que era una consigna confortadora de la resistencia —el constante mejoramiento material del Ejército Popular—, nos referiremos a un romance aparecido en el número 12 de noviembre del 36, es decir, en el primero que prescinde de la sección fija y amplia del Romancero.

El romance se titula, «El moro engañado» y liga perfectamente con los tres que comentábamos en el apartado G) de los publicados dentro de la sección. Su autor, Emilio Prados, substituye radicalmente la visión indiscriminada del moro «enemigo» por la del «pueblo engañado por la oligarquía». El poeta incita al moro a luchar por la independencia de su patria:

«¡Que se burlan de tí, hermano!
Mira al que tanto te ofrece
y recordarás la cara
de al que tanto dolor debes.
Vuélvete al Africa, moro,
pero el fusil no lo dejes
y el ardor de la pelea
guarda en tu sangre caliente,
mira que en tu tierra luchan
y luchan por razón fuerte:
Luchan por la libertad
tus hijos y tus mujeres,
por libertarte una tierra
que cautiverio padece
muchos años ya en las manos
del que hoy comprarte pretende.
Mira moro, mira moro,
ya tu kabila se enciende
y entre gritos y banderas
sus cadenas se desprenden.
Tú no eres cobarde, moro,
que bien sabes defenderte.
Vuélvete a tu tierra y lucha
contra los perros infieles,
no es justo que la abandones
sólo a los seres más débiles,
mientras que a tus enemigos,
sin tú saberlo, defiendes» (42).

(42) *El Mono Azul*, núm. 12, 12-11-36, pág. 4.

Decididamente, la visión inicial de los moros se ha modificado. Siguien siendo peligrosos enemigos, extranjeros encuadrados en el Ejército «sedicioso»; pero el tratamiento peyorativo, y hasta un poco racista, a que lo sometían las irritadas plumas y la «vox populi», va siendo sustituido por una visión más realista y más exacta.

H. *Un tema nuevo: los romances derivados de la prolongación de la guerra*

En agosto del 37 se publican dos romances, «Un año de guerra», de Antonio Aparicio, y «España quiere ser libre», de Mínimo. El de Aparicio es ya un canto a la resistencia más que a la victoria. De la jactancia ingenua con que el poeta pregonaba la «Lidia de Mola en Madrid», hemos pasado al recuento de los doce meses de sangre; del romance con aire de tanguillo gaditano al verbo bronco y grandilocuente:

«Estalló aquel dieciocho,
pasó agosto con sus mieses
y vino octubre, seguido
de la sangre que en noviembre
enrojeció de heroismo
las piedras de muchos puentes.
Cayeron miles y miles,
y esa sangre que se extiende,
alrededor de Madrid
hace que Madrid se quede
siempre corazón de España,
triunfante y español siempre» (43).

No es difícil, por lo demás, advertir la pérdida de frescura. El impulso del romance es ahora menos cordial. Se trata de conmemorar una efemérides y de recordar, como señalábamos, el valor de la defensa de Madrid en el conjunto de la guerra.

Más retórico es aún el romance titulado, «España quiere ser libre», ajustado estrictamente a la pauta ideológica. Donde dice España podía ponerse el nombre de cualquier otro país en trance revolucionario; y, por supuesto, el romance hubiera podido brotar en cualquiera de nuestras grandes conmociones decimonónicas:

«Nubes pardas, nubes negras
cubren el cielo de España;

(43) *El Mono Azul*, núm. 30, 26-8-37.

su sol, ardiente, lo ocultan
nubes negras, nubes pardas,
y allá por oriente, asoma
una aurora ensangrentada
como símbolo de un pueblo
que tiene fe en el mañana,
porque es un pueblo viril
que ya no quiere ser paria
y antes de vivir esclavo
sabrá morir por su causa» (44).

Y un tema nuevo, del que dan fe diversas piezas del teatro de urgencia, y que tiene también su romance: el tema del «bulo», de la noticia que inventa o agranda las derrotas del campo republicano, con la consecuente incidencia desmoralizadora sobre la retaguardia. Si Queipo de Llano fue inicialmente, por sus charlas de radio Sevilla, el objetivo individualizado y preciso de la ofensiva —necesariamente verbal, puesto que verbal era también el ataque— de varios escritores antifascistas, ahora «el enemigo» se situaba, con peligrosa imprecisión, en la propia retaguardia. Hasta el punto de que Max Aub —según comentamos más ampliamente en el capítulo correspondiente— llegaba a proclamar, a través de un personaje de cierta obrita de urgencia, que la vieja que soportaba las colas de la compra sin murmuraciones críticas estaba haciendo algo positivo «para ganar la guerra».

El tema del bulo aparece en un romance de Emilio Prados, escrito en noviembre del 36, cuando, en el momento más duro de la defensa de Madrid, se hacía necesario repeler una serie de acusaciones, engendradas quizá desde el campo faccioso, pero ya con amplia resonancia en la Quinta Columna, entre quienes sufrían la depuración republicana y entre muchos indecisos. Porque, en otro caso, ¿qué sentido hubiera tenido «rechazar los cargos» en una publicación destinada a circular en el campo antifascista?

«Digan que nuestra justicia
es terror o mal deseo;
que ningún calor humano
arde en nuestro sentimiento.
Digan que sembramos llanto
y odio sólo recogemos;
que las mujeres y niños
nos huyen como al veneno.

---

(44) *El Mono Azul*, núm. 30, 26-8-37.

Digan que tronchamos trigo;
que las cosechas perdemos;
que sólo sembramos hambre
y dolor para el invierno.
....
Si ahora a la justicia temen,
si ante su vuelo severo
se aterrorizan sus noches
y se atirantan sus nervios,
sepan que nunca buscamos
que se alzara este momento
de ceño arrugado y duro
y mano firme y sin miedo.
Sepan que paz y trabajo
buscaba tan sólo el pueblo;
pan seguro y sin temores,
hermandad y claro cielo.
¡Su negra soberbia ha alzado
lo que hoy les ahuyenta el sueño!» (45).

En el mismo número, las recomendaciones de la Alianza para protegerse de «los aviones que lanzan bombas», tienen al pie esta especie de consigna general: «Cuidado con los sembradores de alarma. La cobardía se parece mucho a la traición».

El tema iría ganando peso con el curso de los meses.

I. *Homenaje a la Unión Soviética*

La guerra sitúa al Frente Popular ante un grave problema interno. De un lado, parece evidente que la unión de sus distintas fuerzas constituye un supuesto fundamental de la victoria. Del otro, cada una de estas fuerzas tiene su concepto específico de la revolución y teme que esa posible victoria del Frente Popular sea aprovechada por las demás. El apoyo de la URSS entraña, sin duda, un refuerzo de la línea comunista, a la que corresponde la segunda y más larga de las etapas de *El Mono Azul.* Si las fricciones con los anarquistas sólo aparecen indirectamente —en las condenas del «espontaneísmo», en la definición del núcleo que debe dirigir la Revolución, o, en otro orden de cosas, en la programación de «La tragedia optimista», por el Teatro de Arte y Propaganda—, la condena del trotskysmo, cuya concreción española, el POUM, fue un día admitida en el Frente Popular, es tajante y reiterada. En

(45) *El Mono Azul*, núm. 13, 19-11-36, pág. 4.

ese cuadro, singularmente nítido en la conmemoración de la Revolución de Octubre, se inscribe el inequívoco romance de José Rivas Panedas, que empieza:

«Eres, Unión Soviética,
adelanto de un sueño.
Eres canción abierta,
Rosa en el Mundo seco.
Eres la bella cita
de los pasos seguros.
Voladora semilla
que da lejos su fruto.
Eres el sol en vela,
mejor que el verdadero,
que alumbra las viviendas
grises de los obreros.
Eres la estrella roja
que encendida nos guía» (46).

Naturalmente, había versos mucho mejores sobre el mismo tema, firmados por Cernuda, Alberti o Aragon. Pero el entusiasmo y la visión de la URSS eran los mismos. Era la hora en que María Teresa León evocaba emocionadamente su breve encuentro con Máximo Gorki. Y Bergamín condenaba a André Gide, amigo de la República y reputado antifascista, por haber escrito un libro lleno de reproches tras un viaje a Rusia...

En mayo del 37, aparecía en *El Mono Azul* un texto que comparaba la función histórica del corrido mejicano con la de nuestro romancero de la guerra civil, verdaderas crónicas colectivas de las correspondientes revoluciones. Sin embargo, aun siendo afines por las motivaciones de su nacimiento, el corrido mejicano y los romances españoles tienen, o han tenido durante años, una resonancia muy distinta. En el comentario de *El Mono Azul*, se decía:

«Se oyen cantar (los corridos), que, si no la revolución conseguida, un partido político de izquierda en el Gobierno deja a los obreros narrar en octosílabos y cantar en guitarra sus huelgas y reivindicaciones.»

La Revolución de Zapata fue, seguramente, traicionada por la Revolución de Carranza. Pero, en todo caso, los Gobiernos que han seguido a la Revolución —en tantos aspectos abortada— nunca han abjurado de ella, aceptando estos o aquellos aspectos, manipulando estas o aquellas

---

(46) *El Mono Azul*, núm. 39, 4-11-37.

conquistas, sin, por tanto, condenar los corridos nacidos al calor de lo que se asume como gesta nacional. Frente a ese destino —yo he visto contar en el parque de Chapultepec de Méjico la historia de Zapata al filo de los corridos, ante una amplia audiencia popular—, ¡qué amargo no ha sido, al menos durante años, el de nuestro Romancero de la Guerra Civil! Durante cuarenta años aquí nadie ha podido publicar ni decir el Romancero. Sus héroes, las horas apretadas entre sus versos, sus grandes palabras, sus entusiasmos, sus temblores y también sus ingenuidades, fueron sepultados en esa inmensa fosa común sobre la que algunos quisieron reconstruir retóricamente las columnas del imperio.

Más aún: el Romancero tiene mucho de literatura irrecuperable. De literatura patética, que es necesario enfriar en nuestras manos, sabiendo que con ello no traicionamos a quienes proclamaron el horror a la guerra. Bien mirado, el Romancero no es sólo un extraordinario testimonio de la Guerra Civil, ni una suma de voces y recuerdos que merecen el respeto, sino una comunicación emocional que nos conduce al grito brechtiano sobre las desdichas del pueblo que aún necesita héroes. Desdichada España. Aunque ahí estén, para alimentar la serenidad, las palabras con que Rafael Alberti, brioso romanceador y cronista de guerra, regresó a su tierra tras tantos años de exilio: «Salí con el puño cerrado y vuelvo con la mano tendida».

V

EL TEATRO

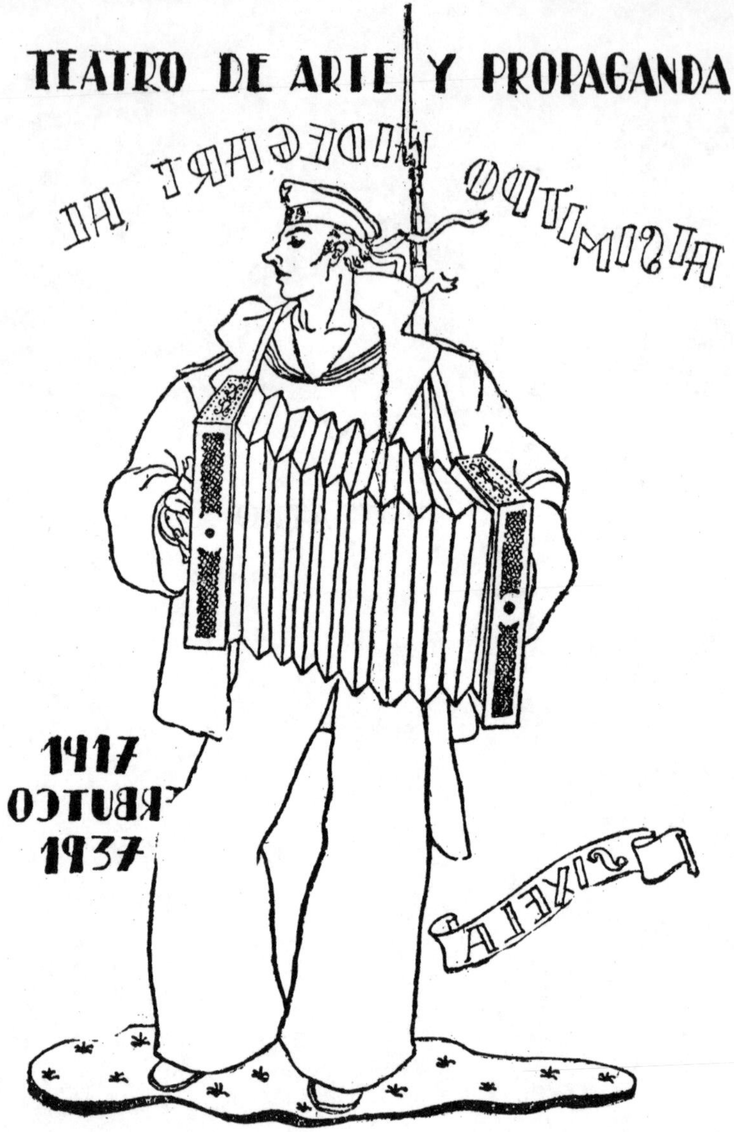

TEATRO DE ARTE Y PROPAGANDA

LA TRAGEDIA OPTIMISTA

1917
OCTUBRE
1937

ALEXIS

Cuando estalló la guerra civil, España contaba ya con una teoría que no aceptaba los términos habituales de nuestra escena. Si, entre los del 98, Baroja, tras ensayar la aventura teatral —e incluso de proponer un texto, a mi modo de ver, tan lleno de posibilidades como «El horroroso crimen de Peñaranda del Campo», entre otros que, pese a su forma dramática, son más para leer—, le había vuelto rápidamente la espalda, escamado por la mediocridad reinante, los intentos de Valle, de Unamuno, y, en menor escala, de Azorín, habían creado un «cuerpo dramático», un repertorio, que, al margen de las características y posibles valores de cada obra en prticular, disonaba muy positivamente en su conjunto dentro del teatro español de su tiempo. Pero, además, entre los hombres del 98 se dio también una aproximación al teatro que no se limitaba a contemplarlo como género literario, como un instrumento del que pudieran valerse en tanto que escritores, sino como un «hecho» social del que ocuparse con mayor o menor asiduidad. Así, Baroja fue crítico durante una temporada, diciendo sagacísimas verdades en un tono de irónica perplejidad; Azorín comentó muchos fenómenos teatrales, aunque la documentación y agudeza de sus reflexiones se vieran afectadas por ese zig-zag ideológico que define su larga trayectoria de escritor. Y los dos, Azorín y Baroja, tomaron parte «activa» en el resonante éxito de la *Electra*, de Galdós, el primer gran renovador de la moderna escena española. En cuanto a Valle, si sus pronunciamientos sobre el teatro fueron escasos, no dejaron de ser contundentes, mientras su producción iba desde la relativa sumisión a los modelos imperantes a la inigualada rebelión de sus esperpentos. ¿Y cómo no recordar la oposición permanente de Unamuno a la escena de su tiempo, expresada tanto a través de la poética de sus dramas como de ese puñado de artículos que culminan en *La regeneración del teatro español?* ¿Y acaso no hay en el Benavente de *El teatro del pueblo*, una serie de demandas que luego se encargaría él mismo de defraudar? ¿Y no plantea Antonio Machado, a través de Juan de Mairena, una crítica de la escena española, tal vez no corroborada en las obras por el papel preponderante que en ellas debió tomar su hermano Manuel?

Habría, pues, que dejar esbozada esta premisa. Cuando el 98 —y me permito remitir al lector a *El teatro del 98 frente a la sociedad española*, publicado en la editorial Cátedra, en el que intento analizar el tema con amplitud— se alza contra una concepción anacrónica de la historia de España y se plantea la necesidad de alumbrar y fomentar la presencia de nuestra intrahistoria, una de sus exigencias consiste precisamente en desvelar la tragedia enmascarada de la vida española. Si luego, el paso de los años va mellando el filo de algunos de estos escritores —cosa que, desde luego, no podría decirse de Valle ni de Antonio Machado—, el valor crítico de sus trabajos de juventud y madurez permanece, dejando en pie las bases de una nueva concepción del teatro y de su función social. La advocación que la Generación hizo de Larra no hace sino ahondar en los orígenes de su demanda.

Por lo demás, un hecho resulta patente. Mientras en los escenarios son celebradas por el público obras que la crítica exigente considera deleznables en la mayor parte de los casos, las piezas de estos autores apenas se estrenan, se quedan en la representación de «una noche y gracias» —como escribió amargamente don Ramón— o no se representan en absoluto. Fenómeno que sólo puede explicarse a partir de una consideración socioeconómica y política: que al teatro acude una sola clase social, cuyos intereses no coinciden con los del «pueblo español», entendido en su totalidad. De donde se llega a la conclusión de que sólo la conquista de «otro público», la presencia en las salas de una «representación» real de «toda» la sociedad española podría probar si quienes escriben contando con «toda ella» son o no buenos dramaturgos.

Bien se ve que esta petición de Unamuno nos lleva de inmediato a un debate político. Porque las clases sociales están determinadas por un nivel económico, y éste, según explicarán los marxistas, por el lugar ocupado en las relaciones de producción. La idea de la lucha de clases modelará muy pronto, se declare o no explícitamente, una nueva visión del problema. Si la realidad opone unas clases a otras, si las que llamamos clases populares padecen en el disfrute de la cultura —que no es sólo el hecho de recibir, sino principalmente, la actividad de expresarse y de crear— la correlación de su situación socieconómica, las posibles respuestas al problema se clarifican. De un lado estará el teatro que defiende el orden existente, ya sea ponderando sus ventajas, ya sea declarando todos los males fatales e irremediables. Es decir, y sin necesidad de hacer declaración alguna al respecto, eliminando de los dramas cualquier relación entre las desventuras de sus personajes y las modificables circunstancias sociales en que viven. Del otro, el que, alzándose ante ese mismo público burgués, se esfuerza en explorar la vida del hombre sin ocultar la génesis de sus desdichas; lo que equivale, aun sin ánimo político alguno, a mostrar tanto los orígenes invencibles de las mismas —la vejez, la muerte, la angustia existencial...—, como sus raíces en la singularidad personal, en la intervención de factores fortuitos... o en la gravitación del orden social, con el peso de sus instituciones, de sus privilegios y de sus injusticias.

Afuera, un tanto quiméricamente, quedaba en pie un posible teatro «para los que no iban al teatro», para los que sufrían la historia, a través del cual quedaba expresado el carácter mudable del orden social y la consiguiente raíz de muchas de sus desventuras. Un teatro del que, inicialmente, y en el mejor de los casos, cabía imaginarlos como destinatarios ocasionales, pero del que algún día —recreado por ellos— habrían de ser protagonistas como una expresión más de sus conquistas sociales. La paradoja, desesperante, era obvia. Cuando se hablaba de «teatro popular» se hablaba de una entelequia, de un teatro en el que las minorías burguesas progresistas defendían los intereses políticos del pueblo, a través de formas dramáticas, muchas veces nacidas de la sedimentación de lo que un día fueron o eran todavía expresiones populares, pero ofrecidas y enmarcadas en el ámbito social y cultural de la pequeña burguesía.

En la Generación del 27 hubo dos grandes protagonistas de este drama cultural y político. Los dos, andaluces y amigos entrañables, cuya obra se halla indisolublemente ligada, pese a la distinta personalidad de cada uno, por haber intentado responder al mismo interrogante. Son Federico García Lorca y Rafael Alberti, dos autores recibidos inicialmente con recelo en los «medios teatrales» —a Santiago Ontañón y a Rafael Alberti les he oído contar la desgana, y aun la mal disimulada burla, con que los viejos cómicos y directores de compañía acogieron las primeras lecturas teatrales de Federico—, juzgados las más de las veces con dureza por la prensa conservadora, aunque a Federico le acompañara casi desde el principio el aplauso de un sector liberal que compartía sus preocupaciones y Alberti tuviera siempre a su favor la resonancia y aun el saludable escándalo de sus estrenos.

Los dos estrenaron antes de proclamarse la II República. Los dos buscaron en los viejos cancioneros una norma que les ayudara a descubrir la comunicación popular. A los dos les interesó desde muy pronto la posibilidad de un «teatro para la calle», sujeto al grafismo rico y esquemático del guiñol o el pliego de cordel. Para el guiñol escribió Federico su teatro de títeres; del pliego de cordel sacó Alberti su «Fermín Galán». Había que buscar en las formas populares los caminos por donde escapar de los cerrados y confortables locales, en los cuales celebraba la burguesía sus ceremonias del poder. Había que andar entre las gentes del Albaicín o los trabajadores del Puerto de Santa María; pero en el corazón de los dos poetas vivían también Góngora y Juan Ramón Jiménez. Es decir, el pulso que le dictaba a Federico su *Poema en Nueva York*, sus Casidas y Gacelas, y el que le llevaba al *Romancero gitano* o a cantar la muerte de «Mariana Pineda», heroína liberal y personaje evocado en los corros de su infancia granadina. Como en Rafael convivían el autor de *Sobre los Angeles*, y el que se proclamó «Poeta en la calle», el de *El hombre deshabitado* y el que pintó el pasquín «Fermín Galán».

La República significó para ambos una mayor posibilidad de definirse, una posibilidad de acción. Federico encontró en «La Barraca» un cauce preciso. La teoría se hacía práctica y el teatro se alzaba verdaderamente ante los públicos populares. La experiencia fue muy breve —el triunfo de las derechas en el 34, muy lógicamente, la truncó— y quizá no llegó a sortear ciertas dosis de populismo y aun de «excursión» cultural de un grupo universitario. Aun así, las declaraciones del propio Lorca, cuanto se escribió sobre «La Barraca» y la innegable resonancia del experimento, prueban que la iniciativa se inscribía dentro de una marea histórica totalmente favorable. Más aún: yo creo que la personalidad de Lorca como «hombre de teatro», revelada en buena parte a través de «La Barraca», es, en ese campo, lo más estimable que hemos tenido nunca, aunque aquí no se haya estudiado ni valorado adecuadamente, ya sea porque la atención de nuestros estudiosos no suele sobrepasar los niveles de la literatura dramática, ya sea porque sus dramas y sus versos acaban ocultando su labor y su reflexión escénicas, ya sea, siquiera como factor adicional, porque su asesinato lo eleva a la categoría de mito. Condición ésta que se compagina mejor con el recuerdo de sus estrenos o con la lectura de sus poemas que con el trabajo, la observación, el análisis de la situación teatral, la capacidad organizadora, la dirección de los ensayos, la selección de un repertorio, la adaptación de un clásico, las agudas autocríticas y aun esa búsqueda incesante de una poética coral, que distinguieron a Federico.

Paralelamente, Alberti asumió una opción claramente política. Del 30 era ya su «Elegía cívica», que suponía un paso decisivo en el camino que le llevaría a la militancia comunista. El primero de junio del 31, fresca aún la proclamación de la República, estrenaba su «Fermín Galán», «romance de ciego» destinado a exaltar la sublevación de Jaca. Ese mismo año viajaba a la URSS, sorprendiéndole, de regreso, en Alemania, el incendio del Reichtag. En el 34 fundaba con María Teresa León la revista «Octubre», y asistía en Moscú al I Congreso de Escritores Soviéticos. En su ausencia se desencadenaba la rebelión de Asturias, por la que tomaba partido, no pudiendo regresar a España hasta la caída de Gil Robles y el acceso al poder del Gobierno de Portela Valladares. En el 34 describía piezas breves de carácter propagandístico. En el 36 colaboraba activamente en la campaña del Frente Popular...

Es, pues, una trayectoria de escritor militante, que no significa exactamente lo mismo que la de un militante escritor. De su infancia andaluza —en una sociedad de grandes terratenientes, de fuertes firmas bodegueras y miserias populares—, de su educación en el Colegio de Jesuitas del Puerto de Santa María, del fanatismo religioso de su medio familiar, el escritor extrae un impetuoso caudal crítico, que el contraste entre la vitalidad del paisaje y la enclaustración impuesta por la vieja moral —ese será el tema de una de sus obras posteriores y más importantes, *El Adefesio*— no hace más que exacerbar. En la vida y en la obra de Alberti entra, pues, el compromiso político como un hecho totalmente lógico, potenciando su línea creadora, dándole una salida de la crisis expresada en *Sobre los ángeles,* señalándole un destino a su obra de escritor. Su presencia en Alemania, justamente el año en que asciende la estrella de Hitler y se proclama la República española, sanciona su función histórica, su papel de intelectual antifascista, al lado de tantos otros, comunistas o no, que ven en el III Reich y en el régimen de Mussolini un peligro para el mundo. No se trata, pues, de un escritor constreñido por la militancia, sino de alguien que se siente libre dentro de ella y que dentro de ella escribirá, sin importarle la ortodoxia, lo que solicite su personal inserción en los acontecimientos históricos.

Del 33 es esta declaración de Alberti:

«La burguesía española tiene el teatro que se merece. Todo lo que hoy no se haga buscando en el espíritu popular, en los anhelos de las grandes masas, no ofrece interés, según mi criterio. Claro que —como es lógico— los empresarios no van a montar obras que minan el régimen económico en que se mueven.»

La contradicción que antes señalábamos aparece, pues, explicada. En la misma entrevista, al citarle el periodista el título de «Santa Casilda», una de sus obras temporalmente perdidas, Alberti es aun más rotundo:

«Esta obra ya no me interesa. La escribí hace cuatro años. ¿Para qué estrenarla si no responde a mi clima actual? Cuando la escribí era el tema lo que me atrajo. En épocas de transición, como la nuestra, entre una cultura que acaba y otra que empieza, los temas más dispares tiran de nuestros sentidos. Junto a mi «Elegía cívica», surgió «Santa Casilda». Pero si se logra fijar una posición, está uno salvado para siempre. Yo creo que he encontrado la ruta de mi obra» (1).

En cierto modo, la posición de Alberti se situaba «un paso más adelante» que la de Lorca. Aunque nos quedáramos sin saber, a la vista del contenido de sus últimas entrevistas, qué hubiera acabado haciendo Federico de no

---

(1) Publicado en *El Imparcial* el 23 de abril de 1933, Madrid. Recogido por Marrast en *Prosas encontradas, 1924-1942,* Ayuso Editorial, pág. 237.

ser asesinado. Por lo pronto, este hecho sería ya un dato —un doloroso y patético dato— de la dimensión que iba tomando su figura, expresada con toda nitidez, antes del 18 de julio, en las agresivas críticas dispensadas a «Yerma» por los diarios conservadores madrileños.

En una entrevista hecha a Federico, éste se muestra disconforme con los trazos de poeta militante ostentados por Alberti. Los viajes del escritor a Moscú y sus elogios a la URSS le suenan tal vez al granadino a traición a la poesía, a amenazas contra la libertad y la gracia de Rafael. Sin embargo, antes de pasar mucho tiempo, el propio Lorca expresó, en otras declaraciones, el respeto que la obra y la actitud de Rafael le merecían (2).

De 1932 era un artículo de Alberti en el que, tras elogiar a una compañía francesa que andaba haciendo farsas por su país, concluía:

«Como sé que en estos momentos cierto sector de alegres e inteligentes universitarios españoles, al frente del gran pipirigallesco Federico García Lorca, construye su «barraca» para precipitarse a los caminos, quiero decirle que ya por los de Francia, aprovechando fiestas, domingos y vacaciones, otro grupo de compañeros, entusiastas del aire y de las más puras formas del teatro, anda desde un año divirtiendo y educando a las buenas gentes de las barriadas parisienses, de las provincias y de los pueblos. Y como ya se sabe que el sino de los cómicos es siempre caminar, caminar hacia los cuatro vientos, puede ser que pronto, en la revuelta más inesperada, se encuentren todos algún día. Y entonces, el gruñón don Cristóbal de la Cachiporra, estoy seguro, pondrá un hermoso par de banderillas sobre el magro morrillo del astuto abogado «Maitre Pierre Pathelin». Y aquí quemo yo mi traca/ en honor de "La Barraca"» (3).

Existían, pues, profundos acuerdos entre Federico y Rafael. Y cabe pensar que, más allá de temporales alejamientos, siempre fomentados y aprovechados por envidiosos y escritores de tercera fila, si Federico no se hubiera ido a Granada en julio del 36, su proceso político

---

(2) La entrevista en que Federico juzgó desfavorablemente a Alberti —«luego de su viaje a Rusia, ha vuelto comunista, y ya no hace poesía aunque él lo crea, sino mala literatura de periódico»— apareció en *La Mañana,* de León, en agosto del 33. Sin embargo, en el 35, declaró: «Aparte de la admiración que siempre sentí por el poeta, ahora me inspira un gran respeto.»

(3) Publicado en *El Sol* el 20 de enero de 1932, Madrid. Recogido por Marrast en el libro citado, págs. 88 a 92.

se habría radicalizado, incorporándose sin dilación a la Alianza de Intelectuales Antifascistas y sumando su nombre a los Congresos, a las páginas del Romancero de la Guerra Civil y a la dramaturgia de urgencia. El hecho de que, siendo tan distintas *La casa de Bernarda Alba* y *El Adefesio,* sean tan afines, testimonia que los dos encararon con el mismo sentimiento la represión que gravitaba sobre la vida andaluza. El que fuera Margarita Xirgu la actriz que alentó a los dos, que estrenó en España la mayor parte de sus obras y aun en Buenos Aires las dos anteriormente citadas —encarnando los personajes de Gorgo y de Bernarda— aproxima más y más a estas dos grandes figuras de las letras.

A la noche de la «golfa» de «Yerma» en Madrid —esa representación que entonces solía hacerse, un día cualquiera, tras la función de la noche, para que los demás actores pudieran ver la obra— pertenecen unas lúcidas palabras de Lorca que, llegada la hora de fundamentar su necesidad, de esgrimir las razones sociales y políticas de su nacimiento, el que se llamó Teatro de Arte y Propaganda, dirigido por María Teresa León, alentado por Alberti, se apresuró a publicar. ¿Y cómo no recordar la consternación sincera, los trabajos y poemas —encabezados por los de Machado y Alberti— que provocó en el campo republicano el asesinato del escritor?

Cierto que Lorca y Alberti no lo eran todo. Que tras ellos había llegado Miguel Hernández, poeta extraordinario, hombre del pueblo, combatiente, y, también, esforzado en crear una obra teatral. Que habían aparecido asimismo una serie de grupos de teatro universitario, como es el caso de «El Búho», de Valencia, dirigido por Max Aub, otros ligados a iniciativas de carácter político, como el Teatro de la Escuela Nueva de Madrid, dirigido durante algún tiempo por Rivas Cheriff, o a la curiosidad y la cultura de un clan familiar, según el ejemplo de «El mirlo blanco», de los Baroja...

La izquierda quería otra España y quería otro teatro. Pero la cartelera de Madrid y las liquidaciones de la Sociedad de Autores daba fe del alcance minoritario de los logros. Sólo «La Barraca» y las «Misiones Pedagógicas» —que incluían el teatro, bajo la dirección de Casona, hombre de instinto teatral, pero de una sensibilidad estetizante que le arrastraba con frecuencia al populismo— intentaban realmente dirigirse a ese «otro público», señalar el carácter «cultural» del teatro, sacarlo del circuito a que su condición mercantil le condenaba, mostrar que su vinculación a la pequeña burguesía ni había existido siempre ni tenía por qué ser eterna, despertar, en fin, la idea de que en el teatro también podía oírse, también se había oído alguna vez la voz del pueblo.

Nuestro aparato teatral —nuestros cómicos, nuestros empresarios, la mayor parte de nuestros críticos, nuestros públicos habituales— se negaba a aceptarlo. Eso eran cosas de las revistas literarias, de los universitarios, de las minorías intelectuales. El teatro era el feudo de una clase. Y, por eso, cuando Gil Robles subió al poder se cortaron las subvenciones a «La Barraca» y Alberti hubo de esperar en el extranjero a que pasara el temporal.

Dejar el teatro en las manos de quienes ya lo tenían era aceptar lo «natural», por estar así establecido en perfecta correlación con el orden socioeconómico. Luchar por sacarlo de esa apropiación equivalía a introducir un factor de subversión social, una petición de incalculables alcances —so pretexto tan inocente como el de la cultura— políticos y económicos. Máxime cuando no se trataba sólo, tal y como muchos años después harían los Festivales de España, de permitir al pueblo que aplaudiese el «gran teatro de los señores», sino de llegar a que fuese ese mismo pueblo quien subiera al escenario.

El 18 de julio no hizo sino precipitar la cuestión. Ese llamado pueblo se había puesto un gorro de miliciano y evitado que más de media España cayera en manos de los militares sublevados. Los sindicatos, los partidos correspondientes, tenían, al menos en teoría, todo el poder. Suyo era, pues, el teatro. Se trataba de saber cómo. El pacto que había permitido la azarosa existencia de «La Barraca» o de las «Misiones Pedagógicas» se había roto solemne y sangrientamente. Cada una de las partes contratantes había elegido su campo. En el republicano, Rafael Alberti era la máxima autoridad teatral, por su obra de escritor, por su ejecutoria y porque Federico García Lorca había sido fusilado.

LA ALIANZA Y EL TEATRO

Cuando llegó el mes de julio, a la Alianza le dieron el poder cultural por el que muchos de sus miembros, entre ellos Alberti, tanto habían batallado. Parecía el momento de llevar a la práctica muchas de las peticiones hasta entonces irrealizables. El pueblo estaba en armas, y para ese pueblo, alguna vez defendido, pero siempre ausente —¿quién se hubiera atrevido a decir, por ejemplo, que una parte de los milicianos había ido, cinco años antes, al Español a ver el «Fermín Galán»?—, sin necesidad de pactar ya con el público tradicional, había que levantar el teatro.

Y aquí reaparecería el viejo problema, por más que ahora pudiera afrontarse de modo más firme. Era el problema del analfabetismo, o, en términos menos graves, del alejamiento que el orden dominante había establecido secularmente entre el cultivo de las artes y la vida de las clases populares. La necesidad de sobrevivir, las dramáticas circunstancias de la guerra, la lucha en los frentes, iban, poco a poco, tras el desbordado ímpetu inicial, dando a esas clases una conciencia política, un espíritu de disciplina, una creciente voluntad dialéctica, aunque nunca faltaran quienes vieran en ella —tal vez porque exigía la unión y el mando únicos— una traición a los incontrolados días iniciales. Pero de lo que pudiéramos calificar de conciencia ideológica y aun de acción específicamente política —y más aún en el definido marco de una guerra civil— a una expresión cultural consecuente hay un largo trecho. Y esto es así porque cuando se conforma la ideología en la mente de un individuo o de un grupo, subsiste, donde el análisis no consigue ser correcto, en la memoria emocional y en los impulsos del subconsciente, una herencia incontrolada, más decisoria en el comportamiento y «peso social» de ese individuo o de ese grupo que las palabras o los gestos escolásticamente emanados de aquella ideología.

El pueblo tenía, pues, el poder. Al menos, en teoría, pero esto no suponía que tuviera un teatro. Llenar ese vacío, tender el puente, era el deber de la Alianza. Si La Barraca, en la etapa demoliberal, protegida por las corrientes socialistas, había podido realizar una labor «educativa», ahora, con el Frente Popular en el gobierno, cantada a todas horas la grandeza del pueblo español, su coraje y su papel en la lucha de todos los oprimidos del mundo, lo que había que hacer era muchísimo más. Recordemos la frase de Quiroga Pla:

«Los intelectuales sintieron que todo lo que valía algo era pueblo.»

O a Bergamín, proclamando con orgullo el carácter simbólico, humanista, del «mono azul» que vestían los obreros, con el cual titularon los intelectuales su revista. O esa frase de Malraux que aparecía en uno de sus números:

«La cultura no se transmite, se conquista.»

Y tantos y tantos pronunciamientos que se multiplicaron en el mismo sentido...

¿Qué hacer? ¿Cómo contribuir a que se cumpla esa exigencia? Porque si es verdad que los obreros están en el poder, también lo es que hay discrepancias entre los partidos y las hay entre los sindicatos, que la necesidad de ganar la guerra relega a segundo término lo que al obrero combatiente deben parecerle disquisiciones intelectuales, que el miedo y el oportunismo han «enrojecido» muchas plumas antes satisfechas, que todo el cuerpo teatral —las tradiciones, los actores, los locales, los críticos...— está impregnado de un sentido que seguirá latente por mucho tiempo, aunque la mente, de modo explícito, lo niegue. A Rafael Alberti, por su puesto en la Alianza y por su militancia, le ha tocado tal vez el papel más difícil. Porque debe probar, en un plazo absolutamente insuficiente, breve, terrible, que el pueblo puede, a tiro de cañones enemigos, tener «su teatro».

UN JUICIO SEVERO

En el número 45 de *El Mono Azul*, en mayo de 1938, publica José Luis Salado —crítico teatral de *La Voz*, nombrado director cuando comenzó la guerra, exiliado luego a Moscú, donde murió tras una labor de traductor— un largo artículo titulado «La guerra y el pan de los currinches», en el que fustiga implacablemente la situación en que se encuentra la escena madrileña. Al margen de la personalidad nada «quinta columnista» de Salado, la publicación de su comentario en la revista de la Alianza tiene un singular interés, por cuanto ello implica que sus puntos de vista eran compartidos por quienes, desde ella, habían lanzado primero a Nueva Escena, luego organizado el Teatro de Arte y Propaganda y, finalmente, impulsado las guerrillas teatrales.

De todo ello hablaremos con detalle, pero me ha parecido que, ya en el punto a que habíamos llegado, lo mejor era dar un salto hasta el juicio del director de *La Voz,* escrito cuando aquellas iniciativas teatrales de la Alianza se habían proyectado sobre la escena madrileña. Y he pensado que era lo mejor, porque así como el estudio de las terribles carteleras de la época republicana descubre el espejismo producido por la existencia de una interesante producción literaria, enclaustrada, salvo unas pocas excepciones —entre las que, nuevamente, tendríamos que hablar de García Lorca y de La Barraca—, en libros y representaciones únicas o de muy escaso alcance, así también la transcripción de «La guerra y el pan de los currinches» —que así se titula el artículo de Salado— nos pone a cubierto de cualquier interpretación triunfalista de los logros alcanzados. Es decir, nos descubre que si se produjeron varias iniciativas de enorme interés, éstas chocaron contra la mediocridad cultural y el profundo carácter reaccionario del teatro español cotidiano. Carácter que, incluso en hora tan agitada como la guerra civil, se impuso, para desesperación de quienes hubieran querido que la relación entre revolución y teatro fuera coherente y sabían que se necesitaba un largo plazo para lograrlo.

Pero copiemos ya, sin miedo a la longitud de la cita, el artículo de Salado:

«Hay espectadores que se han preguntado más de una vez: ¿Y qué tipo de teatro se haría en España durante la primera Guerra de la Independencia? Los textos de la época —más atentos a lo bélico que a lo teatral— no sólo no contestan a la pregunta, sino que ni siquiera insinúan el modo de hallar la respuesta. Reconstituir exactamente el teatro español del tiempo de Manuela Malasaña y del Alcalde de Móstoles es una labor difícil. Lo es incluso para los ratones de biblioteca más pacientes. Hay, sí, un indicio interesante: durante uno de los sitios de Zaragoza se representó «La Numancia». Rafael Alberti lo cuenta en el prólogo de su versión de la obra cervantina, que no es —como se ha complacido en afirmar, venenosamente, la nutrida sucursal de la «quinta columna» que tiene su domicilio en los camerinos teatrales— una obra derrotista, sino una obra «victorista», si se puede decir así: un canto cálido y esperanzado al heroísmo de todo un pueblo que no muere. Que al cabo de los años se haya vuelto a representar «La Numancia» a dos kilómetros de las trincheras en que quedó clavado el nuevo invasor, quiere decir que estamos hoy, efectivamente, en una segunda Guerra de la Independencia. Pero no quiere decir —el matiz tiene su sentido— que todo nuestro teatro de hoy sea, ni muchísimo menos, «La Numancia». Al contrario: «La Numancia» es una excepción dentro de nuestra escena, y una excepción —las cosas como son— que no ha sido comprendida. Ni estimada siquiera por los cómicos indolentes que añoran voluptuosamente los tiempos del papiruseo. En general, nuestro teatro —no me refiero ahora sólo a los cómicos: me refiero también a los autores— se ha colocado de espaldas a la guerra monstruosa que tenemos planteada. Añejas reposiciones de cuando teníamos doce años —estando demostrado, véase el ejemplo de «Chateau Margot», que se puede armonizar discretamente lo retrospectivo con lo irónico—, obras de autores que no habrían estrenado jamás sin la insospechada ayuda de Franco; todo un estilo de teatro no sólo contrarrevolucionario, sino incluso antirrepublicano. Las alusiones a figuras que están hoy ametrallándonos desde el otro lado de España figuran en el orden del día de nuestro más descolorido teatro cómico. Se sigue diciendo en los escenarios madrileños: «¡Tiene más fuerza que Uzcudum!» Y «¡Qué voz! ¡Ni que fuese Fleta!» Y «¡Es más listo que Marañón!» Esto se decía antes del 18 de julio. Y esto se dice hoy. ¿Para qué variar? Los autores —los raros autores que no están emboscados— han optado por encogerse de hombros. Fleta actúa a diario en las «radios» de la facción andaluza; Uzcudum emplea sus puños contra los pobres aldeanos de Euzkadi que no han renunciado a su lengua natal; Marañón remata en aguas de calumnia y de traición una vida que fue digna. ¿Nuestros autores no saben nada de esto? Sí, lo saben. Lo han dicho los periódicos; han hablado de ello las propagandas oficiales. Pero encogerse de hombros hasta ver en qué termina la guerra es más cómodo. Y más prudente. A nuestros autores no les agrada el estilo nuevo de los teatros antifascistas. Empieza por no agradarles el público que acude ahora: muchachitas humildes que pisan por primera vez un patio de butacas; trabajadores, soldados que vienen a Madrid sólo con unas horas de permiso. Ante este público benévolo y conmovido, los cómicos —hay excepciones, por supuesto— hacen mal las comedias. Algunos ni se las aprenden. Los decorados son espantosos. La ropa es vieja. La escena está mal puesta. A veces suena cerca un obús. Es, al mismo tiempo, un trueno y un relámpago. El actor H, al oír la explosión —todavía tintinean con un temblor cantarín todos los vidrios del camerino—, suspende su partida de "parchís" para recordar:

—Pues resulta que sí, que hay una guerra.

Y luego sigue jugando.

Consecuencia: que el teatro, que era un excelente negocio —que lo era cuatro o cinco meses después de la sublevación—, ha dejado ya de serlo. Antes ganaban dinero casi todos los teatros. Ahora no lo gana casi ninguno.

Por no ganarlo, no lo ganan ni los frívolos. El público —el nuevo público— se ha aburrido. O se ha refugiado en los climas más propicios del "cine". Yo comprendo que no es correcto reducir exclusivamente el problema del teatro a sus límites económicos. Pero se ha especulado tanto con la taquilla —dueña y señora—, que ya sería absurdo buscar para la escena otros horizontes más dignos. Además, ¿dónde está el arte —aunque sea por añadidura— en el teatro de hoy? ¿En *Se rifa un hombre?* ¿En *Cuidado con la Paca?* ¿En *Mi compañero el ladrón?* ¿En *Hijas de mi vida?* ¿En *Que me la traigan?* ¿En *El método Gorritz?* ¿En *Olé con olé?* ¿En *Un tío con tragaderas?* ¿En *Consuelo la Trianera?* ¿En *La niña de la Mancha?* ¿En *Las hay frívolas?* (¡Hermoso título!)

Hay, sí, dos o tres espectáculos honestos: *Fuenteovejuna, La madre,* lo que hacen —dentro de una línea general— en el Ascaso... En total, tres espectáculos dignos —y alguno de ellos podría ser discutido— para los veinte teatros que hay ahora abiertos en Madrid. El balance —que nadie podrá tachar de pesimista: me he limitado a copiar la cartelera— no es precisamente muy consolador. Pero, ¿podía ser más brillante? Sí, podría serlo con un criterio revolucionario del teatro. Ahora bien: lo revolucionario no supone que haya que recurrir cada dos por tres al chin-chin patriotero. Para salvar el teatro habría que dar una vuelta completa, un viraje de lo más rotundo. Habría que empezar por suprimir todas las rémoras tradicionales. La vanidad y la rutina —los dos males clásicos de nuestro teatro, que es, frente al buen teatro del mundo, un teatro ciego, manco, cojo y sordo— no nos sirven hoy para nada. No nos han servido nunca. Pero ahora todavía menos. Aunque parezca mentira, aún seguimos con los casilleros al uso. Aunque parezca mentira, aún seguimos con el "yo soy el actor cómico" o el "yo soy la vedette". Por una cabecera de cartel hay actores que cambian de sindicato. Por un reparto se rompe —o se resquebraja cuando menos— la unidad. Fifí Murano devuelve un papel. La Nájera se niega a hacer una rcvista. Manolo Rodríguez —pero ¿quién es Manolo Rodríguez?— se pone a hablar en escena con el público. "Castrito" se sale del papel para recoger el cigarrillo que le ha arrojado un admirador del entresuelo. El "Pastor Poeta" es nuestro O'Neill. El señor Fanárraga (don Agustín) es nuestro Louis Jouvet. En vez de Noel Coward tenemos al "Americano". En el puesto de Marcel Achard está el señor Alvarez (don Angel). Y en el puesto de las grandes parejas del teatro mundial, ¿a quién tenemos nosotros? Pues no tenemos a nadie. El autor que escriba hoy una comedia de galán y dama, ¿en qué teatro de Madrid la estrena? Si a Casona se le ocurriera una segunda edición de *Nuestra Natacha,* ¿quién se la representaría? Casona, para poder vivir hoy, tendría que limitarse a escribir *Se rifa un hombre.* En *Se rifa un hombre* dice un personaje: "Quiero hablar contigo a solas: te espero en el Ateneo." Esto —que además no es nuevo— se dice todas las tardes, de seis a ocho y media, en un teatro de Madrid, cuando media generación salida del Ateneo —¡salud, Gustavo Durán; salud, Tagüeña!— está jugándose la vida en el frente para que los currinches no se queden sin pan...

¿El frente? ¡Ah, sí! Que es verdad que hay una guerra» (4).

La fecha del artículo es desconsoladora. Y el artículo quizá explica mejor la historia de España —incluidos los cuarenta años que vendrían después— que otros solemnes y encendidos trabajos sobre nuestra realidad política. La destrucción de la «quinta columna», el aniquilamiento de esa cuota del ejército enemigo situada en la propia retaguardia —en teoría, cuantos habían votado a la «parte contraria» en las elecciones—, constituyó una de las preocupaciones, resuelta con la crueldad implacable de una guerra civil, de ambos bandos. El artículo de Salado muestra, desconsoladoramente, que los límites del quintacolumnismo son tan vastos como indeterminables, aunque aclara que, llegados a este punto, las pistolas son, por fortuna, inútiles. García Lorca había dicho —y también *El Mono Azul* publicó sus palabras— que el teatro era el «baremo de la salud de un pueblo»; y al periodista de *La Voz* le indignaba que ese fuera el teatro del Madrid republicano. ¿Para qué una guerra si esa era la «salud» del pueblo madrileño? Pregunta que, lejos de alzarse contra la Alianza, la legitima al darle su parte en la tarea de «destruir el fascismo con las armas y la cultura».

Testimonios semejantes al de Salado tenemos muchos. Del director alemán Erwin Piscator, que había llegado a Barcelona con la idea de encontrarse ante un teatro revolucionario, es la conferencia pronunciada el 13 de diciembre del 36 en la capital catalana, dedicada a resumir su profunda decepción. De Max Aub es un artículo titulado «Carta a un actor viejo», incluido en *La Vanguardia* del día 11 de diciembre del 37, en el que, refiriéndose al recién formado Consejo Central del Teatro, escribía:

---

(4) *El Mono Azul*, núm. 45, mayo del 38, pág. 5: «La guerra y el pan de los currinches», por José María Salado.

«Ya sé que entre actores y gente aficionada al tufillo de las tablas anda estos días, de un lado para otro, un tema nuevo: el Consejo Central del Teatro. Y que sus componentes, salvando muy escasas excepciones, entre las cuales no me cuento, no se libran de críticas, pareceres irónicos o conversaciones categóricas, v.g.: "Y ése, ¿qué entiende de lo nuestro?" Vosotros argüiréis que no sabemos de teatro, pero si vosotros sabéis, ¿por qué lo dejasteis en el estado en que estaba antes del 18 de julio de 1936?»

El mismo autor volvía a la carga, en el mismo diario, el 18 de febrero del 38, con un comentario aún más preciso:

«Lo curioso es que, en general, no se ha buscado la dignificación del repertorio en nombre del espectador. Se asegura que éste prefiere lo chabacano. Ahora que las circunstancias son absolutamente propias a depurar de una manera definitiva el repertorio, se objeta que el público prefiere lo vulgar, y lo más extraordinario es que se pretende que lo bueno está reñido con lo entretenido y con la efectividad inmediata.»

Finalmente, desde Valencia, en el número 4 de «Hora de España», Juan Gil Albert se interrogaba:

«¿Habremos de unirnos al coro de los que lamentan la desproporción desmesurada entre la vida española actual y los espectáculos deplorables que se sirven para el solaz de esta misma gente que lucha o que, angustiada, espera?»

La cartelera madrileña del 28 de marzo del 39, con dieciocho teatros abiertos —de los que sólo en dos, con *El Alcalde de Zalamea* y *Los intereses creados*, se salvaban de la revista, del vodevil y el enredo cómico—, sólo podría compararse, en efecto, con la que, haciendo gala del mismo desinterés por lo que sucedía en el país, cerró la temporada del 36, entre las tensiones prologales de la guerra civil.

Esto ayuda a entender el carácter de «ofensiva» con que planteó la Alianza sus programas culturales. El teatro, según veíamos, era un feudo de las clases conservadoras. Su papel de entretenimiento banal y su marginación de los conflictos sociales era obvio. En el teatro, por seguir con el artículo de Salado, «nunca habían sabido que había una guerra»; y, naturalmente, no iban a descubrir la del 36... Era, pues, un territorio que debía ser ocupado.

La breve, dura y apasionante labor teatral de la Alianza es, ante todo, un plan de ocupación. El artículo de Salado, el parte de guerra que revela los escasos avances conseguidos en dos años, cuando ya sólo quedaba uno de supervivencia... ¡Eran tan graves las circunstancias, tantos los problemas, tan breve el plazo!

Dicho lo cual, ya podemos abordar los grandes temas del teatro de guerra, sin miedo a ninguna valoración demagógica y teniendo muy claro que las propuestas de la Alianza se insertan —aun marcadas por las circunstancias excepcionales en que se produjeron— dentro de un vasto debate social y cultural que cubre todo el siglo XX, de Valle a Buero, de La Barraca a nuestro moderno teatro independiente. El debate, inseparable de nuestra evolución, continúa... Porque el pueblo sigue llenando los teatros para oír a Manolo Escobar.

LOS AUTORES

Cuando el 18 de julio obligó a los españoles, al margen de sus acuerdos o discrepancias con el modo específico con que cada parte concretaba su organización política, a elegir entre una de las dos Españas, la respuesta de los autores fue significativa. Muerto Valle poco antes de la sublevación militar, asesinado Lorca en Granada, la elección de la mayor parte de los autores, y en especial de los que triunfaban en los escenarios, fue notablemente distinta a la de los poetas. Mientras Antonio Machado, León Felipe, Miguel Hernández, Rafael Alberti, Vicente Aleixandre, Juan Ramón Jiménez, Cernuda y las grandes voces poéticas de América Latina, capitaneadas por Neruda y Nicolás Guillén, proclamaban su adhesión a la causa republicana, en el censo de los dramaturgos se dio una respuesta situada entre la ambigüedad y la decidida alineación junto al franquismo, salvando unas pocas excepciones. En la ambigüedad estuvieron los que encontraron la forma de cruzar la frontera, para esperar, en París o en Buenos Aires, el desenlace de la guerra, como fue el caso de Carlos Arniches; por el bando nacional optaron Manuel Machado, los hermanos Alvarez Quintero, Pemán, Marquina, Jardiel Poncela y aun otros que, como el joven Miguel Mihura, consiguieron salir de la «zona roja» y pasarse a la «zona nacional»; Muñoz Seca, que había ridiculizado los movimientos obreros, fue asesinado en Paracuellos del Jarama; Unamuno, fiel a su egocéntrica e insobornable personalidad, había recibido el 18 de julio con insultos a Azaña, para el 12 de octubre enfrentarse con Millán Astray. En cuanto a Benavente, andaba, desde Valencia, haciendo declaraciones republicanas, según dijo después, dictadas por el miedo. La verdad es que don Jacinto nunca figuró en la lista de los intelectuales antifascistas; pero su nombre se citó a menudo —quizá porque era un premio Nobel, además de nuestro autor de más éxito— entre los leales a la República. De julio del 38 son las ya comentadas palabras de Benavente, publicadas en *El Mono Azul*, en las que, entre otras cosas, decía:

«Sobrevino la sublevación rebelde y criminal, desencadenando sobre este pueblo, al que tanto quiero, un huracán homicida, cuya violencia es mucho mayor que la de todas las invasiones pasadas juntas. No he titubeado, y desde los primeros días me puse al lado de la víctima, contra el verdugo, y a su lado lucharé hasta el final» (5).

Declaración —entre otras análogas— por la que tuvo un día que humillarse pública y descaradamente ante las tropas vencedoras, sufrir que a su vuelta a los escenarios madrileños los críticos oficiales le trataran despectivamente y aun lo citaran como el autor de *La Malquerida* en lugar de hacerlo por su nombre, y, sobre todo, desgañitarse con una serie de artículos que compensaran sobradamente hacia la derecha cuanto antes había dicho hacia la izquierda.

Si habláramos de los actores, nos encontraríamos con que, frente a Margarita Xirgu o Manolo González, buena parte de los mismos se pronunciaron directa o indirectamente en favor de los sublevados, lo cual es perfectamente lógico, porque, aun «sin meterse en política», tenían muy claro para qué tipo de público habían trabajado siempre. Basta leer la biografía de la Xirgu, comprobar la amplitud de su repertorio —en el que figuran prácticamente todos los autores españoles de su tiempo, incluso quienes pasaban por derechistas— y ver que su simple deseo de estrenar a los más jóvenes y renovadores, entre los que García Lorca y Rafael Alberti ocupaban un destacado lugar, le llevó a convertirse poco menos que en la «actriz roja» del país, para deducir cuál era el nivel político de la mayoría de nuestros actores. Los problemas que Irene López

(5) *El Mono Azul*, núm. 46, julio del 38, pág. 1: «Jacinto Benavente define a la facción».

Heredia, en la Argentina, y María Palou y Felipe Sassone, en el Perú, intentaron crearle en su gira del 36, mediante acusaciones de carácter político, reafirman lo dicho anteriormente. Nuestros actores, salvo el núcleo de las excepciones —núcleo que en buena parte se exiliaría a Méjico en el 39—, pertenecían, clara o tácitamente, al mundo conservador, tenían escasa curiosidad intelectual, y, al que le cogió en Madrid, le interesaba mucho antes hacer papeles lucidos que dar una respuesta profesional acorde con lo que la historia solicitaba.

Si habláramos de directores de escena —aun dentro de la escasa entidad concedida a este menester—, nos encontraríamos con algo parecido. Cierto que en seguida tropezaríamos con alguna excepción, como es el caso de Rivas Cheriff, pero yo no puedo olvidar lo que me contaba Santiago Ontañón acerca de las ideas conservadoras de Felipe Lluch y del importante, aunque secreto papel, que María Teresa León le confió en el Teatro de Arte y Propaganda.

Más adelante recogeremos nuevos testimonios de los problemas planteados en la vida teatral madrileña por la incompetencia de asambleas y comités. Pero era necesario dejar hecha esta reflexión: que si el teatro habitual —¡basta ver la anodina cartelera madrileña en los meses que precedieron al estallido de la guerra civil!— vivía, en tanto que eludía el tratamiento crítico del «status», de espaldas a la historia, que si Lorca había visto cómo la dictadura de Primo de Rivera contribuía a postergar el estreno de su *Mariana Pineda,* aun siendo heroína liberal de otros tiempos, o que si a Margarita Xirgu, ya en plena República, una elegante dama le había dado una bofetada por estrenar el «Fermín Galán», era del todo lógico que la inmensa mayoría de quienes hacían ese teatro participaran de su ideología, de su voluntad —que correspondía a los intereses del público habitual y no, como algunos decían, a la «salvaguarda del arte», a la necesidad de evitar su «contaminación política»— de permanecer al margen de la agitación social.

Esto ayudaría a entender en profundidad el juicio de José Luis Salado y la razón de que los avances fueran tan lentos y costosos. Porque, como veíamos antes, no existía un pueblo dispuesto a hacer del teatro uno de sus medios artísticos de expresión y de comunicación, el conseguirlo suponía la sedimentación de una serie de conquistas políticas, y, además, en el aparato heredado no había mucha gente con la que contar para ir creando esa nueva imagen cultural, responsable, no cifrada únicamente en el éxito de la representación teatral.

Si, en la primavera del 36, García Lorca había denunciado, a la vez, a la sociedad y al teatro españoles, proclamando que éste expresaba la situación de aquélla, carecía de sentido el creer que unos meses de lucha armada podían alterar profundamente la realidad cultural. Ya hemos dicho que, en este orden, los procesos son infinitamente más lentos de cuanto indican los decretos-leyes o los discursos de los líderes. Las consideraciones de Salado cobran así su más grave sentido, por cuanto es toda una concepción de la cultura —y, por tanto, también del teatro—, una historia de la sociedad, lo que es puesto en cuestión. Si antes esa historia y ese teatro habían sido atacados desde los artículos, los ensayos, los dramas y los poemas de unos cuantos escritores, si la letra impresa había podido proclamar, con la libertad que le es propia, la necesidad de una transformación, la guerra civil planteaba, en la práctica, cómo ir construyendo esa nueva sociedad a partir —porque nada empieza en cero— de la que ya se tenía.

Generalmente, el pesimismo es la consecuencia de una previa sobrevaloración subjetiva de las posibilidades reales de un proceso y de los modos —ordinarios o revolucionarios— de incidir en él. Innumerables errores, y aun crímenes, se derivan de esta sustitución del análisis de la realidad y de la consecuente acción política por el voluntarismo dimanante de la pura ideología. En el cuadro de la historia social española y del triste y congruente papel desempeñado en ella por la mayor parte del teatro debe, pues, ser valorado el arte de urgencia. Urgencia que significa, antes que un valor peyorativo frente a un arte reposado, el golpe de mano con que ir ganando posiciones, con que ir modificando, en un perentorio aquí y ahora, el paisaje social. Si Alberti se toma tiempo para escribir *Noche de guerra en el Museo del Prado* y no se lo toma para escribir *Radio Sevilla* es, simplemente, porque en un caso lo tiene y en el otro no, porque en un caso se dirige, abstractamente, a ese conglomerado renovable llamado público, y en el otro a un grupo preciso, en una hora precisa, que necesita su obra como un gozoso instrumento de siembra y de trabajo. Ese es el término exacto. El arte de urgencia fue, sobre todo, un instrumento, cuyas líneas nacían, antes que de la voluntad artística de creación —compatible, como es lógico, con cualquier otra intención o sentido—, de la relación inmediata entre el autor y la materia social que se quería, en momentos decisivos e irrepetibles, modificar.

NUEVA ESCENA

Probablemente, el primer «teatro de urgencia» representado en los frentes de Madrid tuvo por autor y actor único a un mismo personaje, Rafael Alberti. Aunque a veces le acompañó María Teresa León u otros escritores de la Alianza, él fue el más tenaz e impenitente de cuantos se acercaron a los soldados para recitarles sus romances de la guerra civil. Que a Alberti le ha gustado siempre recitar o decir sus poemas es cosa sabida; para ser un poeta de la calle, un «poeta civil», se trata de un requisito perentorio. Así que imaginemos sin ninguna dificultad a nuestro poeta divirtiendo y, a la vez, dando confianza a los bisoños milicianos con su recitado de «El último Duque de Alba» o «Radio Sevilla», quizá después de que el comisario político de la Brigada o el dirigente de algún partido explicara las causas y objetivos de la guerra.

Será, sin embargo, Nueva Escena quien resuma la primera iniciativa específicamente teatral de la Alianza. El grupo es presentado como una «selecta y valiosa compañía, cuyos miembros comparten íntegramente el fervor cultural y político que inspira todas nuestras actividades» (6). Vale la pena detenerse un momento en la afirmación y subrayar esa identificación o complemento entre el «fervor cultural» y el «fervor político», cuando las circunstancias —Madrid, octubre del 36— y el tipo de obras que, según veremos, quiere representarse podría hacernos creer que sólo cuenta el segundo de los fervores. La declaración de que los «miembros de la compañía» comparten los ideales de la Alianza tampoco debe ser leída a la ligera. Presupone —en oposición a la enajenación y la servidumbre del cómico español que antes comentábamos— la afirmación de un tipo de actor que, como le sucedió a Piscator en la guerra del 14, se pregunta por la relación entre su trabajo y la realidad del país en que vive, entre el escenario y la trinchera, entre su vanidad de actor y la vida de las gentes anónimas. Relación que dará pie a una

(6) *El Mono Azul*, núm. 8, 15-10-36, pág. 8.

fecunda corriente en todo el teatro moderno, aunque, a juzgar por el transcrito juicio de Salado, no hiciera precisamente estragos entre los actores del Madrid asediado.

Los proyectos del grupo se definen así:

«Los actores de Nueva Escena están dispuestos a mantener hasta el fin la pureza del designio que nos ha reunido. Queremos anticipar el plan teatral de la Alianza, para que sepa a qué atenerse el público madrileño. La poesía civil tendrá un lugar constante en nuestros programas. Figurará siempre en ellos una pieza dramática de actualidad o que pueda ejercer saludable influjo sobre el pueblo en las presentes circunstancias, y simultáneamente iremos divulgando con el máximo decoro renovadores ejemplos de la más viva literatura dramática. Tendrá, pues, nuestro teatro el doble carácter —poesía y acción— que quiere llevar a todas sus empresas la Alianza de Intelectuales Antifascistas. Nuestra sección teatral cuenta, para mantener en constante actividad la tribuna política del Teatro Español, con la colaboración de los poetas más dispuestos a entregarse sin recelo a los riesgos y exigencias de la improvisación.»

Este plan desembocará, andando el tiempo, en dos actividades diferenciadas, una confiada a las Guerrillas del Teatro, que llevarán a los frentes las obras de «urgencia», y aun pasos y entremeses con los que divertir y educar a la tropa; otra, que culminará en la creación del Teatro de Arte y Propaganda —instalado en La Zarzuela—, donde con buenos actores y medios técnicos adecuados se intentará «mostrar los más vivos ejemplos de la literatura dramática».

Si a la vista de ciertos textos del «teatro de urgencia» —*Los miedosos valientes*, de Antonio Aparicio, pongamos por caso— y de otros que se programaron en La Zarzuela —*El vendedor de Chicago*, de Mark Twain, por ejemplo— uno sospecharía que estamos ante dos caminos alejados entre sí, el «artístico» y el «panfletario», el mismo Teatro de Arte y Propaganda probará, con *La tragedia optimista* y, sobre todo, con *La Numancia*, de Cervantes, en versión de Alberti, que el compromiso estético y el compromiso político pueden y deben ser un mismo compromiso.

Volviendo a Nueva Escena, añadamos que en su texto de presentación se dice también que numerosos autores —Alberti, Altolaguirre, Bergamín, Dieste, Sender, Chabás y otros que aún no podían citarse— estaban «dispuestos a escribir, cuanto menos, un entremés por semana». Y que:

«Las actividades teatrales de la Alianza no terminan en los límites de una sala cubierta. Llegarán a la plaza pública, a los cuarteles, a los pueblecillos. Y un día verán también el vigor, la gracia y la justicia de nuestra sátira públicos hoy perdidos en densas nieblas de mediocridad.»

Esto último era una condena de la realidad teatral a la vez que un claro propósito de transformarla. El final estaba dirigido a los habitantes de las grandes ciudades dominadas por los militares:

«¡Esperadnos, públicos de Burgos, de Sevilla, de Zaragoza! En teatro veréis cuánta salud hay en nuestra razón.»

El 20 de octubre se presentaba Nueva Escena en el Teatro Español. Un largo texto, firmado por A. S. B. —probablemente, Antonio Sánchez Barbudo—, daba cuenta en *El Mono Azul* de la significación del acontecimiento:

«La fecha del 20 de octubre de 1936 será, al menos, la de inauguración oficial de un teatro para el pueblo, un teatro del pueblo como en las mejores épocas, teatro de poetas que toman de la raíz popular, de la base, que es también la cuna de los héroes, los latidos y las preocupaciones más hondas y ofrecen luego esta emoción en cuadros vivos, en composiciones formadas con elementos humanos, que son la vida fingida, la vida otra vez, acotada, y así doblemente enigmática» (7).

Respecto de la función de Nueva Escena —resumen, en realidad, de cuanto pensaban sobre el papel del teatro los responsables de la Alianza—, el texto, de un modo sistemático, establece:

«Nueva Escena tiene actualmente un propósito modesto: quiere servir al interés del momento; animar, divertir, caricaturizar: servir, en suma a la guerra. Mañana, con el recuerdo de esta guerra de hoy, vivirán de nuevo todos los conflictos humanos y también la busca, siempre renovada, de una vida más clara y profunda, una vida mejor aquí en la tierra.

Nueva Escena no quiere ser el marco de un teatro "nuevo", si se le da a esta palabra el sentido frívolo, ya anacrónico, que tenía en los últimos años. Nueva Escena muestra un teatro libre y humano, pero no de falsa especulación. La novedad de Nueva Escena surgirá precisamente de la verdad, de la autenticidad palpitante de sus motivos.

Nueva Escena nace hoy a la vida ilusoria del teatro cuando entre detonaciones se cambia también el marco

(7) *El Mono Azul*, núm. 10, 29-10-36, pág. 8.

y el fondo de nuestra vida real. Ese fondo no sabemos exactamente aún cual es. Entre las obras que presente Nueva Escena, aquéllas que nos ayuden a buscar el alma del mañana serán las que nosotros prefiramos.

Nueva Escena muestra dos mundos en lucha. Surge del drama real de hoy y mira al drama último, al drama purificado y alto de mañana, drama que no se resolverá nunca. Mira al drama, que ahora deja a un lado, pero también a la risa, más alegre aún que esa de la sátira que hoy se nos ofrece. Mira a la risa. Porque con la justicia vendrá la paz y con la paz la fuerza, la inocencia y la alegría.

Nueva Escena ha amanecido con sencillez, oculta bajo el signo de grandeza, aun inexpresada, que ahora vivimos. Hoy saludamos su aparición tímida, pronto quizá celebraremos con ella el esplendor de ese día que ahora se anuncia.»

Frente a la «novedad» del ensayismo frívolo —y ya anacrónico que, según A. S. B., se había producido en los últimos años—, era ahora la «nueva» situación social y política la que planteaba la necesidad de una busca del teatro consecuente. Nueva Escena no muestra un «teatro de especulación»; el fondo de «la vida real» ha cambiado, pero aún no se sabe «cuál es». No estamos —y por eso me permito subrayar este aspecto del texto— ante un grupo de escritores y militantes que tienen claro lo que hay que decir y que definen la realidad desde el plano ideológico. Ese prometido «entremés semanal» que, naturalmente, nunca escribió nadie, hubiera engendrado, de cumplirse las previsiones, un curioso cuerpo dramático, reflejo —como sucede con el *Romancero de la Guerra Civil*— de esa indagación de los nuevos fondos de la vida real, lógicamente marcados por el curso de la contienda y la sacudida política de estructuras, ideas, instituciones y comportamientos.

Leyendo esta «teoría» del teatro revolucionario, esta concepción viva, abierta, de lo que deba entenderse por tal, se reafirma uno en la crítica de los modernos estragos del dogmatismo. La idea de un «teatro de urgencia», escrito en aquellas dramáticas circunstancias, la identificamos hoy con un teatro de consigna, bien amarrado ideológicamente. Los últimos años del franquismo conocieron una serie de farsas políticas de ese tipo, pese a los obstáculos de la censura, en el marco de nuestros grupos independientes. El hecho, aparentemente contradictorio, era posible gracias a una serie de crecientes complicidades, que culminaban en la complicidad fervorosa del espectador, dispuesto a «completar» lo que el drama sólo insinuaba, a dar nombres y rostros concretos a cuanto aparecía en la farsa con cierta abstracción. Frente al profundo maniqueísmo del pensamiento franquista, las respuestas se veían obligadas muchas veces, queriéndolo o no, a ser igualmente maniqueas. El Régimen instauró una especie de prolongación «pacífica» de la guerra, creando unas pésimas condiciones objetivas para el debate y para la autocrítica. Con lo que no sólo destruyó la posibilidad de protagonizar una cultura humanista —a la que el fascismo, por definición, teme—, sino que empobreció la vida y la expresión de sus antagonismos.

No es éste el momento de abordar un tema que necesita mucho espacio, una ordenación sistemática y la referencia documental a las fuentes de los juicios. Pero era imprescindible tocar este punto, en tanto que de él depende el modo de aproximación al que fue «teatro de urgencia». Las palabras de Sánchez Barbudo —que tienen el valor, por aparecer en *El Mono Azul,* de declaración programática de la Alianza— nos aclaran cuál era el espíritu de sus autores. El 18 de julio había formulado una alternativa, y lo que tales autores querían era «servir a la guerra» y «ayudar a buscar el alma del mañana». El talante no era el de líderes, ideólogos o torturados redentores que dialogan sus luminosos mensajes. Era, por el contrario, el de escritores inseguros, que escribían sus piezas de urgencia como el que empieza un nuevo trabajo. Las obras podrán, pues, en muchos casos, leídas hoy, parecer ingenuas, pero rarísimas veces pedantes. La presencia real de la trinchera, los bombardeos, la estrechez material, la agresión multiplicada de la muerte, la suerte adversa de los frentes, los propios errores, la larga resistencia... todo gravita de un modo vivo; y con la misma vida, que no con el sermón ni el refrito libresco, ha de ser afrontado. Así nace Nueva Escena.

La narración de lo sucedido aquel 20 de octubre —que no llamaremos exactamente crítica, puesto que el autor del texto es parte declaradamente interesada— registra el estreno de tres obras, *La llave,* de Ramón J. Sender; *Al amanecer,* de Rafael Dieste, y *Los salvadores de España,* de Rafael Alberti.

Sender, combatiente en el Guadarrama, había publicado días antes un texto en el que, entre otras cosas, decía:

«Ese silencio del Guadarrama es una lección para los días por venir y una sentencia para tanta palabra sin blanco, para tanto gesto excesivo, para tanta alegría sin base y tanto dolor sin grandeza como hay en el pasado de casi todos nosotros.»

Esta voluntad de «pasarse al pueblo», compartida por quienes veían en la guerra el nacimiento de una sociedad que liberaría al escritor del carácter «antipopular» de su profesión, es lo que definía el momento de Sender, de cuya obra *La llave* escribía A. S. B.:

«Es una obra bien trazada, con acusados perfiles satíricos. Un matrimonio burgués, romo, falto de generosidad aun para consigo mismo. Los dos cónyuges son enemigos por egoísmo y avaricia. El persiguió siempre el espectro sangriento del oro, es un usurero; ella, su sórdida mujer. Llegan los mineros a la casa, nobles, valientes, claros de corazón. Contrastan unos con otros. Se necesita algún dinero y se lo piden al avaro; pero éste, puesto en grave apuro, en donde vemos acentuado el humorismo por la interpretación acertada del actor Fuentes, prefiere, antes que entregarla, tragarse la llave mohosa y cargada de negra historia. El avaro muere entre convulsiones, atendido por un médico, que dirige al grupo de mineros, y en el momento último de su vida sólo le obsesiona un pensamiento: la llave. ¡Que no me abran!, exclama. Y este final burlesco, dentro de lo dramático, da carácter y tono a toda la obra, que fue muy bien recibida por el público. Sender, que por hallarse en el frente no pudo presentarse a escena, recibió un cariñoso y prolongado aplauso.»

La primera de las obras —cuyo posible esquematsimo resulta aún más acentuado al tener que resumirla en unas líneas— es, pues, una sátira. No es casual que así empezara Nueva Escena. Porque a lo largo de todo el teatro de urgencia que vendrá después, así como de numerosos romances y relatos, aparece el humor como el elemento que puede unir al hombre «culto» con el pueblo. Este es un trazo que se dio en el teatro político de nuestra guerra y se ha mantenido en el teatro independiente de nuestros días. El escritor teme que muchas de sus preocupaciones no sean compartidas por la mayoría, le inquieta pensar que sus referencias, sus abstracciones, sus asociaciones tácitas, el juego de «complementación» por quien la recibe y reinterpreta, que es propio de toda obra de arte, quedará esta vez en suspenso, fallido, por la distinta realidad social y cultural de él y de su público. Porque, ¿de qué sirve, artísticamente hablando, la solidaridad con el pueblo o la profesión de una ideología que atiende a sus intereses si, a la hora de proponerle un espectáculo, no conseguimos un tipo de comunicación «también» lúdica? ¿Qué sentido tendría un «teatro popular» hecho para que el autor descargase su mala conciencia, se llevara un notable en la asignatura de marxismo y proclamara su deseo de «ser pueblo» y hasta de morir por él? Estas preguntas no son inocentes; muchos espectadores nos las hemos formulado modernamente en más de una ocasión. En todo caso, supongo que los autores más consecuentes del teatro de urgencia también. Por eso han elegido, casi unánimemente, la sátira, buscando en la risa el vínculo de unión con el público, aparte, claro, de su valor crítico y desenmascarador.

En este punto también cabrían, visto el desgaste posterior de la farsa política, una serie de consideraciones, de las que siquiera las fundamentales es imprescindible resumir aquí. Cuando los hombres del 36 satirizan a personajes históricos, a personajes arquetípicos —como sucede en la comedia de Sender— o a los grandes símbolos del orden conservador, ante un público popular, están subvirtiendo el modo como a éste le han solido ser presentados. La sátira entraña entonces una «interpretación» de la historia y del orden social opuesta a la que las clases dominantes proponen como «natural». La sátira es así liberación, pelotazo, carcajada que descubre el origen interesado de los mitos de la sociedad y de la cultura. La risa es, en ese supuesto, un modo de pensar, de descubrir el juego antes encubierto, de afianzar el propio papel en las relaciones sociales, de perder el temeroso respeto a los valores establecidos, y, según es propio del teatro, de compartir gozosamente con los demás tan decisivas conquistas. Pero la «sátira política» también puede ser —y lo ha sido modernamente con demasiada frecuencia, no sólo en España, sino, por ejemplo, en el ámbito del teatro más politizado de América Latina— una «complacencia», el chiste con que un grupo social compensa su impotencia. De antemano se sabe de qué se trata; de antemano están delineadas todas las ideas y se saben los nombres de quienes van a ser sometidos a la chacota pública. El único problema radica, entonces, en la virulencia o ingenio con que se escriba la enésima versión de la obra que cada espectador tiene ya previamente en su cabeza. La risa deja entonces de ser un modo de pensar para reducirse, llanamente, a un modo de insultar al manipulado enemigo, tan inmóvil y malvado a juzgar por su comportamiento dramático, que, la verdad, uno no acaba de entender por qué no se va el público a su casa y le pega dos bofetadas.

De nuevo nos encontramos, pues, ante situaciones distintas, cada una de las cuales entraña su propia y diferenciada relación con un mismo tipo de expresión dramática. Hoy hablar de «farsa política» presupone casi siempre la referencia a la ilustración chistosa y doctrinal de una preestablecida ideología. En el 36, la «sátira política» tenía mucho de audacia, de irreverencia y de aventura, como ha solido tener el humor cuando no ha caído en el estereotipo.

El segundo de los títulos presentados aquel 20 de octubre era *Al amanecer*, de Rafael Dieste, que también dirigió las tres obras que constituían el programa. El hecho de que Dieste hubiera dirigido el Teatro Guiñol de las Misiones Pedagógicas, daba a su nueva tarea de dramaturgo y responsable escénico del programa un matiz de profundización y continuidad en el intento de comunicarse con el público popular. De *Al amanecer* se decía en *El Mono Azul:*

«En la obra de Dieste se puede apreciar que es el trabajo de ocasión hecho a vuela pluma por un excelente y exquisito escritor. El diálogo de *Al amanecer*, muy justo, es, sin embargo, elevado, bien compuesto y en donde se percibe inmediatamente el juego que, aun sin proponérselo, hace siempre el escritor con las palabras cuando para él cada una de ellas va cargada de resonancias. Se acentúa también la nota satírica, la visión humorística que tiene Dieste de todos los personajes que componen la primera parte, expositiva, podríamos decir, de su obra. Dieste, ardido interiormente, se indigna de la villanía; pero su irritación no es infantil, sino serena y sabia, y por eso mismo eficaz. El afán de Dieste de pureza y simplicidad, de fuerza esquílea, lo vemos en el final súbito, arrollador, en la furia encarnada en los milicianos del pueblo, que barren el tinglado odioso y complejo de la traición y el crimen.

La farsa-reportaje, como Dieste llama a su obra, está compuesta basada en un sucedido de la guerra civil. La traición de un oficial que se ofreció a luchar por la República y luego asesinó canallescamente a su jefe y a los milicianos que habían confiado en él cuando éstos se encontraban indefensos. Nosotros vemos en la obra de Dieste la urdimbre de la traición, la traición por dentro, con sus matices, alternativas y caracteres. Hay tres tipos que forman un gracioso y chillón conjunto de cartel, sabiamente dibujado, matizado, sin embargo. El burgués epicúreo y brutal, el teólogo mentiroso, que santifica la vileza, y el militar pedante y bárbaro, vacío de alma y lleno de instintos asesinos. A ellos se une el filósofo del fascismo, amanerado y retórico, que acaricia sólo la fraseología de ideas confusas e importadas, viles en sí mismas o puestas al servicio de algo vil. Es la de Dieste una crítica sutil de la «espiritualidad» fascista. Todos los tipos vanamente afirmativos contrastan con un marqués indeciso, degenerado, viejo, aburrido de su muerta nobleza, faltándole valor para ser noble, aunque percibe a veces que la auténtica nobleza estará quizás con esos gritos que ahora le hieren. Al fin, tristemente, se abandona al crimen, decidido ya sin vacilaciones por los otros, salvo por una mujer, más humana, como él mismo, pero presa dentro de esa red de maldad en que todos, aun sin quererlo, son verdugos.

La decoración se cierra, y al amanecer el crimen se lleva a cabo: suenan los disparos y los gritos de espanto. Han caído muchos obreros, pero otros reaccionaron, y entrando en el palacio, desde donde salieron los tiros, hacen justicia a los traidores. El final, rápido, elemental, es un acierto indudable que conquista y arrebata al público, ya ganado por la fina y bien llevada trama anterior. Dieste recibió un prolongado y entusiástico aplauso.»

El cronista, aun dentro del fervor engendrado por las graves circunstancias —muchas de las cosas que dice S. B. resultan, sin vivirlas, melodramáticas, pero eran por entonces la triste sangre de cada día—, introduce dos o tres precisiones de claro valor crítico. Así cuando, tras referirse al carácter satírico de la obra y a la indignación que movía al autor, añade: «pero su irritación no es infantil, sino serena y sabia, y por eso mismo eficaz». O cuando, más adelante, con el mismo espíritu, declara que se trata de «un gracioso y chillón conjunto de cartel, sabiamente dibujado, matizado sin embargo». Si leemos despacio el comentario, si pensamos en las exigencias de un teatro así, reafirmadas en la alineación nítida de los tipos y en ese «final elemental que arrebata y conquista al público», nos daremos cuenta de la importancia que tienen las distintas apreciaciones sobre las cualidades literarias de la obra y su carácter «matizado».

La calificación de farsa-reportaje nos sitúa también ante otra de las líneas maestras del teatro de urgencia de cualquier lugar. La figura del enemigo se concreta, el acontecer histórico se resume en un episodio determinado, inmediato y de clara significación. Los objetivos perseguidos se acumulan: se informa al público de un hecho, se le dan elementos para la interpretación general de la historia, se satiriza al enemigo y, en su conjunto, se ofrecen al espectador argumentos intelectuales y pasionales para su lucha.

El tercero y último de los títulos del programa fue *Los salvadores de España.* Es, me parece, el comentado con mayor soltura y seguridad, no ya porque Alberti fuera el único probado dramaturgo de la terna, sino también porque tenía ya una personalidad clara y definida de escritor, en función de la cual resultaba relativamente fácil examinar la «ensaladilla». El comentario dice así:

«El talento y la gracia peculiar de Alberti para lo caricaturesco, fuerte, lleno de colorido y brío, de novedad y espectacularidad, nos hacía esperar algo divertido e ingenioso de la "ensaladilla" por él anunciada. Todos reaccionamos con entusiasmo sólo al levantarse el telón y ver el abigarrado conjunto de generales, andalucistas de feria, moros y comparsas presididos por un obispo, al que rodean sacristanes y cañones. Los latines del obispo bendiciendo a italianos, portugueses o alemanes, los tipos ridículos de éstos y sus discursos, dieron motivo a Alberti para que luciera su ingenio y su asombrosa habilidad y gracia en el manejo del trabalenguas. Al final, un desfile brillante de la soldadesca, heroica y bendita bajo una lluvia de rojos claveles, que lanza al lado de unos señoritos borrachos, la mujer de cartel, de españolada, de generales chulos.

La "ensaladilla" de Alberti, puro espectáculo, no es para ser contada; pero fue un acierto indudable que regocijó enormemente al público y no defraudó en nada a los admiradores del gran poeta del pueblo, animador de nuestro teatro grotesco y poeta satírico que enlaza con la mejor tradición popular española de este género. Es preciso destacar el magnífico decorado de Miguel Prieto y la disposición escénica, que contribuyeron al rotundo éxito de este cuadro.

Alberti, que se encontraba en el patio de butacas, fue reconocido y entusiásticamente vitoreado por el público, que al final escuchó con emoción "La Internacional".

La compañía que dirige Rafael Dieste, asesorado por Francisco Fuentes, nombrado por los mismos actores, mostró en todo momento y en conjunto su alta calidad y excelente dirección, a la vez que el empeño de todos por trabajar animosamente en este noble empeño de Nueva Escena. La Brú, Fuentes, Espantaleón, Carmen de los Ríos, Menéndez Arbó, Soto, Armet y todos los demás estuvieron espléndidamente en sus papeles. Muy acertados los decorados de Souto y Ontañón y un gran éxito el de Prieto.

Esperamos que Nueva Escena hará en el Español una campaña brillante por el arte del pueblo, por la elevación espiritual de todos y por la causa de los trabajadores.»

La nota resulta especialmente interesante cuando subraya que la pieza de Alberti, «puro espectáculo, no es para ser contado», y que «no defraudó en nada a los admiradores del gran poeta del pueblo, animador de nuestro teatro grotesco y poeta satírico que enlaza con la mejor tradición popular española de este género». Las dos afirmaciones se oponen a la idea de un teatro sermoneante y programático, en tanto valoran la condición primordial del espectáculo y enraizan la propuesta de Alberti, antes que en la ideología de partido, en una vieja tradición popular, alimentada, eso sí, por las injusticias sociales y por el modo brillante y carnal de denunciarlas, marco donde se inscribe la significación histórica y poética de nuestro escritor comunista y gaditano.

Respecto de la compañía —«cooperativa controlada políticamente por nuestra Alianza, y dirigida en su aspecto artístico por elementos de nuestra Sección Teatral», según se decía en el texto que, días antes, había anunciado el «primer contacto con el pueblo» de Nueva Escena— el comentario de Sánchez Barbudo no puede ser más elogioso.

Paralelamente, y como prueba de que Nueva Escena estaba dispuesta a abarcar diversos aspectos del hecho teatral, se celebraba, en un saloncillo del Español, una exposición de bocetos. Reproducimos el anuncio de la exposición. A los títulos de las obras ya representadas se añadían los de aquellas otras que se pensaban estrenar en breve. Y, muy acorde con el espíritu de la Alianza, se aprovechaba la ocasión para condenar el concepto puramente ornamental del decorado y esquematizar una teoría más rica y consecuente sobre su papel dramático:

«Nueva Escena está formando un cuerpo de escenógrafos para animar el escenario del Teatro Español. Hoy, en un saloncillo del teatro, hay una exposición de bocetos.

Nueva Escena cree que el decorado debe tener en la representación teatral un papel que hasta hoy no se le ha querido conceder. Cuando más, se ha creído que un decorado era un adorno simplemente, un adorno que su más alta misión era misión decorativa. Nueva Escena piensa en una compenetración profunda entre la obra y el decorado. Nueva Escena piensa que la decoración es un personaje más, un personaje que actúa, un personaje vivo, no un tapiz de fondo.

Eduardo Vicente, Miguel Prieto, Ramón Gaya, Arturo Souto y Santiago Ontañón forman, por ahora, este grupo de escenógrafos para Nueva Escena.

Los componentes de este grupo concurren a la primera exposición de Nueva Escena con bocetos de obras ya representadas —*La llave*, de Ramón J. Sender; *Los salvadores de España*, de Rafael Alberti—, o de otras que se representarán en lo sucesivo: una de José Bergamín y otra de Synge; *El gato de Silox*, de Rafael Dieste; *Tamar*, de Tirso, y *El sombrero de tres picos*. Hay también varios bocetos firmados por Burgos, entre ellos, unos para *La tienda de los gestos*, de Lope, y otros para *El dragoncillo*, de Calderón. Juan Antonio Morales presenta dos cosas, muy finas de entonación y de ritmo.

La instalación, aunque precipitada, resulta muy simpática de conjunto» (8).

A los nombres de los autores vivos y de las «piezas de urgencia» se añaden textos de Lope y de Calderón, supongo que correspondientes a esa otra vía más «artística» que había sido señalada en la presentación de Nueva Escena. Tales títulos y el criterio que inspiró la exposición prueba, en todo caso, que la cooperativa no quería limitarse a hacer un «teatro de urgencia» y que la noche del 20 de octubre era sólo el primer paso de un vasto y prometedor proyecto. ¿Hasta dónde no debería afirmarse, por ejemplo, que el teatro español de nuestros días aún no ha llegado en muchos casos al concepto de escenografía formulado en el anuncio de la exposición?

Pero la situación era tremenda. En el mismo número de *El Mono Azul* —29 de octubre del 36— en que se daba cuenta de la exposición, aparecían una serie de consejos a los tiradores: «Disparad siempre persiguiendo con paciencia el blanco», «Buscad el mismo objetivo hasta que lo logréis», «No habráis fuego sino sobre objetos concretos y visibles», etc.

El enemigo estaba en las puertas de Madrid. Los acto-

(8) *El Mono Azul*, núm. 10, 29-10-36, pág. 2.

res se iban a Valencia o, cuando conseguían pasaporte, a América del Sur. Los bombardeos, la inmediatez de las líneas de fuego, la organización de la defensa, paralizaron momentáneamente cualquier iniciativa que no fuera militar. Pero apenas se «estabilizó» la situación, se detuvo a los nacionales en la Universitaria y en la Casa de Campo, el teatro volvió a las páginas de *El Mono Azul*.

LAS GUERRILLAS TEATRALES

Tras el intento de Nueva Escena, los planes teatrales de la Alianza conocen una pausa. El 10 de junio del 37, *El Mono Azul* inserta la siguiente noticia:

«Rafael Alberti trabaja en una amplia refundición libre de *La Numancia,* magnífica tragedia de Miguel de Cervantes, que se representará en un teatro de Madrid, para el 18 de julio, por los jóvenes actores de la TEA, hoy incorporados a la Alianza de Intelectuales.»

Una semana después, Salas Viu publicaba un largo comentario sobre el original cervantino y la versión de Alberti, que conocía, sin duda, de lectura. El proyecto se reducía, al parecer, al estreno de esa adaptación en un teatro de Madrid —por un grupo con la significación de la TEA—, sin aludir para nada a la creación del Teatro de Arte y Propaganda, que será, al fin, donde, unos meses después, se monte *La Numancia.*

En cambio, en esas mismas fechas del verano del 37, la Alianza publica otra nota que sí alude a la existencia de un plan determinado:

«La Alianza de Intelectuales abrirá próximamente su Escuela de Técnica Teatral con un cursillo para directores de teatro, con el objeto de que éstos se incorporen inmediatamente a las brigadas de nuestro Ejército Popular.»

Esta relación entre el teatro y las fuerzas combatientes formaba parte de un amplio trabajo cultural. Al fascismo, como rezaba uno de los principios de la Alianza, había que vencerlo con las armas y con la cultura, es decir, derrotándolo militarmente y creando en el propio campo un nivel de concienciación, de curiosidad, de capacidad crítica, de lucidez, que se resumían en la palabra cultura. La lucha contra el analfabetismo, las bibliotecas organizadas en los frentes, los actos de información política, las proyecciones cinematográficas, constituían un armamento antifascista, del que también formaba parte el teatro. Pero, ¿qué teatro?, ¿qué obras debían y podían ofrecerse a los combatientes, dentro de las limitativas circunstancias de los frentes?

Ya hemos visto antes qué tipo de teatro había integrado el primer programa de Nueva Escena. En realidad, allí se delineó por vez primera, de forma práctica, lo que Alberti llamaría un «teatro de urgencia», repertorio de las Guerrillas del Teatro. Título —el término «guerrilla», de fuerte raigambre popular, no tenía aún las connotaciones revolucionarias específicas que le ha prestado la reciente historia de América Latina— que contiene ya una serie de exigencias formales, en orden a la «movilidad» de la compañía, a la ligereza de sus pertrechos, a la rapidez en disponerlos y a la posibilidad de trabajar en cualquier espacio.

Con respecto a este movimiento, precisaba Rafael Alberti:

«Las Guerrillas del Teatro fueron creadas por el Ministerio de Instrucción Pública respondiendo a una necesidad. Era preciso llevar a los frentes, a las fábricas, a las organizaciones, una especie de compañías volantes que dieran con sus actuaciones una enseñanza, sirviendo al propio tiempo de agitación antifascista y de esparcimiento.

Buenas intenciones habían precedido a este Decreto que las reglamentaba. El Comisariado de Guerra tuvo un guiñol, muy apreciado por su gracia y desenvoltura, que regía la mano inteligente de Miguel Prieto, antiguo realizador de los primeros guiñoles revolucionarios, "Octubre" y "La Tarumba", por el año 1933. También se hizo teatro. Obrillas cortas aparecieron hechas, algunas por buenos poetas, pero que balbuceaban apenas lo que esta agitación teatral precisaba ser. El Quinto Regimiento publicó un folleto recogiendo algunas de estas primeras muestras. Como todo origen es interesante, esta primera fase, demasiado corta de vuelo, queda consignada.

Pero era preciso más. El teatro político, eficaz y certero, no aparecía. El Consejo Nacional del Teatro se preocupaba por conseguirlo. Se lanza la consigna de "teatro de urgencia" y comienzan a llegarnos muestras, casi maduras, de ese teatro rápido, eficaz, inteligente, que necesitan las guerrillas» (9).

---

(9) Esta y las citas inmediatas de Alberti proceden de los trabajos «Presentación del teatro de urgencia» y la nota incluida en el «Boletín de Orientación Teatral», recogidos por Marrast en *Prosas encontradas, 1924-1942,* págs. 193 a 201.

Ahora bien, ¿cómo funcionaban las Guerrillas Teatrales? Otras palabras de Alberti —a quien pertenecen todas las citas hechas en este específico punto— muestran que, aun dentro de los márgenes de improvisación y de elasticidad que corresponden a la práctica guerrillera, existía una normativa tácita al respecto:

«El Consejo Nacional propone que estos grupos no pasen nunca de quince personas. Entre ellos, dos responsables: uno político y artístico y otro de organización; entre los mismos actores se deben repartir los cargos que se juzguen imprescindibles, como por ejemplo: cuidado del vestuario y de la escena. Actuarán al aire libre, sobre tabladillos, en salas pequeñas o grandes, reduciendo siempre al mínimo sus necesidades. No harán sola y escuetamente teatro político, sino que mezclarán su repertorio de teatro clásico —pasos y entremeses, sainetes, etc.—, de cantos y bailes populares. Cuidarán mucho estas agrupaciones de no caer en las varietés. Por eso indicamos que únicamente alternen su repertorio bailes y cantos populares o revolucionarios. Los muchachos deben aprender a tocar instrumentos fáciles, que den tono alegre y de fiesta a su llegada a los frentes. No son necesarias decoraciones. Basta con que una cortina, un bastidor o un mueble indiquen la escena. Lo que es indispensable para este teatro de urgencia es hacerlo con fe, con seguridad en la razón y justicia de nuestra causa.»

En cuanto a las características que deban tener las obras, el «Boletín de Orientación Teatral», de 15 de febrero del 38, dice:

«Una pieza de este tipo no puede plantear dificultades de montaje ni exigir gran número de actores. Su duración no debe sobrepasar la media hora. En veinte minutos escasos, si el tema está bien planteado y resuelto, se puede producir en los espectáculos el efecto de un fulminante. Nuestro Consejo Nacional acaba de crear las Guerrillas del Teatro, que en breve darán, tanto en repertorio como en interpretación, la pauta para estos grupos. Pero, a pesar de todo, insistimos, se necesitan obras. Jóvenes escritores, soldados, campesinos, obreros de los talleres y las fábricas: sin timidez, con decisión y entusiasmo, escribid y enviadnos vuestros trabajos (ya dirigidos al Consejo Nacional de Teatro, Barcelona, o a su Delegación en Madrid), en la seguridad de que siempre encontraréis una acogida digna de vuestro esfuerzo, unas palabras de orientación en vuestro camino.»

Que todos estos textos aparecieran a primeros del 38 es la prueba de que, pese al brillante comienzo de Nueva

Escena, los planes de la Alianza no habían cuajado adecuadamente. No olvidemos que *El Mono Azul* consiguió, realmente, reunir entre los meses de agosto y noviembre del 36 ese puñado de «poemas de urgencia» que constituye el *Romancero de la Guerra Civil.* Tampoco debemos olvidar que en la presentación de Nueva Escena se había declarado el propósito de contar con «una obra por semana», de varios escritores. Lo que había sido posible en poesía no lo fue en teatro, tanto por la distinta complejidad de la expresión —por muy elemental que quisiera ser la Guerrilla Teatral, siempre era «organizativamente» más complicada que un poeta leyendo sus cuartillas—, como, según explicábamos antes, por la inclinación conservadora de una buena parte de los dramaturgos.

Ello explica que Alberti, en el mismo artículo del Boletín, donde definía el carácter de las «piezas de urgencia», manifestara:

«Lo que hasta ahora ha caído en mis manos no responde a las exigencias actuales ni a los medios de que disponemos para su realización. Las piezas que se vienen representando por diversos grupos teatrales, bien de brigadas u organizaciones, además de ser, por lo general, complicadas y malas, reflejan en muy poco la lucha, la transformación, la nueva fase creadora de nuestro pueblo. Urge el "teatro de urgencia". Hacen falta esas obritas rápidas, intensas —dramáticas, satíricas, didácticas...—, que se adapten técnicamente a la composición específica de los grupos teatrales.»

Esto no quiere decir que Alberti —autor él mismo de varias obras «de urgencia»— no conozca las causas del problema y, consecuentemente, el valor de los títulos que comienzan a superarlo. Así, señala:

«No son precisamente profesionales de las letras los que echan a andar. Por el contrario, el no profesionalismo parece que da una rapidez, una improvisación, una gracia inesperada. Santiago Ontañón comienza con *El bulo.* Sigue, consiguiendo más el objetivo político concreto, con *El saboteador.* Más tarde llega *Sombras de héroes,* del poeta Germán Bleiberg, que recoge con dramatismo la epopeya del Norte. Ya se dibujan dos géneros en el teatro de urgencia. ¿Cuál es el más eficaz? Los dos corresponden a las más elementales reacciones del hombre: la risa y el llanto. Por esas dos venas, el teatro de urgencia cumplirá su papel de agitador. Siguen llegando obras. Pablo de la Fuente hace con *El café... sin azúcar* sus primeras armas teatrales. Políticamente cumple con todas las exigencias del interés actual.»

La cita de *El bulo,* de Ontañón, nos aclara un aspecto del tema. Porque dicha obra, pese a ser aquí citada como un ejemplo del teatro de «guerrillas», fue estrenada en el escenario del Teatro de Arte y Propaganda. Lo que quiere decir que la situación vino al fin a dividir la producción dramática en dos campos bien delimitados: el de aquel teatro que, como decía Salado, «no sabía que había una guerra», y aquel otro que sí lo sabía. Es decir, un teatro históricamente «marginado», y otro que, por tomar partido, tendía a ser de «urgencia» o de circunstancias, aunque a veces cogiera al mismísimo Cervantes de parapeto. Al referirnos más adelante al Teatro de Arte y Propaganda y considerar su repertorio volveremos a Ontañón y a su obra *El bulo,* a la que dedicó un sugestivo comentario la revista de la Alianza.

Por lo demás, la relación entre las Guerrillas del Teatro y el Teatro de Arte y Propaganda fue absoluta. El actor Edmundo Barbero testimoniaba al respecto:

«Las Guerrillas del Teatro actúan al aire libre, contraste con el recinto urbano, y se desenvuelven con acierto rotundo. No en balde sus orientadores saben seleccionar y elegir los programas más a propósito para los espectadores ocasionales. Esta organización, cuyo origen data de la Escuela de Capacitación Teatral que radicaba en La Zarzuela, aneja al Teatro de Arte y Propaganda, actúa desde hace más de un año en los frentes para proporcionar solaz a los soldados en lugares cercanos a las trincheras.»

Otras palabras del mismo Barbero —recogidas por Marrast en su libro *El teatro durante la guerra civil española,* página 77, en la versión catalana, editada por el Instituto del Teatro de Barcelona— nos amplía en qué consistían las representaciones de las Guerrillas:

«Me incorporé a la 8.ª División que me destinó a la 111 Brigada, pero el comandante de la División me convenció para que me hiciera cargo de las guerrillas del Teatro ya militarizadas, con poder para sacar de las distintas unidades a los actores que eligiera. Se llamó entonces «Guerrillas del Teatro del Ejército del Centro». Nuestro cuartel general era el de la División, el Palacio del Pardo, y también la residencia en Madrid, Marqués del Duero, 7, local de la Alianza de Intelectuales. Desde allí salíamos para los frentes que se nos mandaba o que nos solicitaban.

El elenco femenino lo componían muchachas a las que uniformábamos de guerrilleras, y una vieja actriz, Juana Cáceres. Llevábamos un escenario desmontable que armábamos los mismos actores: unos biombos de colores que se cambiaban nos servían para los distintos decorados. Un piano portátil para que, al final de cada espectáculo, se cantaran a coro las canciones de guerra. Al coro se unían las voces de los soldados. También al final se tocaban danzas populares y las muchachas, vestidas de campesinas, bailaban unas veces con los componentes de las Guerrillas y otras con los soldados del frente visitado. En muchas ocasiones, había que arrojarse del camión cuando los aviones lo ametrallaban. El repertorio era el mismo, al que se le iban añadiendo entremeses y «teatro de urgencia» nuevo. Recorrimos varias veces todo el frente del Centro y varias veces también fuimos al Ejército de Levante, como al de Extremadura y Andalucía. Con más frecuencia fuimos a los distintos puntos de la sierra de Guadarrama, incluso a donde estaba situado el batallón Alpino. No sólo trabajábamos en nuestro escenario desmontable que nos había construido el cuerpo de ingenieros, sino en pequeños teatros y cines de los pueblecitos cercanos, así como en locales improvisados.»

Un recuerdo de María Teresa León, incluido en su libro *Juego limpio,* reafirma la imagen de aquellas sesiones teatrales:

«¿Os acordáis cuando fuimos a Sagunto y aquella representación memorable dentro de un taller de los Altos Hornos del Mediterráneo, sobre una plataforma de tren? La planta siderúrgica había resistido bombardeos innumerables. Los aviones venían del lado del mar desde las islas Baleares, descargaban sus bombas y regresaban a sus bases de las islas gobernadas por un conde italiano. Los obreros de los altos hornos eran el orgullo de la clase proletaria, nuestro propio orgullo. Seguían en sus puestos. Para ellos que no era una simple consigna resistir, resistían junto a sus martillos y fraguas, junto a sus coladas de mineral y sus hornos. Días y días, meses sin pedir permiso para salir, pues eran los depositarios de secretos de fabricación que nadie podía conocer. Después de más de un año, el único alto en su trabajo fue el día de nuestra llegada. ¡Hora y media de asueto! Las Guerrillas del Teatro tenían el honor de un público excepcional. Junto a mí, un viejo obrero decía: "Hace más de dos años que no voy al teatro". Y por todos los lugares libres se instaló un público con las manos sucias y las caras sudorosas y los trajes de faena, engrasados, para ver bailar a las Guerrillas sus danzas populares de otras regiones, para oír los graciosos versos de Lope de Vega y las afortunadas ocurrencias de Chejov, de Alberti, de Santiago Ontañón...»

Pero conviene aclarar que las Guerrillas no sólo actuaban en fábricas y frentes. En Barcelona, concretamente, se planteó una campaña de teatro en las calles, en busca del transeúnte, de quien no tiene la actitud premeditada del espectador, cuyos postulados se corresponden con los que luego han repetido los grupos radicales de tantos países. Jesús Izcaray, en «Frente Rojo», el 9 de marzo del 38, escribía:

«Buena lección de política y buen ensayo de arte.
Las cabezas que no comprenden, las cabezas que se engalanan con plumas de colorines para disimular el vacío, han inventado muchos, demasiados simbolísmos y demasiadas piruetas decadentes, cuando lo que importa está en esto: en coger las cosas y enseñarlas; en coger la vida y recordarla. Si algún estilo de teatro lleva dentro un germen de teatro de arte, es esto. Este realismo que es también lo simbólico, que ha sido siempre —con perfiles definitvamente logrados a lo largo del tiempo— el camino del arte popular.
Ya tenemos teatro en las calles. Se nos había olvidado desde los tiempos, gloriosamente iniciales, de Lope de Rueda.»

Y Martínez Allende, encargado de dirigir las «Guerrillas del Teatro» en Cataluña y Levante, precisaba así los objetivos de una fase ulterior:

«En esta segunda etapa, las Guerrillas se habrán captado el cariño de las masas, habrán contribuido a la formación de un público inteligente, a la creación de un teatro popular. A través de este espectáculo, el público —la mujer que va a la compra, el aprendiz que hace recados, el funcionario que regresa del trabajo— se pondrá en contacto directo con el teatro en calles y plazas...»

En cuanto a la composición y funcionamiento de las Guerrillas —aspecto también precisado por Alberti en el texto ya transcrito en este epígrafe— el mismo Martínez Allende, en una entrevista de *Frente Rojo* (30-12-37), señala:

«Las "Guerrillas" constarán de cinco actores, siendo susceptible de ampliar su número, según lo exija la obra. Portarán un tabladillo que, montado por ellos mismos, quedará a la altura de la cabeza del público, con lo cual cumplirá a la perfección las veces de camerino de los artistas. No habrá decorados: unas simples cortinas, la expresión artística y la buena voluntad del público suplirán los acostumbrados decorados. La sencillez y sobriedad presidirán nuestros espectáculos.»

Si cotejamos estos textos con los que Alberti dedicó a las «Guerrillas» y al «teatro de urgencia», quizá advertiremos una pequeña pero importante diferencia de tono. Los juicios de Rafael son más críticos, más atentos a no involucrar el nivel estético en la simple intención del trabajo y en la «buena voluntad» del público. Por eso son más ricos, sugieren más cuestiones, y nos remiten a la personalidad de quien, siendo un «poeta en la calle» y habiendo escrito varias obras de urgencia, es, también, un artista.

Inútil saber, por lo demás, si en la referencia de Izcaray a quienes «se engalanan con plumas de colorines», había alguna velada alusión al Teatro de Arte y Propaganda, cuyo espléndido esfuerzo sería condenado por algunos en nombre de la «sencillez y de la sobriedad»; sin entender que los caminos del arte revolucionario han de ser múltiples y aun inseguros.

En el número 47, y último, de *El Mono Azul* —febrero del 39—, aparece una nota señalando la labor de las Guerrillas del Teatro, por frentes, fábricas y clubs. A lo largo de 119 representaciones, habían presentado: *Los miedosos valientes,* de Antonio Aparicio, *Un duelo,* de Chejov, *El vengador,* de Ayora, *El drangoncillo,* de Calderón, *Café ...sin azúcar,* de Pablo de la Fuente, *El saboteador,* de Ontañón, *Evadidos,* de Pablo de la Fuente, y tres obras de Alberti, *Los salvadores de España* —aquella «ensaladilla», estrenada en el Español en octubre del 36—, *Radio Sevilla* y *Cantata de los héroes y la fraternidad de los pueblos,* con música de Jesús García Leoz. El repertorio mantiene la voluntad de identificación entre cultura y antifascismo; de ahí la convivencia de piezas como *Radio Sevilla,* sátira de «circunstancias» contra el inevitable Queipo de Llano, con la solemne *Cantata* del mismo autor, o con las obras de Chejov y Calderón, cuya presencia en el repertorio de las Guerrillas —en el caso de Calderón— reafirman aquella idea de Jean Vilar, precisamente a cuenta de un montaje de *El alcalde de Zalamea,* que le costó la dirección del T.N.P., de que, antes que de autores reaccionarios, debe hablarse de puestas en escena que toman o no toman partido por la reacción.

El punto es de gran importancia aunque, dado el tema de este trabajo, tengamos que pasar ligeramente sobre él.

Las últimas décadas de la escena española han tratado a nuestros clásicos con una tal mezcla de grandilocuencia y de aburrimiento que casi han conseguido que buena parte de nuestro público teatral los considere como los fósiles dramáticos de la etapa absolutista. En el plano puramente literario, en el ámbito del estudio universitario, naturalmente la situación es otra; pero si tuviéramos que juzgar la actual relación entre los clásicos y la sociedad española por la frecuencia y el interés —crítico y estético— con que aquellos se representan, la conclusión no podría ser más funeraria.

Frente a esto —la visión museística del pasado—, la actividad general de los intelectuales de la Alianza revela un profundo amor a nuestra literatura y a nuestro teatro clásicos, el convencimiento de que allí existe una materia viva, que el pueblo debe recibir, juzgar y renovar. Y que el arrebatar muchos de esos títulos a la reacción es decir, al modo reaccionario de entender el arte en general y cada obra en particular, es una de las aportaciones más positivas que los intelectuales pueden hacer a la lucha antifascista.

La penúltima noticia publicada en *El Mono Azul* dice así:

«La III Brigada ha formado una guerrilla. Se va sintiendo en estos grupos teatrales una ambición de selección en su repertorio. Ya no suelen encontrarse aquellos equivocados conjuntos que seguían el mal teatro burgués con tanto entusiasmo. Ejemplo: la III Brigada ensaya *Los miedosos valientes,* farsa de guerra, del poeta Antonio Aparicio, y *El médico,* de Lope de Rueda» (10).

Dos meses después, las tropas nacionales desfilaban por Madrid.

«MADRID, CORAZON DE ESPAÑA...»

El 7 de octubre de 1937, se publicaba en «La Voz» un comentario bajo el título de «LAS COSAS QUE SE ESTAN ENSAYANDO Y QUE, A LO MEJOR, TENDREMOS QUE VER». He aquí los títulos de las obras, los nombres de sus autores, y algunos de los juicios del periodista:

Español: *Fuenteovejuna,* de Lope, que había postergado el estreno de *Salud, España,* de Serafín Adame, porque

(10) *El Mono Azul,* núm. 47, febrero de 1939, pág. 37.

éste no consiguió a tiempo el visto bueno de la Junta de Espectáculos.

Comedia: *A diez rounds,* de Segovia Ramos y Luis Mussot. La comedia se ensayaba «muy despacio», porque la que estaba en cartel, de Lucio, «daba mucho dinero».

Zarzuela: *La tragedia optimista,* de Vichniewsky, traducción de María Teresa León y Rafael Alberti.

Pardiñas: *La bayadera roja,* libro de Contreras Camargo y López Saa, música de Taboda Setger.

«Veremos que da de sí esta bayadera. Desde luego, el título —y que nos perdone el viejo Contreras— es como para darle a uno frío en la espalda...»

Dicenta: *Las incendiarias,* «de unos chicos nuevos que parecen viejos...».

Maravillas: *Tati-Tati,* de Cienfuegos y los dos Arquelladas.

Churruca: *El castillo maldito,* obra firmada por Angel Ramos, aunque «parece que detrás de la cortina se queda algún amigo nuestro».

Ascaso: *Mi mujer es Clara Bow,* de Antonio González y Alvarez y Pepe Sama.

«Se trata de un vaudeville arrevistado; o sea de una revista con menos decorados, con menos números de música y más equivocaciones de las girls.»

Fuencarral:

«Un poco de *Katiuska,* otro poco de *Caserío,* otro poco de *Domador* y luego, para arreglarlo, *La boda del señor Bringas* o *Si te casas la pringas.*»

Repertorio —salvo Español y Zarzuela— deleznable, no por responder a la precaria situación en que Madrid se encontraba por aquellas fechas, sino, exactamente, por todo lo contrario; por corresponder al más plácido y conformista.

En la misma página de *La Voz* se publicaba un reportaje sobre los acuerdos y desacuerdos de los actores con la Junta de Espectáculos. El periodista, después de oír las reclamaciones de los cómicos contra las clasificaciones hechas por la Junta, exclamaba:

«Todo es confusión y barullo, disconformidad y censuras. Y, sin embargo, juzgando las cosas serena, fría, objetivamente, con una imparcialidad absoluta y una independencia insobornable, es preciso decir que casi nadie tiene razón.»

Y luego:

«¡Cuánta reclamación injusta! ¡cuánta rana humana!: Yo... Yo... Yo... Yo... Caballeros de cuarenta años que dicen, no sabemos si conscientemente: "Yo soy un galán joven..." De aquí la frase de un autor insigne: "Tienes más años que un galán joven". Una dama de carácter oímos que se niega a aceptar "su puesto" porque no reconoce a fulana como primera actriz. ¿Para cuándo las medidas disciplinarias?»

El reportaje concluye:

«Estamos viviendo la guerra y no se deben tolerar actos de desobediencia. La gravedad del momento requiere un poco más de orden y de silencio.»

Realmente, en principio, sorprende bastante la contradicción entre las dramáticas noticias de los frentes, la generosidad con que los mejores intelectuales asumen su compromiso político —justamente en la página opuesta a la que ocupa este reportaje de *La Voz,* va un número, el 38, de *El Mono Azul,* dedicado a los escritores alemanes que luchan en el Ejército Republicano—, la lógica tensión que se respira en todos los aspectos de la vida social y la banalidad de la mayor parte del teatro y de sus gentes.

En un libro, que titulé *30 años de teatro de la derecha,* escrito en la época en que el franquismo celebraba sus «30 años de paz», me permití señalar, como una de las principales características del pensamiento conservador, en lo que al ámbito teatral se refiere, su deliberada disociación entre teatro y realidad, en tanto que aquél se convierte en un espejo manipulado por la mala conciencia. No es que tal teatro —en tanto que arte— cree aquello que jamás podríamos tener fuera de él; no es que ensanche y enriquezca nuestra vida; no; no es ninguna de esas nobles razones, inseparables de la historia del arte, lo que le lleva a la falsificación. Da la espalda a la realidad en lugar de trascenderla, por una razón estrictamente social. Necesita asegurar a sus espectadores, siquiera durante el breve tiempo de la representación, que la vida siempre será igual, que no vale la pena tomársela en serio, y, por lo tanto, que es inútil creer en la perfectibiliad del orden social. Si un sueño vale más que la realidad y el precio de un sueño puede ser el precio de una butaca, ¿a qué cambiar nada?, ¿quién podría acusar al rico de arrebatar los sueños a los pobres? Concepto éste del teatro que explica el desinterés habitual de la escena por la realidad histórica inmediata y las opciones que contiene. Y si esto es así, ¿qué triste traición no supone la supervivencia de tal teatro en la retaguardia de un ejército revolucionario?

Por este reportaje sabemos también que existía un Comité de Lectura, cuya intervención era imprescindible para representar un texto. El tal Comité tenía las lógicas fricciones con quienes no compartían sus criterios, de manera que, en octubre del 37, estaba todo dispuesto para dar un paso, cuya descripción debe ayudarnos a entender la ordenación teatral de la España republicana:

«El Comité de Lectura está llamado a desaparecer. En cuanto los autores se incorporen a los consejos obreros, serán ellos los que lean y seleccionen de acuerdo con el director de la compañía, las obras que vayan bien al espectáculo y compañía de cada teatro. Autor y director informarán al Consejo Obrero de las seleccionadas, y dicho Consejo las propondrá a la Junta, autoridad máxima en los espectáculos públicos, quien a su vez las entregará a un Comité de censura política, sin otras atribuciones en el orden artístico. En ese instante cesará el actual Comité de Lectura.»

¿Cómo es posible que todo este mecanismo, estrechamente ligado a la política del gobierno y los sindicatos obreros no consiguiera corregir el carácter evasivo, anticoncienciador, de la mayor parte de las obras que se hacían en Madrid?

De unos días después es la noticia que da cuenta de la prohibición de la obra *Tati-Tati* que acababa de estrenarse en el Maravillas. La prohibió personalmente el General Miaja, por considerarla «inadecuada y subidamente inmoral».

El comentario con que el crítico teatral de *La Voz* (14 de octubre de 1937) apostilló la prohibición, explica la contradicción en que se encontraba una gran parte de la escena madrileña:

«Nos parece muy bien. La obra esa del Maravillas es una verdadera porquería —en todos los sentidos de la palabra— cuya simple subida al cartel de un teatro público es algo que está en contradicción con los nobles postulados que defendemos desde hace quince meses con las armas en la mano. O se educa a los nuevos espectadores o se les desvía por la senda del teatro rijoso: éste es el dilema. Por fortuna, el general Miaja ha dado en el clavo. Ahora bien: en la Junta de Espectáculos hay un Comité de Lectura. ¿Había él aprobado la obra esa del

Maravillas? Por ahí dicen que sí. En este caso, ¿qué es lo que hay que hacer con el Comité de Lectura?»

Pasemos por alto el hecho de que sea una autoridad militar —aunque fuera Miaja, figura máxima en el Madrid asediado— la que tenga que enmendar la plana a los Comités establecidos para el control de las obras. El incidente revela no ya una oposición entre lo que Miaja —representante de la «guerra»— consideraba «adecuado» y lo que se hacía en algunos escenarios madrileños, sino entre el general y el Comité de Lectura, investido éste de una doble y, al parecer, irreconciliable representación: la del «medio teatral» y la «de las circunstancias». En la búsqueda de esa conciliación, aparece la formación del Consejo Central de Teatro, en la segunda quincena de octubre del 37, es decir, por las mismas fechas en que Miaja prohibió la comedia del Maravillas. La composición del Consejo era la siguiente: Presidente: Director General de Bellas Artes; Vicepresidente primero: Antonio Machado; Vicepresidente segundo: María Teresa León; Secretario: Max Aub; Vocales: Jacinto Benavente, Margarita Xirgu, Enrique Díaz Canedo, Cipriano Rivas Cherif, Rafael Alberti, Alejandro Casona, Manuel González, Francisco Martínez Allende, Enrique Casals Chapí y Miguel Prieto. Es decir, la «plana mayor» de los hombres de teatro —autores, críticos, directores, actores, escenógrafos, músicos—, que unían a su prestigio profesional la declarada adhesión a los ideales de la República, términos ambos igualmente necesarios para llegar a generar un teatro «adecuado».

Curiosamente, también por aquellos días se había presentado el Tenorio, de Zorrilla, con notables alteraciones de su texto. La protesta de algún crítico —no tanto por los cambios en sí como por las razones supuestamente políticas alegadas— dio pie a un comentario, en las páginas de *La Voz* (28-10-37), del que entresacamos el siguiente párrafo:

«La verdad es que nadie concibe que haya que modificar el viejo y popularísimo texto de Zorrilla, cualesquiera que sean las razones aducidas, cuando obras de autores facciosos como *La Chulapona*, o esa sublime cretinez que es *La copla andaluza*, han permanecido incólumnes en los carteles antifascistas. Sin embargo, nosotros hemos de decir a esos lectores que nos han escrito, que, según parece, va a haber grandes modificaciones en la Junta de Espectáculos. Tan grandes que no sería extraño que la presidencia efectiva de la Junta —que hoy ocupa el señor Carreño España— pasase, por una translación de orden administrativo, a las manos de la primera autoridad civil de la provincia.»

Se comprende muy bien que la disyuntiva entre un teatro tácitamente faccioso y un teatro controlado por los gobernadores civiles no pudiera contentar a quienes habían hecho de la defensa de la Cultura su programa de combate. De ahí el esfuerzo de cuantos estaban agrupados en el Consejo Central de Teatro, quienes, en los primeros días de diciembre del 37, resumieron en una importante nota sus ideas y los objetivos que perseguían.

Tras el breve preámbulo:

«Dichoso el pueblo que pueda vanagloriarse de un teatro verdaderamente nacional y de haberle llevado a la perfección a que llegó en los bellos días de la Grecia, por medio de la emulación de los grandes ingenios que la ilustraron con sus sublimes producciones»,

el Consejo proclamaba:

«El teatro ha de ser nacional, o deja inmediatamente de cumplir sus fines de educación, cultura, estímulo, enseñanza. El Estado es el llamado a tener en todo momento el tutelaje teatral, puesto que desde un escenario pueden comunicarse al pueblo, mejor que por medio alguno, las virtudes ciudadanas y los ejemplos que dan a un pueblo su valor moral. El Gobierno de la República española, no queriendo descuidar en tiempo de paz ni de guerra este importantísimo medio de educación cívica, ha creado el Consejo Central del Teatro para asesorar, ayudar y decidir. La industria del teatro no puede, en estos momentos históricos, desligarse del drama intensísimo que estamos viviendo; no puede tampoco ceñirse a una cuestión económica únicamente, como a quien sólo le importa lo circunstancial y no lo permanente; como si ya nos diésemos por contentos con salvar el trance de la guerra con tan poca fe antifascista que por no creer en la victoria no nos interese crear para el futuro. La industria teatral ha de vivir de aciertos; pero estos aciertos, que atraen público, no deben estar supeditados al gusto no muy seguro de nuestro momento, donde se cruzan educaciones burguesas con gustos proletarios, deseos revolucionarios de mejoramiento con esperas inconfesables del más reaccionario tipo. El público que asiste a las representaciones necesita hoy la seguridad de no ser víctima del engaño teatral. Son los herederos de la cultura española, esa cultura que defienden, aunque ellos no lo sepan, con sus bayonetas y su trabajo, del fascismo, que esteriliza lo que toca. El Consejo Central del Teatro ha sido creado para proteger a esos defensores de la cultura de los antiguos vividores del espectáculo. Hay que dar rango de inteligencia al espectador y que desaparezca de las conversaciones ese depresivo «no entienden», que sonroja demasiado. Desea también que los actores y cuantos viven del espectáculo sientan esta protección oficial distinta a la magnífica labor sindical realizada por los sindicatos, y que pudiéramos decir corresponde al rango y categoría profesionales, colocándoles en condiciones de perfeccionamiento, de elevar su cultura, de dar impulso a todas las artes que forman el trabajo colectivo del teatro» (11).

La proclamación suponía un cambio radical con respecto a los criterios imperantes. El teatro dejaba de ser la expresión de la demanda de un grupo social —cuya satisfacción determinaba el proceso de la economía privada— para asumir el papel de instrumento activo de la revolución cultural. Frente a la sublimación de las clases populares —propia de los que «se pasan al pueblo» buscando en él la redención—, los responsables del Consejo Central tenían clara la gravitación de una serie de materiales heterogéneos, de tradiciones enajenadoras, y se disponían a luchar por la existencia de un teatro que respondiera a los intereses presentes y futuros de la clase popular.

Precisamente en aquellos días de diciembre se temía una nueva ofensiva sobre Madrid de las fuerzas nacionales. Y la Alianza de Intelectuales —entre cuyos principales responsables figuraban varios nombres asimismo encuadrados en el Consejo Central del Teatro— acababa de lanzar un manifiesto, en el que recordaba que «en todos los momentos, en las jornadas más duras, estuvo con el pueblo y sus soldados, movida a su impulso y por el mismo anhelo, segura de que el triunfo de nuestra causa es el triunfo de la cultura» (12). ¿Qué sentido tendría ese recuerdo y la consecuente disposición al heroísmo y a la muerte si se disociara el «triunfo de la causa» del «triunfo de la cultura»? ¿Y qué responsabilidades no arrostraba el intelectual de la Alianza mientras los jóvenes milicianos caían en el frente?

Las encaraba, según hemos visto en el epígrafe anterior, estimulando la creación de las guerrillas del teatro. Las encaraba toda la segunda parte de la proclamación

---

(11) *El Mono Azul*, núm. 44, 9-12-37: «Una nota del Consejo Central del Teatro».

(12) *El Mono Azul*, ídem.

—cauta y modestamente autocalificada de Nota— del nuevo Consejo Central:

«El Consejo Central del Teatro pretende, por medio de concursos, animar a la producción teatral a los autores. En el momento presente, tres concursos están abiertos: El del Ministerio de Instrucción Pública, para premiar obras de teatro en tres actos, y que se cerrará el día 31 de enero; el del Consejo Central del Teatro, para premiar zarzuelas, operetas y revistas, y el del periódico de la juventud, *Ahora,* para obras en un acto sobre temas actuales. Está en el ánimo del Consejo Central del Teatro impulsar todos los géneros teatrales, pues todos son igualmente precisos para dar variedad al espectáculo; pero quiere impedir que bajo pretextos inaceptables se representen obras que nada tienen que ver con el presente ni con nuestro futuro. Esto no quiere decir que inmediatamente, y por arte de birlibirloque, vaya a cambiarse de la noche a la mañana todo lo que de mezquino, pueril o chabacano tiene nuestra escena, no; bastante es plantear el problema claramente, revolucionariamente, tratando de ir perfeccionando y no pretendiendo ser ya la perfección misma.

El teatro como arte colectivo, donde la luz, el escenario, los trajes, el gesto, la voz, los decorados, están dirigidos a la colectividad, no puede desentenderse de cuantos problemas la colectividad tiene planteados. Por lo tanto, nuestra preferencia irá dirigida a las obras de tema actual revolucionario, a las obras clásicas, a las obras maestras del teatro internacional, a las obras pulcras de divertimento.

El Consejo Central del Teatro ayudará a los pequeños grupos teatrales de los sindicatos y organizaciones obreras, por creer que en ellos debe cuidarse más que en ningunos otros, la parte didáctica que han de tener. Prestará su apoyo a las compañías que van a los frentes y a los pequeños grupos teatrales que están surgiendo en las Unidades del Ejército. Intervendrá en el lado artístico de los festivales para que todo coopere a esta gran empresa que se propone realizar el Gobierno de la República a través de su Consejo Central del Teatro, ayudado por los sindicatos profesionales y el público merecedor de ganar, además de la victoria militar, la batalla teatral para sí y para sus hijos.»

Sobre las tareas del Consejo y cómo fueron estas acogidas se publicó (9 del 12 del 37), en *La Voz,* un breve y esclarecedor reportaje, cerrado con una entrevista a María Teresa León. En él, tras recordar la creación del Consejo Central del Teatro, por Decreto de 22 de agosto, y la nominación de sus delegados madrileños —María Teresa León, Rafael Alberti, Manuel González, que dirigía el Español, y un funcionario del Ministerio—, hacía historia:

«Todos los enfados que antes despertase la Junta, cambiaron de objeto. La cuestión, en el fondo, era la misma: disgusto por tener que aceptar una disciplina y afán, por parte de todos, de hacer cada uno, en su teatro, lo que le diese la gana.»

La situación había pasado por varias fases, poco propicias a los deseos del Consejo Central, trabado por la resistencia pasiva de los colaboradores puramente administrativos. María Teresa León, en nombre de la Delegación Madrileña del Consejo Central del Teatro, declaraba:

«Nuestra labor momentánea es conocer las obras que vayan a representarse. Obsérvese que, para no producir susto a nadie, no nos hemos ocupado de las que ya estaban en cartel, y eso que algunas merecían incluso una sanción gubernativa. Hemos autorizado casi todo lo que nos han traído. De si es malo o es bueno que se ocupe la crítica en su día. Prohibición concreta no hay más que una, *Currito de la Cruz,* nueva escenificación de la novela de Pérez Lugin. La Delegación del Consejo Central del Teatro no se ha fijado en los nombres de los adaptadores, y sí en lo que significa esa novela. *Currito de la Cruz* es la otra España. Toreros, saetas, paseos en medio de una exaltación pagana al Cristo del Gran Poder, elogio de los canónigos simpáticos y castizos. Pero, ¿piensa nadie que esto se pueda permitir en los momentos presentes, cuando hay un millón de muertos producidos por la Guerra? ¿Qué ataque de inconsciencia es ése? El que sea lealmente antifascista que se ponga la mano sobre el corazón y responda» (13).

La declaración parece contradecir los propósitos «nacionalizadores» de la Nota programática del Consejo Central. Decir que la crítica se ocupará en su día de lo que sea bueno o sea malo, cabría tomarlo como una negación de esa voluntad «educadora», de esa denuncia de la confusión cultural que resplandecía en la conciencia del Consejo. La divergencia se explica perfectamente si pensamos que una cosa era la declaración de principios y otra lo que resultaba del encuentro de aquel organismo con nuestra realidad teatral. Una «adecuación» a esta última que no fuera, a la vez, una «inadecuación» a la guerra, obligaba a prohibir sólo las obras estrictamente

(13) *La Voz,* Madrid, 9-12-37.

«fascistas» y a plantear una conquista progresiva de la función cultural del teatro. El artículo de Salado vuelve a ser aquí esclarecedor y definitivo. Y reafirma el hecho de que los hombres de la Alianza —y del Consejo Central del Teatro— hubieron de luchar denodadamente contra todos los elementos y tradiciones heredadas que distanciaban la escena de lo que ellos entendían por Cultura. De forma que, mientras los combatientes empleaban las armas contra el fascismo, la Alianza, los Intelectuales, luchaban «contra» su misma retaguardia en Defensa de la Cultura. Planteamiento —opuesto al de las fáciles y falsas identificaciones entre «Madrid heroico» y «cultura revolucionaria», «zona republicana» y «cultura popular», tantas veces establecidas, confundiendo lo que era un objetivo, algo que sólo podría conseguirse a medida que se transformase a fondo la realidad social, con lo que de hecho sucedía— que es necesario tener muy claro para entender la significación del «teatro de urgencia» y de la más importante expresión teatral de la Alianza: El Teatro de Arte y Propaganda, instalado en la Zarzuela.

EL TEATRO DE ARTE Y PROPAGANDA

Si Salado señalaba la presencia de *La Numancia* como una de las pocas muestras de teatro «adecuado» a la situación, de teatro antifascista, en la entrevista de *La Voz* a María Teresa León se califica la labor de la Zarzuela como «la piedra en el estanque», es decir, como el elemento que perturba la quietud de las aguas. En la Zarzuela sí que no hay contradicción ninguna entre la teoría y la práctica. Aquí sí pesan los propósitos del Consejo Central del Teatro, aquí sí existe la posibilidad de rehuir todo pacto, para preocuparse, decisivamente, de lo que es «bueno» o es «malo» y, por supuesto, tratándose de teatro, de representar las obras lo mejor posible.

Recordemos que, en junio del 37, se hablaba del próximo estreno de «La Numancia», en cuya versión trabajaba Alberti por entonces. El hecho de que no volviera a citarse el tema de inmediato y el de que en agosto se creara el Consejo Central del Teatro tienen evidente relación. No bastaba presentar ciertas obras, consideradas de valor «cultural» antifascista, en cualquier teatro de Madrid, quizá entre dos títulos deleznables. Lo razonable era crear un teatro que, en todos sus aspectos, se sujetara a una política coherente, y sirviera de ejemplo a los demás; un teatro desde el que «dar la batalla», de un modo práctico, fuera de los simples manifiestos y declaraciones de propósitos, a los espectáculos y criterios dominantes.

El Teatro de Arte y Propaganda cubrió la temporada 37-38 y, sin duda, debe citarse como el más claro, por no decir el único, ejemplo, de un teatro regido según los principios que, al respecto, tenían los intelectuales más comprometidos con la causa republicana, María Teresa León y Rafael Alberti a la cabeza.

El primer trabajo de *El Mono Azul* que habla, de forma extensa y sistemática, sobre la institución, se titula *Nuevo Gran Teatro del Mundo.* Lo firmaba Juan Chabas —antiguo periodista de *Luz,* autor de valiosos estudios sobre la literatura española, capitán en el Ejército Popular, autor de una importante entrevista a Federico García Lorca— y está ilustrado con la viñeta de tres personajes de *Los títeres de Cachiporra*: «El coliche», «El Tabernero» y «La Hora». La ilustración, además de justificarse por ser la citada obra de Federico la elegida por el Teatro de Arte y Propaganda para iniciar su campaña —bajo la dirección de María Teresa León— tenía, sin duda, una significación precisa. Porque —según apuntábamos antes— Alberti era, en muchos aspectos, algo así como una «radicalización» de Federico y el Teatro de Arte y Propaganda llevaba, en la situación extrema de una guerra civil, hasta sus últimos términos muchos de los postulados de La Barraca.

El texto de Juan Chabas —*El Mono Azul,* de fecha 2 de septiembre de 1937— decía:

«La espléndida tradición del teatro español, esencialmente popular, y la grandeza de estas trágicas horas de la vida de España (cuando entre las crueldades de la guerra vuelve nuestro pueblo, con valentía heroica y conciencia profundísima, a cumplir con su formidable destino universal de salvador de las libertades del Mundo) exigían un decreto como el que nuestro Gobierno acaba de publicar.

Este Consejo Nacional del Teatro (sic) creado por nuestro Ministerio de Instrucción Pública recuerda gloriosamente otro muy semejante dado por el Comisariado de la Cultura de la U.R.S.S., y es, además y profundamente, un acertado decreto de raíz española. Supone declarar oficialmente que nuestro teatro es una riqueza nacional, un elemento esencial de nuestra cultura y del impulso de nuestro pueblo para hallar en la expresión de sus pasiones el dramático eco interno de su propio vivir intenso y heroico. Nuestro gran teatro clásico —clásico y romántico a la vez— es un teatro heroico. Es la expresión del heroísmo colectivo, popular. Y era necesario salvar esa tradición espléndida, dando rango nacional a nuestro teatro de hoy, creándolo, haciéndole vivir con el pulso y la gallardía y la emoción de las horas en que España esparce su sangre por ser, libre y fuertemente, la gran España que tantas veces ha sido para la historia del Mundo entero, lección y ejemplo de universidad de la cultura.

Era intolerable que mientras nuestros combatientes arriesgaban y tantas veces derramaban su sangre sobre los campos de estas batallas que nos han forzado a reñir, nuestros teatros, vueltos de espaldas los actores y todos los trabajadores de la escena a la fuerza de nuestro destino de gran pueblo liberador del fascismo y guardador de las tradiciones de "Fuenteovejuna", "La niña de Gómez Arias" y tantas glorias universales del teatro, estuviesen empobreciendo éste hasta la vileza de los espectáculos más groseros, contrarrevolucionarios y aun fascistas alguna vez. Ha hecho bien nuestro Gobierno en detener esa corrupción inexcusable y al mismo tiempo dar las facilidades necesarias para la creación de un gran teatro nuevo, a tenor de nuestra vida actual. Constituye, además, una hazaña muy nuestra el que, precisamente entre dolores tan grandes, la creación de un nuevo teatro sea un esfuerzo más por esa formación de una cultura nueva que estamos forjando mientras entre llamadas de guerra se defiende la libertad y la independencia del pueblo español.

Estamos seguros de que el Consejo Nacional del Teatro (sic) ha de realizar una gran labor. Es ya muy buen síntoma el que tan pronto como ese organismo ha sido creado oficialmente, ya están a punto de abrirse las puertas de un teatro popular como el de la Zarzuela, que se propone con excelente ánimo restaurar el prestigio de la escena española y ser al mismo tiempo un cuidado instrumento de cultura popular y de propaganda.

El teatro de la Zarzuela estará dirigido por nuestra camarada María Teresa León, secretaria de propaganda de la Alianza de Intelectuales Antifascistas, y muy especialmente capacitada para la obra dura y trabajosa que es siempre, y más en las actuales circunstancias, la dirección de un teatro.

Lo que hay de más interesante en la producción nacional clásica, de fácil restauración en nuestros días, como la *Numancia*, de Cervantes, ajustada a la escena actual por Rafael Alberti; la producción nueva de escritores españoles y extranjeros, como Regler, el gran poeta alemán, que ha sabido ser heroicamente combatiente de la cultura sobre nuestros frentes, donde fue hace poco gravemente herido, será dado a conocer a nuestro pueblo desde el teatro de la Zarzuela. Muy pronto también se pondrá en escena una revista de Madrid, con varios cuadros de la heroica defensa de nuestro pueblo, escritos por poetas y autores que han vivido y presenciado esta lucha, ya españoles, ya extranjeros.

En la compañía del Teatro de Arte y Propaganda, llamado a ser seguramente el gran teatro revolucionario —y clásico— del pueblo, se formarán también los artistas de nuestro porvenir; será una verdadera escuela colectiva de actores, autores, escenógrafos, compositores, trabajadores todos del teatro. Y esto, esa obra extensa y firme, al tiempo mismo en que vivimos las horas más trágicas de nuestra lucha contra el fascismo, en la ciudad víctima de las brutalidades asesinas de los cañones de Hitler y Mussolini, cuando el capitalismo internacional, ciego de rabia, se ensaña contra nuestro pueblo, sin saber que es invencible, que lleva dentro, como un bullir de sangre roja, la sed inmensa de salvarse, de ser libre, de dar al Mundo todavía el ejemplo de cómo, sin miedo y jugándose noblemente la vida, se salva siempre la libertad y la dignidad de los pueblos.

España, el único pueblo que entero y pecho a pecho, a sangre viva y generosa, ha hecho frente al fascismo en plena guerra, en pleno dolor, salva también su gran cultura, salva su teatro y lo crea de nuevo» (14).

Como se ve, las calificaciones de Chabas son, más que rotundas, indignadas: «Es intolerable que mientras nuestros combatientes arriesgaban y derramaban tantas veces su sangre... estuvieran empobreciendo el teatro hasta la vileza de los espectáculos más groseros, contrarrevolucionarios y aun fascistas alguna vez.» El esquema —quizá no demasiado sólido, a la vista de una serie de recientes análisis políticos de nuestras obras clásicas y de sus relaciones con el Absolutismo de la época— es muy claro. En España existiría una fuerte tradición teatral democrática —representada por obras como *Fuenteovejuna*, *La niña de Gómez Arcos* y la *Numancia*—, desvirtuada y obscurecida por la práctica teatral burguesa. Rescatar esa tradición, y crear una dramaturgia ligada a las nuevas luchas del pueblo, constituiría el objetivo. El término Propaganda se emplea con un matiz distinto al que ha adquirido en el moderno mundo de la publicidad; para quienes rigen el nuevo teatro no equivale, simplemente, a una

(14) *El Mono Azul*, 2-9-37, núm. 31.

técnica de difusión, sino al compromiso político de educar un pueblo. Propaganda significa aquí Enseñanza. Es un modo solemne de indicar que no van a conformarse con distraer al espectador, con hacerle olvidar el mundo durante un par de horas, sino, por el contrario, que el Teatro se abre para «propagar» la Cultura, dando a ésta un sentido de afirmación popular o, dicho con el lenguaje dictado por las circunstancias, de afirmación antifascista.

Por lo demás, la cita de la *Numancia* reafirma lo que antes avanzábamos. Fue en los días en que Alberti concluyó su versión de la obra cervantina cuando se acordó la creación del Consejo Central, decidiendo aquél reservar el estreno para el teatro donde tal Consejo iba a proyectar su política cultural.

Exactamente, en su número del día 14 de octubre del 37, bajo el título general de «EN DEFENSA DEL TEATRO», aparecían en *El Mono Azul* una serie de trabajos que desarrollaban el cuerpo teórico de la nueva institución. Hablar de Defensa del Teatro tenía, cuando la Defensa de Madrid era el tema dominante, una clara connotación. Si Madrid debía ser defendido en los frentes, el Teatro tenía que ser asimismo defendido de quienes, dentro ya de la plaza, habían ocupado parte de él. Junto al figurín de Alexis, un personaje de la obra de Vichniewski, se anunciaba lo siguiente:

«Teatro de la Zarzuela. XX Aniversario de la Revolución de Octubre, Sábado, 16, a las cinco de la tarde. Homenaje a la URSS de la Alianza de Intelectuales Antifascistas y el Teatro de Arte y Propaganda, con el estreno de *La tragedia optimista,* de Vsvolod Vichniewski. Tomarán parte los escritores Alberti, Cernuda, Serrano Plaja, Langsthon Hughes, María Teresa León y, por los Amigos de la URSS, Sirio Rosado.»

Los artículos que salían en «defensa del teatro» estaban firmados por María Teresa León, Santiago Ontañón y Jesús García Leoz, respectivamente directora, escenógrafo y director musical del Teatro de Arte y Propaganda. Un cuarto trabajo «sobre la situación de nuestro teatro», firmado por Luis Cernuda, completaba la requisitoria contra la banalidad de nuestra práctica profesional. El artículo de María Teresa era el más político, el más preocupado por las relaciones entre la escena y el público, por los factores que sepultaban a tantas grandes obras en la indiferencia o el fracaso. María Teresa se preguntaba: «¿para qué sirve el teatro?» Y respondía:

«Para educar, propagar, adiestrar, distraer, convencer, animar, llevar al espíritu de los hombres ideas nuevas, sentidos diversos de la vida, hacer a los hombres mejores.»

Pero, acaso, ¿no probaba la cartelera madrileña —de entonces y de muchos años— y se desprendía del mismo artículo de María Teresa León que el teatro no servía entre nosotros para eso? Ahí estaba el desafío. Y la León, con magnificar el teatro y proclamarlo «vehículo de cultura», no hacía sino exigirse una tarea que aquella única temporada de la Zarzuela sólo pudo esbozar. ¿Habría bastado, acaso, la victoria republicana para que el teatro hubiese llegado a ser en la práctica lo que postulaba María Teresa León? ¿Qué factores no hubieran tenido que concurrir en nuestro proceso social? ¿Podría decirse del teatro de cualquier sociedad moderna que sea lo que para el español imaginaba nuestra directora, aun contando con las circunstancias políticas más favorables? ¿Qué carga de utopía o de aguda y profunda denuncia social e histórica no tiene ese desajuste entre la teoría teatral de unos pocos y la rutina y aun la estupidez a que se hallan sometidos la mayor parte de los escenarios del mundo?

El trabajo de García Leoz no hacía sino dar fe de este rutinarismo en el campo del teatro lírico español, es decir, de la zarzuela. En cuanto a Santiago Ontañón, adoptaba la posición de quien lleva muchos años trabajando duramente en el teatro y sabe que ningún formulismo retórico podrá suplir el esfuerzo. La nueva situación política española había tendido, lógicamente, a incrementar la deseable participación de la base en el mecanismo teatral. Ontañón señalaba los riesgos de cualquier formalismo democrático que olvidase las exigencias y los compromisos artísticos de la representación teatral:

«No creo que el teatro se salve ni con asambleas ni comités. Si ha de salvarse ha de ser con la colaboración de un grupo de artistas que verdaderamente sientan su profesión y estén dispuestos para mejorar su arte hasta el sacrificio, si fuese necesario. Un teatro ha de tener una dirección elegida por un grupo de actores que pongan su fe en ella y después seguirla en su trabajo seriamente. Sin tiranía, sin dictaduras; pero con una disciplina de hierro.»

Observaciones que hubieran carecido de sentido, de no estar lanzadas contra ciertos vicios de sus contemporáneos en «defensa del teatro». Lo que había sido predicado y llevado a la práctica en la organización militar de las fuerzas republicanas —cada vez más controladas y sometidas a mandos únicos y centralizados— lo postulaba ahora Ontañón para el teatro. Las razones subyacentes eran las mismas, aunque algunos las interpretaran como una muestra del creciente poder del Partido Comunista en perjuicio de los anarquistas.

He aquí los tres textos:

EXPERIENCIA PERSONAL, POR SANTIAGO ONTAÑON

«Se habla y se ha hablado mucho de hacer la revolución en el teatro. Yo no sé qué es lo que se entenderá por hacer la revolución en el teatro ni cómo se hace eso. Yo creo y he creído siempre que hacer la revolución en el teatro es simplemente hacerlo bien. En España, donde el teatro ha llegado a tomar proporciones de vergüenza nacional, aquel que inicie una escapada, por pequeña que sea, hacia lo limpio, lo digno, con mínimo de estética y una rectitud de criterio político, será un revolucionario.

En nuestro país, salvo excepciones, la profesión de actor o actriz está hecha a base de "cara dura"... ¿Usted tiene "cara dura"? Pues usted puede ser cómico. Claro está que eso no es ser actor ni actriz. Que hay falta de cultura en nuestros actores he podido comprobarlo en varias ocasiones. He sostenido discusiones feroces con actores de máximo prestigio sobre autores que luego el pueblo, que rara vez se equivoca, los ha consagrado como grandes maestros. Sus opiniones, cuando no producían cólera llegaban a hacer reír. Ahora, después del triunfo, cuando las cosas son ya irrefutables, dedican a esos grandes hombres emocionados elogios, y en ciertos casos juegan con un nombre glorioso, haciendo homenajes que no pueden ser sinceros, y especulan con la gloria de un poeta como Federico García Lorca, al que hace dos años no comprendían y negaban hasta su genio poético.

El teatro ha estado, y puede decirse que está, en manos de unos mercaderes de la escena y en las de unos grandes fantasmas, vestigios de un teatro que ellos han contribuido a destrozar. En realidad, muy pocos de los supervivientes de la generación última de actores tienen autoridad para dirigir los destinos del teatro revolucionario. Ellos han contribuido, fomentando una especie de obras teatrales, a envilecer el género y la profesión. No creo que los actores de hoy sean ni mejores ni peores que los de hace treinta años; pero lo que sí es cierto es que el teatro de a mediados del siglo pasado, y aun el de principios de éste, era superior al actual, y es sólo debido a esto por lo que los actores parecían mejores. Porque de lo que no cabe duda es de que un hombre diciendo mal dichas cosas con sentido siempre es superior a un farsante diciendo a la perfección una sarta de sandeces.

En España, donde tantas tradiciones hemos derrumbado, parece que la del teatro es inconmovible. Se da el caso de que a una actriz genial como Loreto Prado, que hoy sólo puede ser un recuerdo venerable, se empeñen, exclusivamente por apego a la tradición, por no decir costumbre, en hacerla subsistir como primera actriz de un teatro, teatro que hoy forzosamente, como todo teatro que se haga, ha de ser revolucionario (entiéndase por revolucionario bueno). Y creo que el teatro interpretado últimamente por Loreto Prado, por muy bien interpretado que sea, como es capaz de hacerlo su enorme talento de actriz, no es de lo más ejemplar.

Por otro lado, hay que reflexionar sobre ese enjambre de primeras actrices y primeros actores que están saliendo de la sombra a la luz tristísima de los escenarios actuales. Para mí, que vengo ocupándome desde hace una serie de años de las cosas de teatro, debo confesar que me son tan desconocidos como los habitantes de Marte. Bien es verdad que hablo del teatro que se hacía en Madrid y en Barcelona nada más.

Salvo contadísimas excepciones, los artistas españoles de categoría nos han resultado fascistas, cosa que tampoco es de extrañar, puesto que el teatro que ellos amaban y nos hacían padecer iba muy en consonancia con la estulticia y el analfabetismo de los traidores. Necesitaban sus Pemanes, sus Torrados, sus Guillenes, y..., claro, han ido en su busca. Es lo único inteligente que han hecho en su vida, y se lo agradecemos en el alma... Pero tened cuidado, actores y actrices antifascistas, amigos de hoy, hermanos en este momento de honda reconstrucción (mejor: de construcción), no vayáis en el subconsciente a añorar, a verter ocultas lágrimas de nostalgia recordando aquellos monstruos de mal gusto que voluntariamente se fueron allí donde lo chabacano, lo vulgar, lo podrido, encuentran ambiente propicio. Si estamos unidos por un anhelo común para mejorar una sociedad y una clase, vamos a olvidarnos un poco de estos quince últimos años del teatro español. Olvidemos que hemos pisado escenarios y vamos a intentar hacer las cosas como lo exige una profesión que debe ser privilegiada de la inteligencia. Hagamos que los que están obligados a poner en vuestras bocas poesía y substancia sean verdaderamente capaces de ello. Que vuestro talento no sea desperdiciado en repetir al Mundo las idioteces que inventó un cretino. Por dignidad, por limpieza moral, vamos a respetarnos todos. Vamos a tener conciencia de nuestros actos.

En España han pasado muchas cosas. Hemos vivido horas de dolor, capaces de conmover al Mundo. En días hemos avanzado en el campo de la civilización lo que no hubiésemos conseguido sin esta convulsión en siglos. Todo español se ha echado a sus hombros una pesadísima carga, que hemos de llevar llenos de entusiasmo. Cada uno en su profesión ha de poner todo de cuanto él es capaz. El que no lo haga ni es digno de pertenecer al bando de la inteligencia y la justicia ni de ser español.

Nosotros, camaradas del teatro, compañeros de una profesión altísima, de un arte que, quizá más que ninguno, influye en la cultura del pueblo, tenemos una obligación: salvar el teatro. Hacer que el teatro tenga la trascendencia social y artística de sus mejores tiempos. Procurar que el gusto de esta nueva y maravillosa generación, nacida en estas horas de dolor, no se envilezca ni degrade. Convertir en arte lo que estaba siendo un comercio para enriquecer a un individuo, al que sólo esto último interesaba.

No creo que el teatro se salve ni con asambleas ni comités. Si ha de salvarse ha de ser con la colaboración de un grupo de artistas que verdaderamente sientan su profesión y estén dispuestos para mejorar su arte hasta el sacrificio si fuese necesario. Un teatro ha de tener una dirección elegida por un grupo de actores que pongan su fe en ella y después seguirla en su trabajo seriamente. Sin tiranía, sin dictadura; pero con una disciplina de hierro. Pensar que aquel en el que se pone la confianza, cuantas advertencias y correcciones haga sobre la labor de un compañero actor es exclusivamente por el bien de éste y sólo a éste favorece, sin que en esto se vea una inferioridad ni poder del uno sobre el otro. Tener siempre en cuenta que un actor es un actor, y un director un hombre que sabe decir "sí" y "no". Dos palabras. Con éstas se puede ser el más maravilloso director de escena. En la compañía de "los quince" del Teatro del Vieux Colombier, de París, el director es Saint-Denis. Como actor (allí todo el mundo hace de todo) es quizá el peor; interpreta siempre los últimos papeles; pero es el que mejor sabe decir "sí" y "no". Cosa bien sencilla, pero que requiere haber nacido para ello, como se necesita haber nacido para actor. Algún día, en un nuevo artículo, hablaré sobre esta maravillosa y ejemplar compañía, la cual tengo la satisfacción y el honor de conocer íntimamente. Nada más admirable y conmovedor que esta hermandad de apasionados por el teatro, que, gracias a esta fe y a este entusiasmo, han llegado a conseguir uno de los conjuntos más admirables del teatro contemporáneo.

Se habla de crear una escuela profesional a la manera del antiguo Conservatorio, y me parece sencillamente absurdo. ¿Qué profesores enseñan a los discípulos? Me parece bien que haya escuelas para enseñar a los actores todo cuanto necesite un hombre para vivir en un mundo sensible, pero no teatro. La escuela que se pretende, ¿qué va a ser? ¿Lo que presencié últimamente en Barcelona? Asistí a una clase de mímica. No he visto nada más cómico, grotesco, inútil y rayano en la locura que dicha clase. ¿Os imagináis la lección cuarta? Para gesto de horror abrir los ojos así... Y a partir de este momento todos los maravillosos actores salidos de esta escuela, cuando fingen horror usan de la lección cuarta, y... ¡genial! Charlot no ha hecho todavía nada tan cómico. La escuela ha de estar en cada compañía, en cada teatro. Dentro de ésta, el actor ha de procurar constantemente superarse y aprender todo cuanto le sea necesario para perfeccionar su arte. Un intérprete ha de tener forzosamente una libertad y una concesión a la inspiración del momento; pero el director es el control y a quien incumbe corregirlo y demostrarle su error. Cada teatro que tenga un director inteligente, a la larga creará una escuela; es decir, creará un grupo de actores excelentes, que servirán de modelo a los aprendices (lo que llamamos meritorios) que deben existir en cada compañía, y que serán los actores de mañana. Con la teoría del Conservatorio se cae en el mimetismo y en la pérdida de la personalidad, dos cosas que todo director ha de tener especial cuidado y evitarlo.

En España creo que ha habido solamente un director: Gregorio Martínez Sierra. A él se le debe la época más brillante del teatro en lo que va de siglo. No creo en su talento literario, pero sí en su talento para el "sí" y el "no". Los mejores artistas del momento salieron de su teatro (su escuela). El trajo a España el aire de fuera y descubrió valores que colaborando con él hicieron en su época una pequeña revolución escénica. Si en su época hubiese habido en cada teatro un hombre con sus condiciones, el teatro no hubiese caído en la ramplonería y vaciedad en que se encuentra.

Yo, puesto a pedir, pediría más, mucho más que Martínez Sierra; pero de no poder llegar a lo soñado, con un poco de sentimiento, pero con entera franqueza, pido varios Martínez Sierra. Un hombre que aunque no se llame "Don Gregorio", y se le envidien sus puros, sepa y pueda hacerse de una autoridad e inspire una confianza en su compañía, hasta el punto que siguiendo su criterio coloquen al teatro revolucionario en el puesto que por encima de todo debe estar.»

GATO POR LIEBRE, POR MARIA TERESA LEON

Grandes discusiones se levantan siempre que la cuestión teatro se plantea. Como es un arte público, pública ha de ser su crítica y su alabanza. Claro es que la mayor parte de las veces hay un punto de vista distinto entre la intención del director y montador de la obra y la del espectador. Cuando entre ellos se consigue este difícil equilibrio, se suele decir: ese teatro tiene «su» público. No es posible que todas las sensibilidades respondan al mismo halago, y mucho menos cuando estas obras no halagan la fácil sensiblería, la emoción cómoda, o recuerdan restos de teatro visto anteriormente y que quedan en la memoria. Indudablemente que se habla a la ligera y sin responsabilidad cuando se quiere dar sólo al público la razón en este juicio. Hay muchos factores jugando en tan dificilísimo problema. La verdad es ésta: el público tiene razón relativa, pues su claro juicio está condicionado por las circunstancias históricas que vive en la calle, por su grado de cultura, por la moda, etc. Al teatro van los avisados y los ingenuos; los primeros todo lo reciben con reservas; si son mayor número, pueden llegar a producir la frialdad colectiva, aunque se esté representando una obra maestra del Teatro universal. ¿Es que *El Gran Teatro del Mundo,* de Calderón, puede discutirse? Pues yo he visto levantarse el telón con diez personas en el patio de butacas. ¿Puede la taquilla responder por sí sola de la bondad y belleza de un espectáculo? No, terminantemente no. Más aún: casi nunca la obra literaria tiene en vida de su autor el gran prestigio que alcanza luego en el tiempo. ¿Por qué este fenómeno? Pues porque todo autor de teatro dice cosas más allá de su momento vivido, más avanzadas, más originales, insospechadas para los que no ocupan sus horas en este pensar constante, que es el único oficio del escritor. El choque de dos mundos: el clásico y el romántico, produce la convulsión teatral del estreno del *Hernani,* de Víctor Hugo. Se reían de Beethoven, se critica a Wagner, y en el estreno de *La consagración de la primavera,* Strawinsky recibe la gran silba. Y así innumerables casos; por ejemplo, y para los que gustan de las cosas de casa, podemos recordarles que Zorrilla no se hizo rico con el Tenorio, cosa que, en cambio, sucedió a tantos empresarios más tarde. En fin, que la taquilla puede darnos un solo índice: el grado de cultura o de excitación sexual de un público. Y aún hay más. Si la taquilla acusa un estado de corrupción o desmoralización de las costumbres, son los hombres colocados al frente de las responsabilidades teatrales los que deben guiarse por ella para remediarlo. Cuando se pretende utilizar el teatro como vehículo de propaganda y de cultura, hay que tener esto muy en cuenta. Es un pretexto demasiado cómodo el achacar el estado actual de nuestros escenarios al mal gusto del público; no, camaradas del teatro: esto es una subestimación del gran momento que vivimos y de los hombres que lo viven. Claro es que si el público ve ante sí abiertos varios espectáculos, y todos o casi todos indeseables para un instante revolucionario, llenará estos locales, porque el hombre lucha, sufre y trabaja para el agradable descanso de unas horas. Si hemos conseguido un Ejército, podemos conseguir algo nuestro más fácil, como es un teatro. El teatro es el arte colectivo por excelencia. Actores, maquinistas, electricistas, etc., forman con el pintor, el autor y el músico un conjunto armónico. El director no es más que el punto central de una agrupación. ¿Para qué sirve un teatro? Pues para educar, propagar, adiestrar, distraer, convencer, animar, llevar al espíritu de los hombres ideas nuevas, sentidos diversos de la vida, hacer a los hombres mejores. Para ello el teatro ha de seguir vivo con la vida de su tiempo, buscar afinidades con el teatro antiguo, y para cumplir con nuestro deber estrictamente revolucionario deberíamos evitar que pasasen gato por liebre, llamando teatro a la basura inmunda, equivocando a los camaradas de buena fe. ¿Qué pensaríamos de un miliciano de cultura encargado en nuestro Ejército de enseñar a leer a nuestros campesinos, si los enseñase las letras equivocadas? Diríamos que era un saboteador. Más de los deseables hay repartidos por el mundo teatral. Muchos porque no han comprendido nada de lo que sucede; otros porque aguardan no sabemos qué inconfesables soluciones de la guerra; los más porque han creído que la revolución es un asunto de bolsillo. Seriamente enfocado el problema de la técnica, del arte y del uso del teatro en favor de nuestra causa, tenemos que declarar que el abuso ronda con demasiada frecuencia los límites donde la paciencia ciudadana se termina. Vuelvo a repetir: el público recibe lo bueno que le den y lo malo; lo que no puede admitir, sin sublevarse, es que se empeñen en darle mal cobre por oro teatral. Luego de esto puede también no ir al teatro, en uso de su perfecto derecho de espectador.»

LA MUSICA EN EL TEATRO, POR JESUS G. LEOZ

Si la «música escénica», aceptando el título en sentido universal, se distingue en que todos sus elementos han de estar subordinados a las palabras, a la acción, al ambiente del escenario, la que se hacía para el teatro español (hablo del menguado teatro español contemporáneo y fijo mi crítica en el punto de la sublevación fascista), nada tiene que ver con aquella «música escénica».

Limitada en el encasillamiento de la zarzuela y manejada por una mezcla de factores, entre los que sobresalen la ineptitud y la codicia, la música de teatro ha venido descendiendo en nuestra patria (el descenso se inicia después del *Jugar con fuego*) hasta llegar al estado actual, en que el éxito de una obra se fía a que un determinado número de la partitura se repita cinco o seis veces, no importa a costa de qué burdas concesiones.

Logrado esto, el compositor piensa lánguidamente en la ventanilla de la Sociedad de Autores; la compañía, en la temporada asegurada; la amiguita, en el abrigo de pieles prometido..., y todos felices.

Los medios utilizados en la música de teatro por los compositores de España (salvo, como es justo, las excepciones obligadas) no se encuentran en la historia de la música dramática, desde el madrigal monteverdiano hasta las «óperas en un minuto», de Darius Milhaud.

Yo recuerdo haber leído unas declaraciones de uno de nuestros más famosos músicos de teatro, en las que a la pregunta del periodista sobre su manera de escribir respondía que él, todas las mañanas, se encerraba en su despacho y hacía un número; este número iba al fondo del cajón a unirse con sus hermanos de los días anteriores, hasta que llegaba un libreto.

Entonces se volcaba el cajón, claro, y del montón de números se extraían los doce o catorce más apropiados al carácter de la obra.

Este procedimiento engendra uno de los vicios más funestos y más corrientes en nuestro teatro, cual es adaptar la letra a una música resuelta anteriormente.

Como es fácil suponer, la analogía entre la música y la letra (hecha ésta mediante el absurdo monstruo) no existe, la acentuación es disparatada, y el resultado total, la absoluta disparidad entre música y escena.

Otros compositores alardean de que ellos trabajan directamente sobre la letra. Pero si el procedimiento es lógico, el resultado, con frecuencia, viene a ser el mismo, porque el desconocimiento de las más elementales normas a las que debe ajustarse, no ya la música dramática (donde habrían de intervenir el juego de tonalidades, en sensaciones de ambiente; la declamación lírica, etc.), sino la simple adaptación a una canción, les hace incurrir en cosas tan grotescas como preguntar con la letra mientras la música responde; es decir, hay giros melódicos que por sí solos o por virtud de la influencia armónica, son una pregunta, y otros, a la inversa, por las mismas razones. Pues bien: las obras teatrales españolas están plagadas de casos en que a la pregunta musical la letra adaptada dice una frase afirmativa, y todo lo contrario, confirmando con esto el «analfabetismo musical» de sus creadores.

Seguiremos señalando defectos y apuntaremos futuros caminos, que, a juicio nuestro, tendrá que emprender nuestro teatro lírico, y que no han de ser ciertamente los del retorno al trasnochado «verismo» italiano, equivocación lamentable de casi todos los que con nobles propósitos han pretendido airear y dignificar nuestra «música escénica».

El artículo de Luis Cernuda, expresión de la amargura con que nuestros mejores escritores contemplan su condición de «artistas minoritarios», pertenece a esa proclamación, colectiva por compartida, suscrita por plumas ilustres, del nuevo gozo revolucionario. Cernuda había sido saludado desde las páginas de *El Mono Azul* porque cuando las fuerzas nacionales avanzaban sobre Madrid, y, entre cautos y temerosos, una serie de personalidades abandonaban la Capital, el poeta había hecho un largo viaje para reunirse con sus amigos de la Alianza.

De Cernuda es un trabajo que, sin aludir, directa ni indirectamente, al Teatro de Arte y Propaganda, viene a ser su más consistente legitimación. A Cernuda le preocupa la creación del nuevo repertorio que entierre al antiguo. Y es consciente de que el aparato teatral español constituye, por su estrecha relación con la mediocridad de sus obras y sus públicos, una grave limitación de todo avance. La cita de Valle Inclán —contra lo que solía decirse en aquellos tiempos y adelantándose en un cuarto de siglo a quienes «descubrimos» que Don Ramón, además del gran escritor por todos reconocido era, en su más estricto sentido, un dramaturgo genial y revolucionario— es, en este sentido, precisa:

«Recordemos todos cuánto entorpeció a la obra de Valle Inclán, nuestro primer autor dramático moderno, el no verse representado nunca si no era tarde y mal.»

Reproducimos a continuación el artículo de Cernuda. A su valor como crítica literaria y teatral, se añade, dada la personalidad del autor, el de testimonio de esa voluntad de compromiso que desgajara a los hombres del 27 del maestro Juan Ramón Jiménez para sumergirlos en las turbias y vivificantes aguas de la historia:

«SOBRE LA SITUACION DE NUESTRO TEATRO

Creo que seremos algunos ya los escritores de generaciones más recientes que sientan cierta náusea al oírse llamar, con buena o mala intención, "artistas de minorías". La denominación, es sabido, tuvo origen en el propósito y en las palabras de dos grandes escritores contemporáneos: Juan Ramón Jiménez y José Ortega y Gasset. Pero se ha torcido mucho el pensamiento inicial, y no son los artistas despechados de su escaso éxito quienes menos esgrimen, contra los que alcanzaron cierto renombre, el arma de dos filos, que envuelve esa apelación, cosa tanto más cómica cuanto que se tacha de "escritores de minoría", precisamente, a los más populares hoy.

Ese aura especial de dificultad y obscuridad en que aún hoy aparecen ha entorpecido bastante su labor. Y eso que no hablamos ahora de poesía, ni de pintura, ni de música, que siempre tienen un círculo de difusión más reducido, sino de teatro.

Se ha dicho que no tenemos ahora novelistas ni dramaturgos. ¿Y cómo los vamos a tener, desdichados de nosotros, si no nos dejaban tenerlos? Aún el poeta nace, como dicen por ahí, y con su destino a cuestas, el Mundo en torno y la lucha entre el Mundo y su destino de poeta, le basta y le sobra para levantar, a duras penas, su obra. Pero, ¿y el dramaturgo? ¿Dónde encontrar el teatro que represente sus obras o que le atraiga y oriente su vocación incipiente?

No creo que quepa mayor abyección que aquella en que había caído nuestro teatro representado. Hasta tal punto, que el rubor coloreaba las mejillas al leer cualquier cartelera de espectáculos. Allí aparecían, codo con codo, los imbéciles con los arrivistas, la ñoñería con la desvergüenza. Y cuando se quería contemporizar un poco, interesadamente casi siempre, con el gusto, la inteligencia y la tradición, se surtía de aquí y de allá, de cualquier manera, manera que casi siempre era mala, una obra de Lope o de Calderón.

La guerra, que tantas cosas ha removido, y que indirectamente ha podido ser origen de una total desaparición de esas obras teatrales embrutecedoras del público, no parece aportar hasta ahora una rectificación. Vaya por delante que en momentos como el actual de España todo está subordinado a la guerra; pero, ¿es que las obras representadas en los teatros de Madrid o de Valencia no tienen una repercusión en el espíritu de los espectadores? Y éstos, ¿no siguen embruteciéndose, como si aquí no ocurriera nada, ante los engendros que le sirven sobre las tablas? Piénsese que no sólo todo sigue igual en este punto, sino que aún está mucho peor.

No profeso gran predilección por las obras de los señores Benavente y Álvarez Quintero; no obstante, éstas, que antes era frecuente ver representadas en tal o cual teatro, suelen ahora anunciarse a bombo y platillo, como gran acontecimiento, muy de tarde en tarde. Y de lo a diario representado más vale no hablar.

Si al comienzo de estas líneas hablé de los escritores de minoría era para aludir a una confusión que sobre ellos pesa: sin duda, cuando al gran público se le ha venido solazando con semejante bazofia, una obra que sólo posea cierto asomo de inteligencia y de buen gusto corre el riesgo de parecer difícil y obscura, para pocos.

¿Cree alguien entre nosotros que Molière, Shakespeare o Aristófanes son autores de minoría, de ésos que se dedican a lanzar irisadas pompas de jabón, como aquí dicen de los poetas cuando no escriben comiéndose los finales de palabra o limpiándose las narices, cosa que, por lo visto, es lo verdaderamente sencillo y fuerte en poesía?

A quien eso piense le aconsejaría se diera cualquier tarde una vuelta por el teatro de la Zarzuela y viese al público durante la representación de «El duelo». Atento, sin perder una sílaba, sigue el juego de los actores y ríe humanamente divertido con las incidencias de la pieza.

No hay allí nada difícil. Porque no es difícil componer un repertorio teatral a la altura de la condición de hombres que tienen los espectadores. Y éstos, con más o menos costumbre todavía, pueden responder a la tarea. Lo importante es dedicarse a ella.

El teatro, desconocido casi por la mayoría de los españoles, puede trabajarse ahora. Y de ello depende la aparición de los jóvenes dramaturgos que aún no existen.

Recordemos todos cuánto entorpeció a la obra de Valle Inclán, nuestro primer autor dramático moderno, el no verse representado nunca, sino era tarde y mal» (15).

En julio del 38, completando este cuerpo teórico, la Alianza incluirá en *El Mono Azul* las palabras de Lorca. En verdad, allí estaba cuanto luego expuso María Teresa León —«adaptándolo a las nuevas circunstancias»— para fundamentar el Teatro de Arte y Propaganda. Había dicho Federico:

«El teatro que no recoge el latido social, el latido histórico, el drama de sus gentes y el color genuino de su paisaje y de su espíritu, con risa o con lágrimas, no tiene derecho a llamarse teatro, sino sala de juego o sitio para hacer esa horrible cosa que se llama matar el tiempo...

---

(15) *El Mono Azul*, núm. 36, 14-10-37.

Mientras que actores y autores estén en manos de Empresarios absolutamente comerciales, libres y sin control literario ni estatal de ninguna especie, Empresas ayunas de todo criterio y sin garantías de ninguna clase, actores, autores y el teatro entero se hundirán cada día, sin salvación posible... He visto patear a Debussy y a Ravel hace años, y he asistido después a las clamorosas ovaciones que un público popular hacía a las obras antes rechazadas. Estos autores fueron impuestos por un alto criterio de autoridad superior al del público corriente, como Wedekind en Alemania, y Pirandello en Italia, y tantos otros... Desde el teatro más modesto al más encumbrado se debe escribir la palabra "Arte" en salas y camerinos, porque si no vamos a tener que poner la palabra "Comercio" o alguna otra que no me atrevo a decir. Y jerarquía, disciplina y sacrificio y amor...» (16).

Sólo estos antecedentes, este viento que soplaba de antiguo, explican el que, en el tremendo Madrid del 37, se inaugurara el Teatro de Arte y Propaganda. Y el que las circunstancias de la Guerra, por el desplazamiento de poder que produjeron y la función concedida a la Cultura, permitieran pensar a los Intelectuales de la Alianza, patéticamente, que aquélla era la primera «gran oportunidad» de llevar a la práctica lo tantas veces imaginado.

Por lo demás, el análisis crítico de este conjunto de textos, a la luz de nuestros días, tendría, sin duda, que insistir en el valor de unas propuestas a las que faltó la decantación de una práctica suficientemente prolongada. A menudo tenemos la impresión —y, muy especialmente, ante los trabajos de María Teresa León y de Santiago Ontañón— de hallarnos ante una serie de ideas que no consiguen vertebrarse entre sí, que comparecen como el material de un discurso necesitado de confrontación práctica.

Y no es, según vamos viendo, porque no existiera una «acción teatral», traducida a iniciativas y a espectáculos concretos, sino porque a ésta le faltó, por las especialísimas circunstancias de la Guerra, ese desarrollo continuado que conduce a las rectificaciones provechosas, a la superación de los juicios voluntaristas o de las conclusiones provisionales que se introducen en toda formulación programática.

El «cuerpo teórico» propuesto participaba también de la «urgencia» que condicionaba nuestra vida cultural.

---

(16) *El Mono Azul*, núm. 46, julio del 38, pág. 6: «García Lorca habla sobre el teatro».

Por eso, precisamente, renunció a su análisis sosegado «desde nuestra circunstancia actual», prefiriendo, en la medida que me ha sido posible, no despegarlo de la realidad —política y económica— donde se generó.

Aun así, es evidente que dicho «cuerpo teórico» contiene observaciones, juicios, impresiones y propósitos de enorme valor, hasta el extremo de constituir un capítulo imprescindible en la historia, soterrada y difícil, del «otro teatro» español, de ese «otro teatro» que, a lo largo del siglo XX, ha intentado cuestionar los supuestos sociales y estéticos de la escena española.

Si el teatro de la derecha tiene a mano una tradición en la que fundamentar sus propuestas, el teatro de la izquierda —y perdóneseme el recurrir a términos tan ambiguos, pero, aún, tan necesarios para entendernos— está siempre partiendo de cero o recurriendo a ejemplos foráneos. De ahí el valor de la teoría teatral recogida en *El Mono Azul,* aunque está teñida —y esa sería una característica propia de la discontinuidad o marginación con que entre nosotros ha solido vivir el teatro de la izquierda, desde el mismo Valle hasta nuestro reciente teatro independiente— de urgencia. Son piezas valiosas para apoyar reflexiones contemporáneas y no pasarnos la vida descubriendo el Mediterráneo o repitiendo los mismos errores...

Muchas de las ideas que conformaron las Guerrillas del Teatro, por ejemplo, reaparecerán, un cuarto de siglo después, frente a la censura franquista, en la actividad de los grupos independientes. Aunque existan las diferencias profundas que impone el cambio del marco político y económico.

EN BUSCA DE UN REPERTORIO

Antes de entrar en el repertorio del Teatro de Arte y Propaganda, tal vez sea bueno detenerse un momento en los límites que la especial situación pudiera imponer a la programación de los distintos locales. Bien se ve, por lo ya transcrito, que la «censura» era de lo más tolerante a la hora de aceptar las obras malas o ajenas a la lucha popular. En principio, lo único que contaba era la conducta política de sus autores, su posible adhesión a los militares rebeldes, aunque este criterio, útil en los casos claros y notorios, resultaba vacilante en la medida que también eran vacilantes muchos comportamientos. Abundan en este sentido las referencias a escritores —y a artistas, en especial, cantantes— que habiendo sido inicialmente aceptados como parte del «campo republicano», consiguieron salir al extranjero, o se encontraban ya en él cuando llegó el 18 de julio y acabaron decantándose por los «nacionales». A veces, las noticias de esa «decantación» eran inseguras, siendo la «quinta columna» la más interesada en propagarlas, y aun en inventarlas, como parte de la lucha psicológica. La réplica solía ser, en tales casos, fulminante; en la prensa aparecía de inmediato la indignada protesta contra Fulanito o Menganita, solicitando que sus discos dejaran de emitirse o que su nombre no continuara citándose con respeto.

Pronto, sin embargo, se planteó un significativo problema. De un lado, había escritores, como era el caso concreto de Marquina, que aun militando en el campo franquista, contaban en su haber con varias obras de juventud que no podían ser tachadas de reaccionarias. Del otro, no faltaban escritores, de probada adhesión a la República, pero malísimos dramaturgos. El problema, un poco pueril si se quiere, lo saco a colación para que se vea hasta dónde podía resultar complicado, en aquellas circunstancias, elaborar un repertorio.

En *La Voz* del 26 de agosto de 1937 —y he procurado limitar mis citas de periódico a *La Voz*, por haberse acogido a sus páginas, durante una larga etapa, *El Mono Azul*, lo que implicaba, aun dentro de la nítida diferenciación formal, una serie de relaciones y afinidades— se publicaba al respecto un interesante comentario bajo el título: «Los facciosos y los que no lo son.» El periodista buscaba en el modo de liquidar los derechos de autor la solución que no era posible encontrar en el orden artístico. La sanción era «personal» en lo que atañía a la «conducta personal» del dramaturgo, aplicando «el dinero del enemigo» a las propias necesidades; pero, en cambio, a la hora de juzgar el valor de una obra, ésta era, en tanto que la materia ofrecida a los espectadores, la única que debía tomarse en cuenta, tanto artística como políticamente.

Reproducimos el artículo, por los datos que contiene y porque expresa muy bien la confusión que sobre este punto muchos tenían:

«En algunos periódicos —sobre todo en los de provincias, que son los que tienen más papel para dedicarse a estas cosas— se plantea ahora un bonito dilema: ¿Deben representarse las obras de repertorio de los autores fascistas? ¿Sí o no? Hay quien dice que sí. Y hay quien dice lo contrario. Nosotros —si se nos dejara intervenir en el debate— consumiríamos medio turno a favor y medio en contra: mitad y mitad, que es lo más discreto. Nos explicaremos: por muy fascista que sea el señor Marquina (Don Eduardo) —que sí que lo es—, nosotros no nos atreveremos a poner nunca en el "Index" una obra como "En Flandes se ha puesto el sol", escrita cuando su autor venía de dejar lo mejor de su estro rebelde —rebelde entonces— en las páginas de "España Nueva". Entre "En Flandes se ha puesto el sol" o "Tormenta", nos quedamos veintidós mil veces con la obra del señor Marquina, a pesar de todo el antifascismo indudable de Pepe García. En el teatro —por lo menos, en el teatro que se hacía antes, que es, con poquísimas excepciones, el teatro que viene haciéndose hoy y el que se hará mañana, como los dioses no operen un milagro—, en el teatro no todo es cuestión de política: principalmente es cuestión de inteligencia. Un ejemplo: Arniches. Arniches es —o ha sido— uno de los autores más inteligentes de España. Sus sainetes, sobre todo los de la primera época, continúan hereditariamente la línea madrileñista de Don Ramón de la Cruz, de López Silva y de tantos otros exégetas teatrales de la villa «donde nunca había pasado nada». Porque don Carlos se nos haya ido al otro lado, ¿vamos a proscribir *Las estrellas* o *Alma de Dios*? Además, ocurre una cosa: que las obras de don Carlos no están escritas sólo por don Carlos. Si no se representa *Alma de Dios*, por ejemplo, no se perjudica únicamente a don Carlos, sino al maestro Serrano, que está el hombre en su casa del Perelló sin meterse en nada...

Por eso, lo mejor sería representar las obras de autores fascistas que realmente lo merezcan —he aquí una labor interesante de clasificación que podría hacer muy bien el flamante Consejo del Teatro—; pero sin cargarle al autor los derechos correspondientes, sino, por el contrario, haciéndolos pasar a la Caja de Reparaciones. Eso estaría muy bien. Y sería lo más justo. Como también sería justo que se dijese oficialmente quienes son, de verdad, los autores fascistas. Porque sobre este punto delicadísimo hay bastantes confusiones enojosas. Ahora ha habido, recientemente, el desagradable incidente con el señor Fernández del Villar. Por otra parte, un periódico de Valencia cargaba días atrás *La cara del ministro* —que es una graciosa humorada de Pepe Romeo y Ernesto Polo— en la "ópera omnia", de Muñoz Seca. Todo esto es absurdo. Y puede corregirse sólo con un poquito de buena voluntad...

En fin para eso, como para otras muchas cosas, lo

mejor, en efecto, será esperar a ver qué decide el Consejo Central del Teatro.»

Era interesante plantear la cuestión, porque ella nos remite a las respuestas que hubo de buscar el Teatro de Arte y Propaganda. Si, como habían recordado Alberti o Cernuda, la mayor parte de los dramaturgos españoles que vivían en el 37 eran de tendencia conservadora, de los que no cabía esperar una obra ajustada a los intereses y necesidades de la combatiente clase popular, el nuevo teatro estatal iba a encontrarse, en el primordial problema de su repertorio, con un vacío capaz de socavar todas sus proclamadas intenciones.

A Luis Cernuda —siempre a comienzos de la temporada 37-38, cuando el Teatro de Arte y Propaganda daba sus primeros pasos— le debemos un artículo, titulado «Un posible repertorio teatral», en el que, como no podía menos de suceder, acaba acogiéndose «a los dos únicos nombres» de García Lorca y Rafael Alberti. Pero, naturalmente, Cernuda no se conforma con eso, siendo su trabajo una breve y rica indagación en la historia del teatro. A la cita de títulos y autores —Valle Inclán, Moratín, Jarry, Aristófanes...— agrega Cernuda una pregunta capital:

«¿Quién que cuente hoy menos de treinta años ha visto sobre la escena española representar a Shakespeare o a Molière?»

Pregunta que da idea del grado de decrepitud a que había llegado la escena española y restablece los términos del verdadero, antiguo y tantas veces mal enunciado problema; que esa ambicionada y perdida relación entre la sociedad popular y el teatro no depende tanto de las manipulaciones ideológicas de viejos textos, de la propuesta paternalista de dramas doctorales o de la multiplicación de los panfletos, como del rescate global —desde una realidad política que la haga posible— de una tradición poética y popular, de la que forman parte Shakespeare, Molière o Cervantes, vivificada sin espíritu arqueológico, y, por ello mismo, capaz de suscitar, sin necesidad de separar lo lúdico de lo testimonial, o de lo político, una respuesta que engendre nuevas obras, nuevos poetas, y, en definitiva, un teatro donde los sentimientos y las ideas de la comunidad se manifiesten artísticamente.

He aquí el trabajo de Cernuda:

«UN POSIBLE REPERTORIO TEATRAL

Cualquier repertorio teatral que con gusto y juicio quiera formarse en España, debe forzosamente que acudir a lo extranjero. Entre nuestros escritores contemporáneos, de aquellos que coincidieron con el fin de siglo, sólo Valle Inclán puede contar; ciertas primeras comedias de Jacinto Benavente o de los hermanos Alvarez Quintero, propablemente olvidadas por el público, sería peligroso representarlas hoy, porque sus mejores cualidades han quedado sumergidas bajo los defectos que todos conocemos en la producción total de dichos autores. De los escritores más recientes, únicamente dos nombres pueden escogerse: los de Federico García Lorca y Rafael Alberti. Ahí termina, hoy por hoy, el número de dramaturgos contemporáneos españoles que deben figurar en programas de verdadero teatro. Pueden surgir otros; pero su aparición está íntimamente ligada al problema de un repertorio preliminar, que sirva de base y orientación a los jóvenes.

No olvido aquí la gran tradición dramática española, punto de partida para constituir cualquier repertorio. Pero hay en nuestra literatura, al terminar el ciclo histórico de la comedia clásica, es decir, ya en el siglo XVIII, dos nombres interesantes para esta experiencia teatral: son los de don Leandro Fernández de Moratín y don Ramón de la Cruz. Con la invasión de las tropas francesas en 1808 acaba una sociedad española, y el teatro no podía representar, si no era proyectándolas melancólicamente en la leyenda, que fue lo realizado con posterioridad por los románticos, esas escenas de una vida ya muerta. Hay en estos dos escritores mencionados la crítica, viva bajo la fabulación dramática, de unos días que por ser punto de partida de una nueva época tendría interés revivirlos ahora sobre nuestro teatro.

Pero, volviendo al tema inicial de estas palabras, no conviene olvidar que esa tradición y esos nombres, aquí someramente indicados, y otros que a ellos pudieran agregarse, deben ir acompañados, ampliamente acompañados, por los numerosos dramaturgos extranjeros, sean estos griegos o latinos, medievales o renacentistas, románticos o modernos. Creo que en pocos terrenos artísticos somos tan ignorantes los españoles como en el teatral. Es frecuente censurar nuestra segunda mitad del siglo pasado y los primeros años del actual como época de mal gusto y de decadencia; a poco que se repasen sus espectáculos hemos de reconocer que no eran, ni con mucho, tan nulos como los nuestros. ¿Quién que cuente hoy menos de treinta años ha visto sobre la escena española representar a

Shakespeare o a Molière? Tal vez se recuerde en este punto algún intento; pero además de ser cosa aislada, por la manera de llevarlo a cabo, más vale no hablar de ello. No creo que quepa mayor tristeza para un hombre, que en algo tenga las creaciones del espíritu, como morir sin haber visto, no digo leer, sino ver escenificado ante sus propios ojos, un drama o una comedia de Shakespeare. Lo único que en ciertos momentos puede consolarnos de la vida es la propia representación de ella que nos dejaron algunos hombres, así como el mejor antídoto contra una enfermedad es la enfermedad misma.

¡Cuántas obras, que el español no conoce, podrían ponerse en escena! Piénsese en una representación de la *Lisistrata,* de Aristófanes. ¿Qué espectador sería el que no saliese del teatro bajo el influjo de un placer para él desconocido hasta entonces? Y al lado de esto tantas cosas, como el *Ubu Rey,* de Jarry; *El candelero,* de Musset. Sería innumerable la lista, porque innumerable es la ignorancia en que han dejado durante largos años a nuestro público la estupidez y la codicia de empresarios y primeros actores.

En un otoño excepcional, como el que viven los madrileños, bajo los obuses del enemigo, mantenido a raya desde hace un año, sin desaparecer ese elegante desgaire e indiferencia que caracterizan a la capital de España, ¡quién pudiera asistir, confundido entre el público, al despertar entre nosotros de la escena dramática, cuyo encanto es más poderoso que el de ningún espectáculo! (17).

La presencia de este texto de Cernuda en *El Mono Azul* presupone que los mentores teatrales de la Alianza —es decir, quienes también lo eran del Teatro de Arte y Propaganda— estaban de acuerdo con él. Lo que sucedía es que la guerra, por su excepcionalidad y el carácter decisivo del desenlace, exigía también una respuesta excepcional. Desde ese supuesto deberemos contemplar el repertorio ofrecido en el Teatro de Arte y Propaganda, compromiso lógico entre los distintos factores que gravitaban sobre él. Lo que allí se hubiera hecho de ser distinta la solución de la Guerra es algo que pertenece a la especulación gratuita, entre otras cosas porque una victoria del Frente Popular hubiera situado al país ante nuevos dilemas...

El 6 de enero de 1939 pronunciaba María Teresa León una conferencia en los salones de la Alianza. Se titulaba «Un teatro para la paz».

(17) *El Mono Azul,* núm. 38, 28-10-37.

EL REPERTORIO DEL TEATRO DE ARTE Y PROPAGANDA

En el último número de *El Mono Azul*, al resumir la labor de la Alianza, se especificaba, entre otras actividades, la siguiente:

TEATRO DE ARTE Y PROPAGANDA.—Temporada de 1937-38 en la Zarzuela. Obras presentadas: *Los títeres de Cachiporra*, de García Lorca; *La cacatúa verde*, de Schnitzler; *La tragedia optimista*, de Vischniewsky; *Numancia*, de Cervantes (arreglo de Alberti); *El bulo* y *El saboteador*, de Ontañón; *El dragoncillo*, de Calderón de la Barca; *Sombras de Héroes*, de Bleiberg; *El agricultor de Chicago*, de Mark Twain; *El talego niño*, de Quiñones de Benavente, y *Chateau Margaux*, de Jackson. La lista, sin duda heterogénea, comprende obras ajustadas al teatro de urgencia, como es el caso de las de Ontañón y Bleiberg; otras, adscritas a la tradición popular española, de las que los textos de Calderón, Quiñones de Benavente y García Lorca serían el ejemplo; otras, tomadas como muestras del teatro universal contemporáneo, que es el caso de las piezas —cuya presencia no deja de sorprender desde la óptica de nuestros días— de Schniztler y Mark Twain; otras, que quizá resumen la ambición de los gestores del Teatro, en las que se aúnan Arte y Propaganda, fervor político y fervor escénico, como son *La tragedia optimista* y *Numancia;* otra, de puro entretenimiento, anacrónica a no haber sido repuesta con cierta ironía, *Chateau Margaux*.

De la obra de Ontañón ya hemos hablado al referirnos al «teatro de urgencia». Sobre *El bulo* escribió Salas Viu (*El Mono Azul*, 25-11-37) lo siguiente:

«Quizá lo que más haya contribuido al éxito de *El bulo*, la estupenda farsa de Santiago de Ontañón, sean sus cualidades de buen teatro político. De teatro político en un sentido bien distinto del que se tenía por tal entre nosotros. En estos últimos tiempos, todo lo que se había hecho que pudiera tener siquiera una débil relación con esta clase de teatro, no pasaba de vulgares "reclamos" electoreros. ¡Qué distinto, qué más fino sentido de lo político el de las graciosísimas burlas de Ontañón! Frente a los que, al hablar de teatro político, piensan en modelos extranjeros, lo mejor de *El Bulo* es el desenfado —hermano del de los mejores sainetes de principios de siglo— con que el autor se ríe de "los salvadores de España, de los esforzados militantes de la quinta columna". Si alguna tradición se le quiere buscar a *El bulo* es precisamente ésta a que aludimos: la del sainete madrileño de hacia 1910 y años siguientes, en que a la vuelta de las burlas, se ejercía una despiadada crítica del pobre mundillo de entonces y sus costumbres. Los severos dómines, que existen en todo tiempo, podrán creer o no acertado el camino seguido por Ontañón. Que al pueblo le parece el mejor lo testimonia el gran éxito de esta farsa, y éxito precisamente popular. Son los obreros y los soldados quienes llenan el teatro de la Zarzuela para verla representar y los que con más ganas se divierten con ella» (18).

El texto no tiene desperdicio. Porque, además de rechazar un tipo de panfleto que llama «reclamo electorero», Salas Viu —crítico musical y director de *El Sol;* cuentista y novelista, muerto en 1968, en Chile, país al que se exilió y donde realizó una importante labor musical— apunta la presencia de un «teatro político» inspirado en modelos extranjeros, frente al cual *El bulo* sería una obra arraigada en el sainete de principios de siglo, es decir, en el género chico. Es fácil aún hoy entender esa esbozada polémica. En una época reciente, en la que varios grupos de nuestro teatro independiente dispararon sus farsas contra las postrimerías del franquismo, fue perceptible la presencia de un signo intelectualista, movido por la lectura de ciertas obras extranjeras —y aquí sería necesario aludir a la corriente brechtiana—, cuya consecuencia última, en contra de lo que pudiera pensarse en un principio, era, con demasiada frecuencia, la ingenuidad y la pedantería. Excepcionalmente, algún que otro grupo, intentó arraigar su trabajo en tradiciones autóctonas, buscando en la revista o en el género chico los elementos de un lenguaje directo y eficaz. Eludo citar ejemplos, porque ello nos llevaría a introducir un debate cuyos términos —los términos que nosotros hemos vivido y conocemos— no corresponden exactamente a la materia de este libro. Tampoco el carácter conformista, en la medida en que todo pintoresquismo lo tenga, o el carácter crítico, por descubrir el mal vivir de las gentes del pueblo, que, en su conjunto, y en relación con las etapas políticas del país, tuvo el género chico en su día, es cosa que venga a cuento. Sí queda en pie, en cambio, el hecho escueto —y tal vez orientador— de que, en el caso de *El bulo*, su crítico, y, al parecer, su público, vieran en el género

---

(18) *El Mono Azul*, núm. 42, 25-11-37.

chico la fuente, el modo de hacer un teatro político de la Guerra. Si pensamos en el vigor que los elementos del sainete tienen en los esperpentos de Valle —hasta el punto de prestarles un color que parece chocar, a veces, con la estilización violenta de los espejos deformantes—, quizá no sería descabellado ver en la opción de Ontañón la misma necesidad que llevó a García Lorca hasta los cristobitas y a Rafael Alberti hasta los pliegos de cordel. Son poéticas distintas e incluso opuestas —fotográficas en un caso, de raya y pasquín en el otro—, pero que coinciden en el deseo de reencontrar las vías de un teatro que divertía al pueblo, que lo instruía, quizá que lo expresaba, y que no aparecía adornado con ningún perifollo culturalista.

LA TRAGEDIA OPTIMISTA

Justamente en el mismo número de *El Mono Azul* en que iba el comentario de *El Bulo,* estrenada a comienzos de temporada y repuesta luego en varias ocasiones —«cada vez que había que llenar un hueco se recurría a mi comedia; y la gente venía y se divertía», me dice Santiago Ontañón en una entrevista que le hice para mejor documentar este trabajo—, aparecía el siguiente anuncio: «TEATRO DE ARTE Y PROPAGANDA. Continúa representándose con verdadero éxito *La tragedia optimista,* obra que recoge los episodios de la guerra civil en Rusia. En la sexta semana de cartel —estábamos a 25 de noviembre— aumenta considerablemente la concurrencia, en particular de combatientes que disfrutan de permiso. En la primera decena de diciembre se estrenará *Numancia,* de Miguel de Cervantes, adaptada a la hora presente por Rafael Alberti» (19).

Naturalmente, no tendría demasiado sentido creer que las consideraciones de Salas Viu, acerca de los «modelos extranjeros», estaban hechas directamente contra *La tragedia optimista.* Sí es lícito creer que la obra, con varias semanas en cartel, debió provocar el choque, tantas veces repetido, entre quienes se «asombran» y encandilan ante «lo de fuera» y quienes toman a España por el ombligo de la sabiduría. El recelo que la influencia soviética —directamente ligada al afianzamiento del Partido Comunista en la correlación de fuerzas del Frente Popular— pro-

(19) *El Mono Azul,* núm. 42, 25-11-37.

vocaba en los sectores no comunistas y la calificada militancia de Rafael Alberti y María Teresa León, personas claves del Teatro de Arte y Propaganda, también debieron pesar en el ánimo general a la hora de acoger el estreno de *La tragedia optimista.*

La obra, según veíamos antes, había sido anunciada para el 16 de octubre, XX Aniversario de la Revolución Soviética. El figurín de un personaje —Alexis— de la obra, la foto de Vischniewski —autor de *La tragedia optimista* y de *Los marinos de Cronstadt,* cuya versión cinematográfica se había hecho tan popular en la España republicana, que, llegada la hora de bautizar los Batallones de Choque de la Defensa de Madrid, sirvió de nombre para uno de ellos—, el anuncio del estreno y una Recomendación a los Soldados, formaban parte de esa gran página redactada «En Defensa del Teatro» por varios intelectuales de la Alianza.

La Recomendación, textualmente, decía:

«DE INTERES PARA NUESTROS SOLDADOS

La tragedia optimista es la historia de un destacamento de marineros soviéticos durante la guerra civil. La situación de la obra tiene un gran parecido con nuestra guerra actual. Uno de los personajes dice: "Camarada, no arrugues la frente. Tienes gesto de recordarnos que no estamos en el Comisariado de Guerra, sino en el teatro." "¿Pero crees tú que en la hora presente el Comisariado y el Teatro no persiguen el mismo fin? ¿Lo crees? ¡Pues a empezar!"» (20).

Una semana después, *El Mono Azul* dedicaba la mayor parte de su espacio a *La tragedia optimista.* Aparecía la foto de una escena de la obra —los marineros disparando desde la trinchera—, y la de cuatro actores en sus correspondientes personajes, Edmundo Barbero en el de un oficial de marina; María Angela del Olmo en el de la Comisaria; Severino (Andrés) Mejuto en el del marino Alexis, y Luis Peña en el del marino Ivan. Figuraban las cuartillas leídas por Serrano Plaja la noche del estreno en homenaje a la URSS. Cuartillas nada protocolarias, a través de las cuales se fundamentaba la dirección comunista de la Revolución, se condenaba el «espontaneísmo» de ciertos sectores y se resumían las razones políticas del Teatro de Arte y Propaganda en el marco de la Guerra

(20) *El Mono Azul,* núm. 36, 14-10-37.

Civil. Discurso que prestaba al estreno de una obra como *La tragedia optimista,* de claro sentido antiácrata, una dimensión histórica en la España del 37 bien fácil de adivinar.

Resumamos los argumentos leninistas de Serrano Plaja:

«Algunos afirman que la práctica de la Revolución es su mejor quía, que no hay que poner trabas a su desenvolvimiento, etc. Pues bien: estos "espontáneos" niegan, de hecho, el carácter consciente de la Revolución, la necesidad de que tenga una dirección y una seguridad de victoria. Negar la necesidad de una conciencia teórica en la Revolución es tanto como valorar por igual una insurrección proletaria que un motín de alocados o tal vez de provocadores; es negar la necesidad de que la fracción más consciente y capacitada conduzca y guíe a las capas más atrasadas e ignorantes de la población en la lucha contra el capitalismo, que las sumió en la ignorancia en que hoy se hallan. Detrás de esa espontaneidad no hay más que un oportunismo demagógico de la peor especie.» De ahí se deducía, en el plano cultural, que «Mantener en el teatro el criterio de dar aquello que al público le gusta más, es tanto como negar el papel de orientación y educación que el teatro, como todo, debe tener en la Revolución; es tanto como quedarse a merced de aquellas capas de la población que a causa de ser las más explotadas, las más oprimidas por el capitalismo, han tenido una educación más deficiente, más limitada, peor; es tanto como hacer el juego al capitalismo, ya que al ser estas capas las más numerosas, desgraciadamente, alimentando su falta de educación, nos comportamos exactamente como la reacción, la cual no quiere sino mantenerlas en la más absoluta ignorancia, para hacerlas así más fácil objeto de sus manejos y de su explotación.»

Por lo que Serrano Plaja concluía:

«El esfuerzo del Teatro de Arte y propaganda, en su totalidad, representa de modo admirable, abnegado y alto, el espíritu de lucha de nuestros soldados, que es el de la Revolución misma, el de la misma revolución de todos los países. El mismo de la Revolución rusa, que hizo posible la entrañable solidaridad que la URSS presta constantemente al pueblo español en su lucha heroica» (21).

Por lo demás, el discurso político contenido en tales cuartillas implicaba también la correspondiente modifica ción de la «imagen popular». Si durante los primeros meses de la Guerra había dominado una exaltación sistemática

(21) *El Mono Azul,* núm. 37, 21-10-37.

del «pueblo heroico», tomando como única norma de la acción revolucionaria, el curso de los acontecimientos, superado el bautismo emocional —«¡Oh, pueblo, acógeme, que quiero ser uno más entre los tuyos!»—, había ido restableciendo una visión mucho más dialéctica de la realidad. A la contradicción —tan frecuente, entonces y hoy, aquí y en tantos lugares— de condenar el carácter enajenador de la explotación, y, simultáneamente, proclamar la lucidez sistemática de los explotados, se oponía esta nueva y más compleja aproximación al problema, a la que habían contribuido las disensiones, los errores y los actos incontrolados del campo revolucionario. Que la respuesta resumida aquella noche en la Zarzuela contuviera latente la cuestión de cuál era la «fracción más consciente y capacitada» y cuáles los peligros de su «dirección cultural» es algo obvio y patéticamente debatido en la reciente historia de los partidos marxistas. La muerte de Koltzov, que era en octubre del 37, cuando se estrenó *La tragedia optimista,* corresponsal de *Pravda* en España, en la purga stalinista del 42, es uno de los innumerables datos que componen el doloroso telón de fondo del acontecimiento. Sin embargo, una cosa sí era positiva y evidente: con el estreno de *La tragedia optimista,* al margen de los pasos felices o infelices que luego haya podido dar el comunismo, se intentaba superar el populismo de tantas posiciones anteriores, la «zambullida» de tantas adhesiones a la «causa popular» dictadas por el redentorismo y la necesidad de penitencia, oponiendo el análisis cultural y la respuesta consecuente. En última instancia, dejando ahora a un lado materiales y reflexiones que no pertenecen al momento recogido, el estreno de *La tragedia optimista* significó un enriquecimiento —sin duda, polémico— en las relaciones prácticas entre el teatro y el discurso político en el campo republicano.

El pronunciamiento de la Alianza de Intelectuales sobre el resultado de la experiencian fue entusiasta. Y sirvió, además, para condenar —reafirmando la tesis de Serrano Plaja— la indignidad general de los escenarios madrileños, sometidos, año y pico después del 18 de julio, a una demanda que en nada había mejorado sus niveles, a pesar de la sangre y la tinta derramadas. Tras reseñar los nombres de las personas que intervinieron en el prologal homenaje a la URSS —Serrano Plaja, Alberti, Cernuda, Siro Rosado y María Teresa León, directora del Teatro y del montaje— el texto de la Alianza continuaba:

«Se levantó el telón. Como en el coro griego, tres marineros jóvenes presentaron al público su destacamento, comentando estróficamente la finalidad de la obra: "la enseñanza de nuestro pasado va a empezar", fueron las palabras finales del prólogo. Si los marineros de *La trágedia optimista* con su comisaría política a la cabeza, nos ofrecen a lo largo de tres accidentados cuadros, muy teatrales, las enseñanzas y experiencias de su pasado revolucionario, es el hecho de haberse podido realizar en Madrid y en las circunstancias actuales una obra como esa, quien nos enseña a nosotros las inmensas posibilidades del camino a seguir, el trabajo urgente que realizar. Sabemos que se ha luchado con dificultades enormes, ineptitudes e incomprensiones de todo género para montar con dignidad la tragedia de Vischniewski. Y a pesar de esto, el público heroico de Madrid, ha tenido ocasión de ver en España una verdadera obra de teatro soviético, de categoría, humana, llena de ingenuo romanticismo de la guerra civil, y una realización ejemplar en medio del inmundo charco —hay algunas excepciones— en que se anega y pierde la llamada escena española. Ejemplar, sí: para nuestros soldados, para nuestros actores, para nuestro público. Si sólo en nuestra capital funcionan únicamente dos teatros con obras del mismo nivel político y literario de *La tragedia optimista,* presentadas y dirigidas con el mismo decoro con que ha sabido hacerlo el Teatro de Arte y Propaganda, lo que todavía queda de sano en nuestros viejos auditorios y ese nuevo pueblo que por primera vez acude a sentarse ante una escena, llegarían, por comparación y convencimiento, a abominar de lo demás, que es casi todo lo que se viène dando en los teatros madrileños, para su vergüenza y desprestigio. La Alianza de Intelectuales apoyará y prestará toda su ayuda a esfuerzos e intentos tan magníficos como los del Teatro de Arte y Propaganda. Obras como *La tragedia optimista,* lo merecen todo. Los escenarios de Santiago Ontañón, tan precisos y escuetos, engrandecen la tragedia, envolviéndola en una verdadera atmósfera de realidad teatral, admirable. Las ilustraciones musicales de Leoz, el entusiasmo que pone toda la compañía —destaquemos en primer lugar a Severino Mejuto y a María Ángela del Olmo, el buen trabajo que realizan Edmundo Barbero, Luis Peña, Ribero y Franco—, la calidad literaria, el contenido político, la acertada dirección de la obra, hacen de esta tragedia de Vischniewski el único espectáculo digno del pueblo madrileño, de los heroicos defensores de la capital de nuestra República» (22).

El poema que recitó Cernuda se titulaba *Lamento y esperanza.* Era, sin duda, un poema «de circunstancias».

(22) *El Mono Azul,* núm. 37, 21-10-37.

Pero el poeta superaba los límites de cualquier «apropósito» con la hondura y la emoción verdadera de sus versos:

«Sometido al destino, solitario, un continente
De mercaderes y de histriones al acecho espera
Que este loco país se levante o se hunda
Para arrancar girones de su esplendor antiguo.
La alentó únicamente la gran Rusia dolorida.
Un alma que el dolor ha templado es invencible,
Pero, como el amor, debe el dolor ser mudo;
No lo digáis, sufridlo en esperanza, así ese inmenso pueblo
Lloraba agonizante, presa ya de la muerte,
Y miradle hoy abierto, rosa eterna en la nieve» (23).

Contra la idea de que la obra pudiera ser una simple historia de la Revolución rusa, se publicaron numerosas notas. Quizá se aplicaba el esquema, tantas veces y en tantos órdenes repetido, no sé si para desdicha del proceso socialista, según el cual la Revolución rusa era el espejo y el modelo en el que todos debían contemplarse:

«Combatientes: la Compañía del Teatro de Arte y Propaganda representa, en la Zarzuela, *La tragedia optimista,* obra en la que se recogen en su verdad los momentos que vivió el gran pueblo soviético durante la guerra en que, como hoy tú, defendía su derecho a una existencia digna y libre» (24).

Se multiplicaban en toda la prensa los recuerdos de la Revolución del 17, ligados, en numerosos casos, al I Aniversario de los duros combates por la defensa de Madrid, con lo que se subrayaba la deseada asociación entre unas y otras jornadas, entre unos y otros acontecimientos. El periódico de la Alianza resumía los comentarios de la prensa madrileña:

«*ABC:* Por primera vez al cabo de catorce meses largos, se realizaba la experiencia de enfrentar a nuestro pueblo con el teatro revolucionario... De aquí el feliz resultado, el éxito unánime, pues —por vez primera también— la calle y la escena tenían el mismo tono, el único en que deben entenderse.

NUEVO EJERCITO: Si en el extranjero se habla de ciudades invencibles, ¡Madrid! es lo que se oye. Si se habla de teatro en España, ¡Madrid! se sigue oyendo. *La tragedia optimista* es la gran obra que ahora se representa y que aplaudió el otro día el general v cuantos asistieron a

(23) *El Mono Azul,* núm. 37, 21-10-37.
(24) *El Mono Azul,* núm. 38, 28-10-37.

la representación; obra que permite a los soldados que regresan de los frentes de combate pasar un par de horas distraídos en un espectáculo ejemplar que eleva su espíritu y dignifica su ocio.

INFORMACIONES: Nada más oportuno que este acontecimiento artístico: como homenaje a Rusia, como lec-

NUMANCIA (Dibujo de Consejo.)

El Mono Azul, n.º 20

ción y esperanza en momentos angustiosos de nuestro drama...

AHORA: Por primera vez desde que estalló nuestra guerra ha visto la juventud madrileña algo que verdaderamente merece la pena en materia teatral.

POLITICA: ... dentro de la clasificación de teatro bueno y malo, es justo consignar que *La tragedia optimista*, estrenada ayer en el teatro de la Zarzuela, corresponde por derecho propio a la primera clasificación.

LA LIBERTAD: La adaptación, de María Teresa León, magnífica. La dirección escénica, un acierto total. Las evoluciones militares y el movimiento y colocación de figuras, luces, y el criterio general de la representación, perfectos.

LA VOZ DEL COMBATIENTE: El Comisariado de Guerra recomienda a todos los soldados del Ejército acudan a ver el formidable drama de la guerra civil rusa, *La tragedia optimista.*

LA VOZ: Exaltación de la disciplina y el heroísmo dentro de los moldes gubernamentales... Ahora bien: *La tragedia optimista* no es sólo teoría política. También es teatro del bueno; del clásico, si ustedes quieren.

El texto de *Mundo Obrero,* órgano del Partido Comunista de España, no podía ser más significativo:

«Es una obra ejemplar, es un libro de texto para los combatientes, es un canto a la disciplina, al heroísmo, al sacrificio, al porvenir optimista que ha de surgir cuando la tragedia presente cese» (25).

NUMANCIA, DE CERVANTES, ADAPTADA POR ALBERTI

A lo largo de las líneas anteriores, hemos citado repetidamente la adaptación que hizo Alberti de la tragedia cervantina. Ella constituyó, en efecto, la máxima expresión de una teoría que aspiraba a conjugar lo clásico con lo contemporáneo, los poetas del pasado con los poetas del presente, las luchas ejemplares del pueblo de otras épocas con la que por entonces afrontaban las armas populares españolas, o, dicho en otros términos, Cultura y Revolución como partes inseparables del proceso histórico. De ahí el título del trabajo, «Una tradición revolucionaria», que Salas Viu publicó, el 17 de junio de 1937, en *El Mono Azul,* dedicado a *Numancia* y a la versión de Alberti. El comentarista resumía y transcribía los versos más explícitos, entre los introducidos por Alberti, destinados a enmarcar la historia de Numancia en la guerra civil española.

---

(25) *El Mono Azul,* núm. 41, 18-11-37.

«UNA TRADICION REVOLUCIONARIA

La *Numancia* de Cervantes.

Al fuego de la guerra, cuando la sangre hirviente de coraje empapa el suelo, como fantasmón hueco puesto en fuga por la dura realidad que vivimos, desaparece toda una literatura amanerada, decadente, a la francesa, que era la que se hacía en España en estos últimos tiempos. Se ha ido como empujada por la que ahora revive. Porque no sólo el viejo romance ha vuelto a la vida, sino que, día por día, Cervantes, Calderón, Lope, Quevedo, vienen atropelladamente reclamando su puesto en la soberbia escena que levanta nuestro pueblo ante el mundo.

A la provocación del fascismo ha respondido con un brío insuperable el pueblo español, hambriento de hace siglos de hambre de justicia. Nuestros escritores y poetas, unidos a él en todo tiempo, en esa fecunda tradición popular que empapa como sangre y da calor a nuestra cultura, ahora que se consuma la obra de tan largo preparada, piden su puesto entre los que luchan. Y aquí están con nosotros el Lope de *Fuenteovejuna,* y el Calderón de *El Alcalde,* como el Cervantes del *Quijote* o la *Numancia,* como Espinel o Mateo Alemán, como Lope de Rueda, cantor de los dichos populares, o quienes tallaron en el *Romancero del Cid* la rebeldía del pueblo de Castilla contra el señoritismo de Alfonso VI y los infantes de Carrión. Aquí están entre los que mejor pelean. Su palabra resuena en el ámbito de esta España en armas contra la rebelión fascista, y nada podrá acallarla como tuétano que es del clamor popular, nacida de él y que a él vuelve.

Nuestro pueblo tiene a su favor este torrente impetuoso, toda la fuerza de una vigorosa y profunda cultura. Por algo los «nacionalistas» españoles la ignoraban, no tuvieron de nuestros escritores mejor idea que la ruín de los epítomes de colegio o las preceptivas literarias. Se aburrían con su lectura, sordos como estaban a su acento auténtico. La guerra —si por su parte tantas otras cosas no hubiesen contribuido a ello— se bastaría a demostrar que nunca pudieron haber tenido contacto con nuestra cultura, que desconocían en absoluto su sentido quienes así vuelven, como otras veces, a entregar nuestro país al extranjero, mientras que el pueblo, que con tal vehemencia ama su libertad, va a su corriente. Porque a lo que hemos llegado tenía por fuerza que desembocar esta corriente y el intento de los que siempre fueron contra ella; los fieles a cuanto España significa —que por esto defienden su independencia, su ser libre— y los que de siempre anduvieron traicionándola.

Cervantes, en su *Numancia,* plantea la lucha entre los españoles que prefieren la muerte a la pérdida de su libertad y el imperialismo cesáreo que tan desastradamente pretende poner al día Mussolini. En vano intenta Escipión aherrojar a este pueblo que se le escapa de entre los garfios de su garra cuando ésta ya va a cerrarse encadenándole. La hoguerra de Numancia, esta fuente viva de libertad, será sustento de los que para siempre abatirán la despótica ambición imperialista. Cervantes lo profetiza cuando el Duero, al lamento de España que pregunta:

> ¿Será posible que de antiguo sea
> esclava de naciones extranjeras
> y que un pequeño tiempo yo no vea
> de libertad, tendidas mis banderas?

Le responde:

> Tiempo vendrá, según que así lo entiende
> el saber que a los dioses les dio el Cielo,
> que esos mismos romanos sean vencidos
> por los que ahora tiene abatidos.

Profecía que el poeta Alberti, refundidor de *La Numancia,* de Cervantes, corrobora con los siguientes versos:

> Adivino, querida España, el día
> en que, pasados muchos siglos, lleguen,
> cómplices del terror y la agonía,
> los cuatro generales que te entreguen
> a otro romano de ambición sombría,
> haciendo que tus hijos se subleven.
> A tus obreros, madre, y campesinos
> de soldados verás por los caminos.
> Verás también los jefes populares
> surgir de tus rincones más humanos,
> y al Jarama verás y al Manzanares
> convertir montes los que fueron llanos
> y sus mínimas aguas ejemplares
> ser tumba de millares de italianos.
> Pero su sepultura más preclara
> se la reservará Guadalajara.

En *La Numancia,* de la primera escena a la última, una atmósfera cerrada de tragedia, como en las del teatro griego, suspende el ánimo. Cervantes, en versos llenos de sonoridad —de pompa a veces— mantiene en su grandeza tal ambiente. Sólo cuando la madre habla al niño que lleva de sus brazos a la hoguera, o en el diálogo de los dos enamorados, el verso se hace más ingrávido, pierde su majestad continuada. Rafael Alberti ha aligerado la acción dramática de *Numancia* de las escenas mitológicas y sacerdotales que la paralizaban y distraían la atención del hondo caso humano planteado; asimismo ha hecho alternar las octavas reales en que está compuesta la obra casi de cabo a rabo, con versos más cortos, que le quitan monotonía. La obra cuidadosa de Alberti, nacida de una absoluta comprensión y entusiasmo del poeta de hoy por el de ayer, nos hace aun más nuestra la *Numancia,* restituye a nuestro tiempo algo que le era tan suyo, tan por la entraña unido a la revolución que hoy de nuestra sangre se alimenta. Las llamas de Numancia son lenguas de libertad, aliento que caldea en su lucha el de nuestro pueblo» (26).

El estreno, confiado por la Alianza a los actores de TEA, estaba previsto para el 18 de julio, como parte de la conmemoración de una fecha ambivalente, del Glorioso Alzamiento en una zona, de la resistencia popular contra los militares sediciosos en la otra. Aunque la elección del ejemplo numantino —y ello no dejó de señalarlo la «quinta columna»— entrañaba ya, quizás inconscientemente, un sentimiento pesimista sobre el desenlace de la guerra.

La creación del Consejo Central y su proyecto de Teatro hizo que el texto de Cervantes-Alberti se reservase para su repertorio. En octubre, publicaba la Alianza esta demanda:

«Esperamos que el Consejo Central del Teatro hará la escena española digna del pueblo que todo lo está dando.»

¿Qué empeño podía ajustarse más a esa demanda que la adaptación de la *Numancia?* A mediados de noviembre, cuando aun seguía en cartel *La tragedia optimista,* se anunció el estreno de la obra de Cervantes, «adaptada a la hora presente» por Alberti. En *El Mono Azul,* del 9 de diciembre, se repitió el anuncio en estos términos:

«La próxima semana estrenará la compañía de Arte y Propaganda del Teatro de la Zarzuela, que dirige María Teresa León, esta hermosa tragedia de Cervantes. Esperamos que los soldados de nuestro Ejército Popular, los heroicos ciudadanos y defensores de Madrid, asistan a este estreno, cuya significación histórica no debe pasar inadvertida para ningún antifascista.»

Sobre la versión existen numerosos textos, aparte del ya citado de Salas Viu. Reproduciremos uno del propio Rafael Alberti, escrito expresamente para *El Mono Azul,* en donde apareció el 2 de diciembre de 1937.

---

(26) *El Mono Azul,* núm. 20, 17-6-37.

NUMANCIA, TRAGEDIA DE MIGUEL DE CERVANTES

Dentro de una decena de días se estrenará en el teatro de la Zarzuela (Teatro de Arte y Propaganda), de Madrid, la gran tragedia de Cervantes *Numancia*, adaptada por mí en cierto modo a las circunstancias actuales. Yo quisiera que el pueblo de Madrid, y en particular los soldados que lo defienden, se diesen cuenta de la gran trascendencia histórica, de lo que significa esta representación de *Numancia* en un teatro de nuestra capital. Con estas líneas que publico en *El Mono Azul* deseo solamente recordar, avivar la memoria del caso único, extraordinario, de aquella diminuta ciudad celtíbera, diana hoy de imitación en su resistencia y heroísmo, dedicando también un comentario a la tragedia cervantina y explicando de paso mi adaptación.

Desde el año 133 al 143 antes de Jesucristo dura la segunda guerra celtibérica, llamada numantina por ser Numancia la heroica ciudad que la sostuvo. Durante estos diez años luchó con verdadera tenacidad y un valor sin ejemplo contra los ejércitos romanos, entonces los más potentes que se conocían.

Desastre tras desastre sufrió Roma ante las débiles fortificaciones de la ciudad celtíbera. Millares y millares de soldados, al mando de los más famosos generales, fueron sucumbiendo ante el empuje y firmeza de los numantinos, que defendían la integridad de su suelo, su plena autonomía. Tuvo que llegar Publio Escipión Emiliano, entonces el general más joven y prestigioso de Roma por sus campañas en Africa, con ejército de más de sesenta mil hombres para poner cerco a la ciudad y conseguir que sus habitantes, ya solamente unos seis mil, sin víveres y sin posibilidades de ayuda, incendiaran sus casas, quemaran lo poco que aun tenían, dándose luego unos a otros la muerte.

Es natural que a Cervantes, poeta y soldado, le impresionase, y sobre todo en su juventud, este extraordinario suceso, y lo llevase a la escena. De las treinta o cuarenta comedias que escribió en sus primeros años de autor, sólo *Numancia* y *Los tratos de Argel* han llegado hasta nosotros. Generalmente, a Cervantes, no al posterior de los entremeses, sino al de las obras dramáticas en verso, aunque alguna vez se le haya reconocido su gran valor, se le viene atacando de una manera tópica y sistemática, tanto en su época como después y ahora. Creo que se ha cometido con esto la mayor injusticia y el mayor acto de incomprensión. A mi me basta la obra que va a estrenar el teatro de la Zarzuela para considerarlo como uno de los autores más personales entre todos los que levantaron y crearon el teatro de nuestro país. Es verdad que sus versos, sus columnas de octavas reales, son a veces insostenibles a fuerza de grisura y vulgaridad en la expresión; es también verdad que los cambios de ritmo, magistrales en los grandes autores del XVIII, esos cambios que dan fisonomía y variedad a las escenas y estilo a los personajes, están manejados en Cervantes casi siempre tarde y torpemente; es verdad que en todo esto lo aventajan los escritores que lo siguieron; pero hay una cosa grande, bella y fuerte en esta obra —y es lástima no conocer las otras perdidas de su primera época— que para mí la diferencia de todo el teatro posterior, y es su rigidez, su sobriedad, su profundidad dramática, conseguida a base de episodios que Cervantes presenta casi en forma de coro, como el imponente y desgarrador de las madres numantinas, o el viril, escueto y sin halago del consejo que los gobernadores y ancianos de Numancia celebran en la plaza del pueblo. Sólo estos trozos, dignos de la tragedia griega, bastarían para colocar a Cervantes entre los más grandes autores dramáticos. No creo que en todo el largo repertorio teatral del XVII se repitan escenas como ésta, de la que reproduzco algunos versos:

MUJER 3

¿Qué pensais, varones claros?
¿Resolvéis aun todavía
en la triste fantasía
de dejarnos y ausentaros?
¿Queréis dejar por ventura
a la romana arrogancia
las vírgenes de Numancia
para mayor desventura?
¿Y a los libres hijos nuestros
quereis esclavos dejarlos?
¿No será mejor ahogarlos
con los propios brazos vuestros?
....

MUJER 2

Si al foso queréis salir,
llevadnos en tal salida,
porque tendremos por vida
a vuestro lado morir.

MUJER 1

Hijos de estas tristes madres,
¿qué es esto? ¿Cómo no habláis
y con lágrimas rogáis
que no os dejen vuestros padres?

Baste ya que el hambre insana
os acabe con dolor,
sin esperar el rigor
de la aspereza romana.
Decidles que os engendraron
libres, y libres nacisteis,
y que vuestras madres tristes
también libres os criaron.
Decidles que pues la suerte
nuestra va tan decaída,
que, como os dieron la vida,
así mismo os den la muerte.
¡Oh muros de esta ciudad!
Si podéis hablar, decid,
y mil veces repetid:
«¡Numantinos, libertad!»

Así como *Fuenteovejuna* de Lope de Vega, representa la lucha del pueblo, de la naciente burguesía, contra la tiranía feudal, *Numancia* significa la lucha de un pueblo por mantener su independencia, su autonomía, libre de yugos extraños. Nosotros, que ahora luchamos otra vez contra Roma, contra Italia fascista, debemos conocer y apreciar en todo su valor, y a través de la gran tragedia cervantina, la historia de Numancia y considerarnos los hijos, los verdaderos descendientes de aquel puñado de hombres extraordinarios que durante más de una decena de años, con una fe inquebrantable, detuvieron a los ejércitos más temibles y fuertes. Prueba de que Numancia representa la verdadera tradición de libertad de nuestro país es: primero, que cuando las invasiones napoleónicas, el gran actor Isidoro Maíquez, amigo y modelo de Goya para uno de sus más espléndidos retratos, representaba una adaptación o imitación de la *Numancia,* de Cervantes, el pueblo de Madrid lo vitoreaba, saludando a los héroes de la libertad en la figura de uno de los caudillos numantinos que el popular actor encarnaba; y segundo, el hecho de que los fascistas españoles, por boca de esa miserable basura de García Sanchiz, se entretengan por radio —yo lo escuché una noche— en halagar servilmente a Mussolini, atacando a Numancia, después de más de veintiún siglos de respeto y admiración, diciendo que sus maravillosos defensores eran unas pobres hordas, unos sucios rebaños de gentes desgraciadas que cerraban los ojos a la luz que Roma les traía.

Deseo que los soldados de nuestro Ejército Popular, los heroicos ciudadanos y defensores de Madrid que presencien esta obra, sepan apreciar, vuelvo a repetir, lo que su representación significa, lo que tiene de trascendente e histórica. Aunque la situación y final de Numancia disten mucho de podernos ofrecer un paralelo con los momentos presentes de la capital de España, no hay duda de que en el ejemplo de resistencia, moral y espiritual, de los madrileños de hoy domina la misma grandeza y orgullo de alma numantinos.

En mi versión, la tragedia, de cuatro jornadas que tiene, ha quedado reducida a tres, dejando tan sólo la parte militar, realista, heroica del suceso. He modernizado en lo posible la sintaxis; como también, para sugerir al espectador la semejanza histórica de aquel momento con el actual, en los versos donde se dice «romanos» escribo con frecuencia «italianos». La primera escena entre Macus y Buco, los personajes cómicos del teatro popular latino, burlándose de la corrompida soldadesca romana, es mía; así como parte de la profecía del río Duero. Adaptación y versión actualizadas, de circunstancias; pero como las actuales son las más grandes y difíciles por las que atraviesa la historia de España, creo que Cervantes, poeta y militar, se hubiera sentido orgulloso de asistir a la representación próxima de su tragedia en el viejo teatro de la Zarzuela, de Madrid, a poca distancia de las trincheras enemigas» (27).

Con respecto a la resonancia del estreno, son muchos los testimonios de que aquellas fueron las más gloriosas jornadas del Teatro de Arte y Propaganda. Desgraciadamente, la situación era cada vez más crítica, hasta el punto de que, en vísperas del estreno de *La Numancia, El Mono Azul* hubo de abandonar el cobijo de *La Voz*, dejando de aparecer hasta el mes de mayo del 38, en que inició su última, breve y discontinua etapa. Ello nos privó, sin duda, de un material importante sobre este estreno.

Una prueba más del valor alcanzado por esta «Numancia» fue el esfuerzo de Alberti, abandonado en Madrid el original de su versión, por reescribirla. Andaba entonces nuestro autor exilado en América Latina e intentó rehacer las líneas maestras de su versión madrileña para que Margarita Xirgu la estrenase en Montevideo. En el nuevo prólogo, donde reiteraba el sentido político de *La Numancia*, «símbolo de la libertad en el teatro», y explicaba el alcance de sus manifestaciones, Alberti concluía:

«Música, canciones, escenario, movimiento, etc., forman parte, de acuerdo con las personas que dirigieron la obra en Madrid, de esta versión, llamada por algo "modernizada", que para los fines ya expresados hice en uno

---

(27) *El Mono Azul*, núm. 43, 2-12-37.

de los momentos más graves de la historia de mi patria» (28).

La nueva versión —pues de una nueva versión se trata, más adaptada a la derrota y al exilio que a las horas aún indecisas del asedio— estaba dedicada «A Margarita Xirgu, por quien esta tragedia de Cervantes tiene una digna voz en el suelo de América». Los versos que declama el Río Duero al final de la primera jornada habían sufrido un cambio substancial. A los versos vibrantes:

«A tus obreros, madre, y campesinos
de soldados verás por los caminos
... ...

habían sucedido los nuevos y amargos dedicados a la España del franquismo y a la esperanza en el futuro:

«Serás un son pesado de cadenas,
cárcel, castillo funeral de penas.
Mas al fin vendrá un tiempo en que se mire
estar blandiendo la española espada
sobre el cuello romano, y se respire
la dura libertad reconquistada.
Te verán las naciones extranjeras
tendidas en el viento tus banderas.»

Exactamente treinta y ocho años tuvo que esperar Rafael Alberti para volver a su país.

ESPAÑA ESTA EN EL MUNDO

Hay un punto, quizá no señalado en las líneas anteriores, al cual es necesario referirse ahora. Se trata de la «conciencia internacional» que subyace en nuestro teatro de guerra.

Cierto que la Alianza de Intelectuales Antifascistas es la Sección Española de una Asociación internacional. Cierto que los protagonistas de la Guerra Civil se saben en el prólogo de una inevitable Guerra Mundial. Cierto que el concepto de la «lucha de clases» introduce en los análisis políticos del campo republicano una perspectiva supranacional. Cierto que la Alianza tiene entre sus objetivos primordiales —y ahí están sus mítines y congresos o las páginas de *El Mono Azul* para probarlo— el crear y divulgar la solidaridad de los intelectuales de todo el

(28) *La Numancia*, de Alberti. Prólogo. Ediciones Turner.

mundo con la causa popular. Cierto que la presencia de las Brigadas Internacionales y de los italianos y alemanes en los frentes españoles multiplica los ecos de cuanto sucede en nuestro país Esas y otras certezas semejantes explican el que, durante años y años, zanjada la lucha militar con la victoria «nacionalista», el tema de la Guerra de España siguiera asomando por cualquier esquina de la vida o del arte en el Mundo.

Aun así, no deja de ser asombroso que en aquel Madrid, cercado por los ejércitos enemigos, sometido a duros bombardeos, invadido por la penuria y por la sangre, un grupo de artistas y escritores se plantease la necesidad de alzar un Teatro del Estado, enemigo de la mediocridad, inspirado en el arte y en la propagación de las ideas revolucionarias que, además, fuera consciente de los niveles alcanzados en otros lugares por las representaciones dramáticas. Verdad es que María Teresa León y Rafael Alberti habían viajado por diversos países y conocían muy bien el teatro ruso de la época en que el stalinismo aún no había ahogado el gran movimiento que siguió al 17. Aun así, y aceptada su influencia en la «política teatral» de la Alianza, que fue, a través del Consejo Central del Teatro y del Teatro de Arte y Propaganda, la que inspiró las orientaciones más rigurosas en la materia del gobierno republicano, resulta ejemplar esa conciliación entre lo «inmediato», entre las «circunstancias próximas», entre la generosidad con que se aceptan las inevitables debilidades estéticas de la «literatura o el teatro de urgencia» y el extraordinario respeto al arte, a la disciplina y a la información de cuanto ocurre en los escenarios de otros países. Artículos como el de Rene Lalou, documentando, con numerosos ejemplos, la «importancia de las traducciones», o como el de H. R. Lenormand, sobre «un año de teatro en París», incluidos en los dos últimos números de la publicación de la Alianza, y, por la riqueza de los títulos citados, terriblemente acusadores de la mediocridad teatral española —de ese año y de muchos años—, me parecen formidables. Malo hubiera sido que *El Mono Azul* olvidara lo que aquí estaba sucediendo con la historia de lo que sucedía en otros lugares; pero no es ése el caso. Porque la publicación propone siempre, desde las limitaciones de lo propio, desde la defensa firme de nuestras mejores tradiciones culturales, desde la búsqueda de una expresión artística que corresponda a la realidad y a las conquistas del pueblo, una visión del arte, de la política y del teatro, que encuentre en nuestra «conciencia del mundo» un factor estimulante, enriquecedor y de incidencia autocrítica.

¡Hemos padecido luego, padecemos aún, tanta confusión en este punto! ¡Hay tanta gente perdida todavía en el falso dilema entre las «maravillas del extranjero» y el creer que «salir de su pueblo» es traición y snobismo.

Lo cual, por muy ingenuo que resulte dicho así, no deja de ser una de las constantes de todos los nacionalismos. Y también, claro, bajo sus circunstancias peculiares, del nuestro.

AGONIA DEL TEATRO DE ARTE Y PROPAGANDA

Vulnerando una vez más nuestro propósito de ceñirnos a las páginas de *El Mono Azul*, parece necesario resumir las críticas de que fue objeto el Teatro de Arte y Propaganda, no incluidas en la publicación de la Alianza, y ello no tanto, supongo, para eludir el debate artístico como por la marejada estrictamente política que había detrás. De no resumir las líneas maestras de esta crítica, resultaría falsa la imagen del Teatro de Arte y Propaganda, cuya vida podría suponerse sólo amenazada por el avance de las armas «nacionales». No fue así y resumiremos por qué.

Ya hemos visto, al enumerar su repertorio, que el Teatro de Arte y Propaganda montó obras de muy diversas características. El hecho de que Alberti adaptara la *Numancia* y escribiera obritas de urgencia, o que de la escuela abierta en la Zarzuela salieran muchos actores de las Guerrillas, revela que los rectores del Teatro de Arte y Propaganda consideraban posible, siquiera coyunturalmente, esa conciliación. Pero otros no opinaban así.

El 14 de marzo del 39, unos días después de la última representación de la *Numancia*, la Zarzuela ofrecía un programa compuesto de *El talego-niño*, de Quiñones de Benavente; *El agricultor de Chicago*, adaptación lírica de un cuento de Mark Twain, y *El saboteador*, de Santiago Ontañón. El 23 de marzo completaban el programa con *Chateau Margaux*, piececita lírica de José Jackson Veyan; y el 15 de abril, las obras de Quiñones y Ontañón eran sustituidas por la reposición de *Un duelo*, de Anton Chejov. El 21 del mismo mes se interrumpían las representaciones de la Zarzuela y comenzaban los ensayos de

El crimen del padre Amaro, adaptación dramática de la novela de Eça de Queiroz. Sin embargo, esta última obra no se estrenaría hasta septiembre del 38, y ya no en la Zarzuela sino en el Ascaso. García Iniesta, autor de la adaptación, declararía en una entrevista —*Mundo Gráfico,* 31-8-1938— «que surgieron dificultades, ajenas a la obra, claro, y hubo de darse por terminada la temporada en aquel teatro».

Una de estas dificultades fue de índole económica. El decorador José Dhoy se refería en *Blanco y Negro* —1-8-38— a la «equivocada teoría que se esforzaron en mantener en el teatro de la Zarzuela aún no hace mucho, en desacuerdo con la verdadera situación actual, que no permite despilfarros económicos». Antonio Fernández Lepina, en un *Blanco y Negro* de finales del 38, insistiendo en la mediocridad teatral de la cartelera, declaraba que la Junta de Espectáculos debería «mirar por el fomento y depuración del teatro y desligar alguno o algunos del yugo comercial. El año pasado, inadecuadamente por cierto, se dedicó la Zarzuela a este menester. Hogaño no existe esa escena de ensayo». Lo que supone —como señala Robert Marrast en su documentado libro «El teatro durante la guerra civil española», varias veces citado y del que tomo la mayor parte de las citas incluidas en este epígrafe— por parte de Fernández Lepina una actitud de rechazo y de reconocimiento, según él mismo señaló en su resumen del año teatral, respecto de lo hecho en la temporada de la Zarzuela: «la única, dentro de su desorientación, que se realizaba en un sentido moderno y renovador.»

Y, ¿por qué desorientación? El lector conoce la teoría del Teatro de Arte y Propaganda, incluido el artículo de Cernuda sobre el repertorio, y no es difícil imaginar, más allá de las consideraciones económicas, la petición de un teatro de «eficacia inmediata», que a la razonable exigencia de una vuelta a las tradiciones dramáticas populares españolas —recordemos la ya comentada defensa de *El bulo,* de Ontañón, frente a otros planteamientos más complejos y sospechosos de «extranjerismo»— debía de agregar la dudosa reivindicación de un mayor «espontaneísmo» y de una superior carga panfletaria. La misma *Numancia,* como hemos comentado en su lugar, fue calificada de pesimista por quienes, lejos de entrar en el discurso político del drama, se limitaban a señalar que los numantinos eran finalmente vencidos por los romanos.

Esta ofensiva contra el Teatro de Arte y Propaganda estuvo íntimamente ligada a una serie de circunstancias políticas. Si en su época más firme —con ocasión del estreno de *La tragedia optimista*—, el equipo de la Zarzuela pudo atacar, más o menos veladamente, ciertas actitudes cenetistas frente al arte, a comienzos del 38, con la caída de Prieto y la subida de Negrín, se produjeron importantes cambios en los puestos rectores de la cultura, con indudable incidencia en la protección dispensada hasta entonces al Teatro de Arte y Propaganda. Así, el comunista Jesús Hernández, ministro de Instrucción Pública, fue substituido por el anarquista Segundo Blanco, dimitiendo Wenceslao Roces, que era subsecretario del mismo Ministerio, y José Renau, el director de Bellas Artes.

«Cualquiera puede, de modo razonable —dice Marrast— pensar que los nuevos dirigentes, o algunos de ellos, fueron sensibles a los argumentos de las organizaciones sindicales y de los partidos políticos con los que tenían contacto, y que este hecho tuvo su papel en la decisión de quitarle la Zarzuela al grupo dirigido por María Teresa León.»

Decisión que debió contribuir fundamentalmente —con lo que caen por tierra muchos de los asertos de la «condenación»— a que María Teresa León se volcara en las *Guerrillas del Teatro.*

TRES EJEMPLOS DE TEATRO DE URGENCIA

Considerada la significación general del «teatro de urgencia», parece imprescindible contemplar, antes de dar por terminado el trabajo, algunas obras en concreto, aunque de muchas de ellas sólo nos quedan los títulos. Sus autores debían de considerar que la edición de los textos entrañaba un afán de perdurabilidad opuesto a su finalidad contingente.

Centrado como está este libro en las páginas de *El Mono Azul,* analizaremos brevemente los textos de «Radio Sevilla», de Alberti, incluido en el número 45 (mayo, 38), «Los miedosos valientes» de Antonio Aparicio, publicado en el número 46 (julio, 1938) y «Amanecer», de Germán Bleiberg, publicado en el único número de *Cuadernos de Madrid* —el mismo en que Rafael Alberti contó sus primeros días de la Guerra Civil, en el relato titulado «Una historia de Ibiza»—, revista de la Delegación de Propaganda y de Alianza de Intelectuales Antifacistas, con muchos de los colaboradores de *El Mono Azul* en la Redacción y María Teresa León como secretaria. El número 47 y último de *El Mono Azul* se imprimió como un fascículo del número primero y único de *Cuadernos de Madrid* (febrero del 39), y la verdad es que entre ambas publicaciones existe una correspondencia absoluta. Así que, con las piezas de Alberti, Aparicio y Bleiberg —las únicas publicadas en *El Mono Azul* y *Cuadernos de Madrid*— tenemos un muestrario claro de lo que fue el «teatro de urgencia», en la versión que, a juzgar por su inclusión en las revistas, más satisfacía a la Alianza.

A) *«Radio Sevilla», de Rafael Arberti*

La califica el autor de Cuadro Flamenco, lo que no supone en absoluto un desprecio del «cante» —que el gaditano Alberti conoce muy bien—, sino el aprovechamiento de las tradicionales relaciones entre señoritos y complacientes artistas contratados, para delinear la sátira contra Queipo de Llano. El concepto de Cuadro Flamenco tiene, pues, el justo valor peyorativo que muchos enamorados del cante atribuyen a las «fiestas», donde, además de cantar, es preciso adular al señorito para ganarse una propina y el derecho a ser llamado en una nueva ocasión. Por lo demás, siendo Queipo el amo de la «fiesta», es lógico que Alberti encanalle a todos los participantes.

Los objetivos de la sátira son substancialmente dos. Uno, la figura de Queipo de Llano, cuyos programas, oidísimos por toda la «quinta columna», constituían una pesadilla para los servicios republicanos de propaganda. La fanfarronería, la audacia, la dureza del general, que le habían valido la ocupación de Sevilla, en condiciones realmente inverosímiles, para la causa «nacional», se proyectaban en unas charlas, mezcla de verdades y mentiras —en una de ellas, por ejemplo, anunció el falso fusilamiento de Benavente por los «rojos», seguramente para «cubrir» el fusilamiento real de Lorca por los «nacionales», en el cual, según explica Gibson en su libro, había mediado una orden expresa, bajo el eufemismo del «Denle café, mucho café», del propio general sevillano— que los triunfos militares iban luego confirmando. Desacreditar a Queipo de Llano, mostrarlo como un señorito cruel e ignorante, era, pues, un objetivo preciso. ¿Y quién

Ilustración de «Radio Sevilla».
El Mono Azul, n.º 45

mejor que Alberti, empujado al comunismo por su rechazo de la realidad socioeconómica andaluza, para identificar al general victorioso y charlatán con la figura más degradada del señorito?

El segundo objetivo era denunciar la presencia de italianos y alemanes junto a Queipo. Ciertamente, los alemanes, especialmente con sus aviones y sus ataques, y los italianos, con sus contingentes perfectamente armados de «voluntarios», estaban desempeñando un importante papel en la conformación de la «fuerza facciosa». Pero, obviamente, a los escritores antifascistas les interesaba subrayar el hecho por dos razones superiores: una, de orden intelectual, para protestar contra las decisiones de un Comité de No Intervención, que mientras privaba al gobierno «legítimo» —nacido de las elecciones generales del mes de febrero del 36— de comprar armas en los mercados del mundo, toleraba la intervención efectiva de Italia y de Alemania a favor de los rebeldes. La historia diplomática del problema —que tuvo también los capítulos de las Brigadas Internacionales y el envío a la URSS de las reservas en oro del Banco de España— es compleja, pero es un hecho que la crítica al Comité de No Intervención constituye poco menos que una constante republicana a lo largo de muchos meses. La otra razón de la denuncia, de orden interior, y de enorme importancia, radicaba, primero, en el estímulo del patriotismo producido por la presencia de tropas extranjeras, y, segundo, en que así se subrayaba la significación internacional de la Guerra Española, su condición de primera gran batalla mundial contra el fascismo.

Este esquema, fácilmente deducible de incontables comentarios, romances, chistes gráficos y arengas, es el que también subyace en «Radio Sevilla».

Técnicamente, la obra combina la prosa y el verso. Y conjuga las «personas», que corresponden al «campo leal», con los «personajes», arquetipos del campo enemigo. Consecuentemente, se producen dos clases de lenguaje, según corresponda a los unos o a los otros. Así, mientras las «personas» —El Soldado, La Muchacha, Gente del Pueblo...— emplean un diálogo coherente, directo, con las inevitables dosis de melodramatismo que corresponden a la situación y a los fines de la obra, los «personajes» —el General Queipo, Clavelona (prostituta), Catite (rejoneador), Señoritas 1, 2 y 3, Señoritos 1, 2 y 3, el Speaker, Oficial Alemán, Oficial Italiano, Tres Soldados Nazis, Tres Soldados Italianos y Un Guitarrista— se entregan a una jerga verbal, en adecuada consonancia con la «ensaladilla» imaginada por el autor.

La acción dramática consta de tres tramos ininterrumpidos. En el primero, la Muchacha —que aparece «abatida, enlutada, con un aire de campesina andaluza», tal y como habían aparecido tantas mujeres lorquianas—, delante de las cortinas, habla con un Soldado. Ella, que ha perdido a su padre y a su hermano, los dos fusilados, le toma por enemigo. Pero el Soldado, tras saludar a la muchacha con el puño cerrado, le confiesa:

«SOLDADO. Soy un soldado del pueblo,
aunque me ves en Sevilla.
MUCHACHA. ¿De dónde?
SOLDADO. De Cartagena.
Cargador en Almería;
luego, en el puerto de Málaga;
después, en Cádiz, y ahora,
soldado, por mi desgracia,
de la Falange Española;
pero, como tantos otros,
sólo esperando la hora
de pasarme...»

El diálogo es interrumpido por una voz: «¡Atención! ¡Radio Sevilla! ¡Radio Sevilla es quien habla!» El soldado propone entonces a la muchacha:

«SOLDADO. Verás. No te espantes.
Presenciarás lo que pasa
debajo de esas cortinas.
Quédate aquí, camarada.
Veremos aparecer,
entre vinos y guitarras,
entre relinchos y coces,
y turbias botaratadas,
un triste cuadro flamenco,
una siniestra comparsa
de señoritos facciosos,
de prostitutas monárquicas,
toda la gran pandereta
de esa estropajosa España,
cuyo vil representante,
cuya bocina cascada,
se nombra Queipo de Llano
... ...»

Se descorren las cortinas y aparece, en una sala de la emisora, el estereotipo satírico y esperpéntico de un Cuadro Flamenco. Canta Clavelona, con bata de cola y flores en la cabeza:

«Queipo Requeipo,
Queipo Quepillo,
me tiene muerta
tu bigotillo.»

Los halagos y alabanzas de la corte a su señor alcanzan los niveles más delirantes. Hasta que, tras la grotesca presentación del Speaker, el General, con voz aguardentosa, se dirige a sus oyentes:

«QUEIPO. ¡Señores!
Aquí un salvador de España.
¡Viva el vino! ¡Viva el vómito!
Esta noche tomo Málaga.
(Bebe una copa)
El lunes tomé Jerez;
(Otra)
martes, Montilla y Cazalla;
(Otra)
miércoles, Chinchón, y el jueves,
borracho y por la mañana,
todas las caballerizas
de Madrid, todas las cuadras,
mullendo los cagajones
me darán su blanda cama.
... ...
Estaré en Madrid mañana.
Que los colegios se cierren,
que las tabernas se abran.
¡Nada de Universidades,
de Institutos, nada, nada!
Que el vino corra al encuentro
de un libertador de España.»

El Cuadro continúa. La borrachera es empleada como el factor degradatorio. Pases de muleta. Juego que reduce a los «personajes» a toros, vacas o caballos. Hasta que, tras nombrar a Hitler y a Mussolini, el Oficial Alemán ordena a Queipo que le limpie la punta de sus botas. Los servidores del General se rebelan contra la humillación. Hasta el punto de que el Oficial Italiano, al tiempo que canta «Giovinezza», intenta aquietar a Clavelona con una bofetada. La indignación crece; Queipo exclama:

«¡Por Dios, Clavelona, no te excites! Calma esos nervios ante las naciones amigas, no ayudes a los rojos!»

La situación se define: mientras las tres Señoritas, Catite y la Flamenca le piden a Queipo que se rebele, éste se humilla más y más. Con llanto de borracho, llevando el ritmo con el pañuelo, canta mientras limpia las botas del Oficial Alemán:

«Dale que le das a las botas,
dale que le das, general.

Dale que le das, que están rotas,
Dale que le das, que le das.»

La irritación de los españoles del Cuadro contra Queipo alcanza ya su climax:

«CATITE. ¡Abajo los gallinas! ¡Fuera los Juan Lanas!
SEÑORITAS 1, 2 y 3. ¡Abajo, abajo!
SEÑORITOS 1, 2 y 3. ¡Fuera, fuera!
EL SPEAKER. ¡Qué emisión, qué emisión, Dios mío! Inglaterra estará maravillada.
QUEIPO (levantándose decidido). Voy a jugarme España. Esperad. (A los oficiales). ¿Destituirme a mí? ¿Degradarme a mí, dijeron? (Haciendo ademán de sacar la pistola.) ¡Sí, sí! Quedan ustedes detenidos.
LOS DOS OFICIALES. ¡Ja, ja, ja, ja!
OFICIAL ALEMAN. ¡Bravo, bravo!
CATITE. ¡Sí señor! Así actúan nuestros patriotas. ¿Qué pasa?»

Pues lo que pasa es que los oficiales extranjeros, después de abofetear a Queipo, dicen que se vuelven a sus países para no regresar más a España. La consternación es general e inmediata. Los coléricos se vuelven suplicantes. Queipo resume el problema:

QUEIPO. Clavelona, hija mía, date por detenida. Sé disciplinada. Y vosotros, señoritas y caballeros, mostrad en todo instante a estos buenísimos señores el hondo agradecimiento que les tenéis, el respeto profundo que les guarda mi España, mientras que yo, con mucho gusto...»

El General limpia los zapatos del Oficial. Aparecen tres soldados italianos, que se llevan del brazo a las tres señoritas. Luego, tres soldados nazis, que hacen lo mismo con los tres señoritos. La guitarra lleva el compás. El General es un pelele borracho, bestializado... Todos los «personajes», al sonar un golpe seco y fuerte de guitarra, se quedan «en una retorcida y trágica postura de baile flamenco». El segundo tramo de la obra ha concluido. No es difícil aventurar lo que el público llano y combatiente debía de sentir ante ese Cuadro. El autor, al tiempo que va cerrándose, despacio, la caja de cerillas en que imaginó la sala de Radio Sevilla, devuelve la palabra al Soldado y la Muchacha, para que sean ellos quienes proclamen las previstas conclusiones. Frente a la condición guiñolesca de los «personajes», el lenguaje retoma la dimensión humanizada que corresponde a las «personas». El Soldado se dirige al público:

«¡Pueblo español, pueblo grande,
hermoso pueblo de España!
Estos son los que te humillan
—¡míralos!—, los que te matan
y pisotean poniendo
sus botas sobre la charca
purísima de tu sangre;
son los que venden tu casa,
tu pan, tu sol, tus mujeres,
mares, islas y montañas.
¡Pueblo, vuelve tus fusiles,
hoy mismo, nunca mañana,
contra los que te vendieron
y compran dando por paga
tantos escombros y muertes,
tanta tristeza a la Patria!»

Faltaba aún el gran efecto de guiñol. Al cerrarse la caja, queda fuera, cogida por el cuello, la cabeza del General. Cuatro versos satíricos y la llamada a los vecinos y vecinas de Sevilla. La acotación epilogal subraya el estilo de la poética empleada:

«Entran gentes armadas de palos, escobas, escopetones, etc., y golpeando en ronda la cabeza de Queipo, cantan el "Trágala" mientras cae el telón.»

Si, generalmente, es difícil trazar la línea que separa la persona del personaje, la entidad real de cada hombre de los signos sociales que proyecta, en el caso de «Radio Sevilla» es evidente que el autor no se ocupa en absoluto de la «persona» de Queipo de Llano, ni tampoco de la que pudiera corresponder a los demás integrantes del Cuadro, sino de una serie de conceptos, simbolizados por los muñecos del guiñol. Los espectadores sabían muy bien que ni el general sevillano, ni los oficiales italianos y alemanes, ni las flamencas —aunque fueran prostitutas— y rejoneadores eran así. La gracia y la verdad poética de la obra estaban en que el autor nunca caía en esa «caricatura naturalista», tan frecuente, que manipula y degrada la personalidad del modelo con el aire inocente de quien descubre un secreto. Aquí, no, aquí no se satirizaba a persona alguna, sino a una realidad política, interpretada, lógicamente, desde la óptica y el interés del campo republicano. Si la interpretación era delirante, el autor esperaba que ello no la hiciera menos cierta, y que los espectadores —cuya vida cotidiana, entre los horrores de la Guerra, era también delirante— sintieran la realidad trascendida, revelada a través de la distorsión.

Alberti se ha mostrado casi siempre reacio a las formas más o menos fotográficas. Siendo un autor revolucionario, atento a realidades sociales concretas, siempre ha procurado expresarlas a través de recreaciones personales, ajenas a cualquier pretensión de simple documento. Rafael nunca se ha sentido notario sino poeta. Y ello se puso una vez más de manifiesto en *Radio Sevilla,* Cuadro de personajes y delirios sobre la Guerra Civil española. ¿Quién duda que la cabeza golpeada al final de la obra no era sólo la de Queipo de Llano? Alberti proponía una especie de fiesta justiciera contra todos los opresores, antiguos y modernos, de su Andalucía.

B) *«Los miedosos valientes», de Antonio Aparicio*

Aparicio había nacido en Sevilla, en 1918. Fue Delegado de Cultura de la Brigada de «El Campesino» y director de *Al ataque.* En el 37 fue gravemente herido en el frente del Jarama. En el 39 sería detenido y conseguiría evadirse, permaneciendo refugiado durante varios meses en la Embajada de Chile. De allí saldría en el 40, viviendo, como exiliado, en varios países de América y Europa, para regresar, muchos años después, a España.

En *El Mono Azul* publicó numerosos comentarios —uno, por ejemplo, en defensa de los Comisarios, cuando ya se había decidido su eliminación— y romances, algunos en la etapa en que existía la Sección Fija del Romancero de la Guerra Civil, y otros después. Autor también de una «Elegía a la muerte de Federico García Lorca», publicada en el 38, con ilustraciones de Ontañón, figuran en las páginas de *El Mono Azul* dos sonetos suyos dedicados al poeta de Granada.

Exaltado, encendido —¡tenía sólo dieciocho años cuando empezó la Guerra Civil!—, su aportación a la publicación de la Alianza fue, sin duda, importante y tuvo a veces cierto valor de editorial. Cantó la muerte de Lorca, del también poeta José María Morón y del Comisario Pablo de Torriente, un cubano que vino a luchar junto a los soldados de la República. Escribió romances satíricos, como «Las cuentas del buen fascista» o el titulado «Lidia de Mola en Madrid», escrito en los días más duros del asedio y dedicado «al grupo de toreros que luchan en defensa de Madrid». Es también el autor de *Los miedosos valientes,* un ejemplo de «teatro de guerra».

La pieza, muy breve, toda ella en verso, tiene como objetivo combatir el miedo y exaltar a quienes luchan en el frente. El esquema no puede ser más sencillo, como veremos. Los personajes son: dos voluntarios —Pedro y Juan—; dos muchachas —Carmen y María—; tres miedosos, llamados Miedoso 1.º, Miedoso 2.º y Miedoso 3.º; la Madre del Miedoso 1.º y, al final, bailarines. La obrita está dividida en cinco escenas. Al iniciarse la primera, Pedro habla despectivamente de cuantos viven con miedo. Juan le replica:

«Serán fascistas, que saben
que el miedo, si se propaga,
puede convertirse pronto
en un arma que no falla.»

Pero Pedro no habla de los fascistas, a los que, evidentemente, bien poco puede decir una «obra de urgencia». La pieza parece tener otros destinatarios, definidos por Pedro cuando responde a su compañero:

«No me refiero yo a ésos,
sino a ciertos camaradas
que no saben dominar
su miedo de gallináceas.
Encanecen a los veinte
y la sangre se les para,
cansada de circular
por unas venas tan blandas.»

Nuestros dos voluntarios deciden «sacarle el pánico del cuerpo» al primero que encuentren en tal situación. Pedro cita entonces a unos vecinos:

«En esta casa
conozco yo a más de uno
que tiene la carne pálida
del miedo que le produce
oír hablar de la metralla.
Cuando suena una explosión
se meten bajo la cama
y no salen hasta que
el hambre los acorrala.
Son jóvenes, pero tienen
la cabeza centenaria.

Si los ves, ves que les tiembla,
desde el pie hasta la mirada,
y más que varones son
inútiles colegialas.»

La nueva definición amplía la anterior. Es dudoso, sin embargo, que tales «colegialas» estuvieran viendo la representación. Ingenuo pensar, por tanto, que Aparicio escribía para ese grupo, más o menos emboscado, que rehuía en la medida de lo posible su participación en la lucha y que no iba a interesarse por una obra así. Creo que la pieza es, en este sentido, deliberadamente equívoca. Porque atacando a los «cobardes», lo que el autor pretende es ensalzar a los «valientes», es decir, a quienes están viendo la representación y encuentran en ella una reafirmación de su postura. Al mismo tiempo, claro, que se manifiesta ante la retaguardia quiénes merecen y quiénes no merecen ser respetados.

En las escenas posteriores, el autor da un contenido determinado a ese valor, señalando «para qué hace falta». Sin embargo, en el planteamiento, la cuestión es mucho más simple. Se trata de dividir a los individuos en hombres y en gallinas, dándoles, respectivamente, el papel de voluntarios y de emboscados, lo que es tanto como situar al espectador ante una alternativa primaria que, en términos emocionales, sólo puede tener una solución.

La segunda escena continúa en el mismo sentido. Aparecen ya las muchachas, que celebran el valor de los dos jóvenes voluntarios. De común acuerdo, deciden burlarse de unos vecinos miedosos. Ellos se cubrirán con una sábana, apareciendo como fantasmas...

«CARMEN. ¿Y nosotras?
PEDRO. En el cuarto
os metéis, y cuando caigan
ellos del susto en el suelo,
vosotras, a carcajadas,
avergonzaréis su miedo,
a ver si con ello cambian.»

Puesto que se trata de medir la «hombría», la intervención de las mujeres resulta totalmente justificada. Y, sobre todo, eficaz. Porque su participación promete algo así como una vergüenza visceral —derivada de una secular concepción del hombre, del macho—, capaz de poner al miedoso en un atolladero. Lo que podía ser tomado por cautela, por prudente defensa de la propia vida, incluso por tibieza ideológica, se transforma, ante la presencia de la mujer, en ridículo. Las risas y burlas de las muchachas trasladan el problema a una «cuestión previa», de claras connotaciones sexuales. El espectador «comprende» que «si tiene cojones», si quiere que el otro sexo le respete, ha de seguir el ejemplo de los voluntarios.

La tercera escena está dedicada a la presentación de los Miedosos. Dentro de su dimensión caricaturesca, no deja de ser muy precisa la descripción hecha por Aparicio del momento en que se encuentra la Guerra —invierno del 37-38— y de lo que debía sentir buena parte de la retaguardia republicana.

«MIEDOSO PRIMERO. Con este tiempo, te digo
que le faltan a uno ganas
para todo y no hay fuerzas
para nada, para nada.
MIEDOSO SEGUNDO. Yo, desde hace varios días,
apenas salgo de casa;
este invierno y esta guerra
ya de largos se propasan.
MIEDOSO TERCERO. A mí es que, en comiendo mal,
se me derrumba hasta el alma.
MIEDOSO PRIMERO. A mí, con el frío, la vista
se me queda mareada.
MIEDOSO SEGUNDO. Yo, con tanto susto, paso
casi todo el día en cama;
porque es que empezando el día,
y apenas si te levantas,
ya se levantan contigo
disgustos que nunca acaban.
Que si ha estallado una bomba;
que, sin avisar ni nada,
te encuentras a un mal amigo
que, riéndose la gracia,
te dice, y a boca jarro:
"Perico, tu quinta llaman".»

La prolongación de una guerra que, en uno y otro bando, por razones distintas, creyeron inicialmente breve —y ello tanto por sus respectivas argumentaciones como por la memoria colectiva de reiterados alzamientos y enfrentamientos políticos casi siempre resueltos en poco tiempo—, había producido ya un amplio resultado psicológico. Sobre todo, lógicamente, en la zona republicana, donde al ímpetu de las primeras semanas, había sucedido el continuo desplome de los frentes militares y la cristalización de una serie de discrepancias entre socialistas, comunistas y anarquistas, sólo circunstancialmente acalladas al comienzo de la lucha. La continuación de la Guerra, con las privaciones materiales —resumidas en el hambre y el frío a que aluden los Miedosos—, los bombardeos y la institucionalización de un Ejército cuyos combatientes proceden de las sucesivas quintas, conforma un cuadro en nada ajustado a la idea de una victoriosa y concienciada revolución popular. Por eso, sin duda, la política ocupa sólo una parte en la obra, y el autor enfrenta a los argumentos de los reticentes, antes que una motivación razonada de la lucha, el dilema entre el Miedo y el Valor, entre la Impotencia y la Hombría, entre el Ridículo y el Reconocimiento social de esa hombría.

El Miedoso Tercero alega otra razón: la familia. El cuidado de su madre. Obligación que el dramaturgo pinta en términos extremos y grotescos para quitarle sentido.

«Yo, en cambio, evito esos trances
pasando las horas largas
junto a mi madre, y le ayudo
a trajinar en la casa.
Ella, hace algunos años,
al salir de madrugada
de la Opera, cogió
un catarro a la garganta,
y desde entonces está
a catarros abonada.
Así que, ya por costumbre,
apenas si se levanta
antes de que den las doce,
y por eso a mí me encarga
que haciendo sus menesteres
entretenga la mañana.
Primero pongo el café
o, por no mentir, la malta;
acabando, visto al niño,
y para que se distraiga
le canto algún villancico,
algún cuento o una nana.
Así me paso mi tiempo
sin ocuparme de nada
que huela a guerra, porque este
olor me atraviesa el alma.»

En realidad, el autor aprovecha la ocasión para reafirmar el carácter «amujerado» del cobarde, que, bajo el pretexto de cuidar a su madre, se pasa el día «haciendo sus menesteres». La imagen un tanto ridícula de esta madre eternamente acatarrada es la contrafigura de la madre heroica, a la que se referirá el autor más tarde, la madre que pierde sus hijos en la Guerra aceptando el sacrificio.

La cuarta escena consiste en la broma propiamente dicha. Juan y Pedro, cubiertos de sábanas, aparecen ante los Miedosos. Estos, según prescribe la acotación, «se derrumban entre cómicos aspavientos». Pedro proclama:

«Soy la quinta del cuarenta,
que viene hasta vuestra casa
para recoger valientes
que sepan dar la batalla.»

Aquí viene la multiplicación de las angustiosas respuestas. «Yo enfermo/me siento desde la infancia», dice uno. «¿Yo? Yo estrecho/soy del pecho y de la espalda», dice el otro. «Yo me quedé zurdo», alega el tercero. Juan y Pedro se quitan las sábanas. Entran las dos muchachas y, los cuatro, cantan a coro mientras giran alrededor de los Miedosos:

«Te levantas con miedo,
con miedo andas,
y te recoge el miedo
siempre en volandas.
Si yo tuviera
una falda de sobra,
yo te la diera.»

Los Miedosos se disculpan. Alegan las razones por las que no van al frente que, según dicen, nada tienen que ver con el miedo. Una referencia al Jarama —donde el autor de la obra había sido gravemente herido—, revela ese transfondo vivencial y concretísimo del teatro de urgencia: «Yo supuse que bajaba/ un agente del diablo/ /para llevarme al Jarama.» Finalmente, para probar su valor, en correlación con su hombría, los Miedosos invitan a las Muchachas a ir juntos al baile. Carmen se burla:

«¿Y si alguien nos insultara
quién nos iba a defender
vistiendo todos de faldas?»

La respuesta de María es mucho más solemne y liga ya el cultivado dilema Valor-Cobardía, Hombría-Impotencia, con la significación política de la lucha.

«Y creéis que mientras otros
trabajan sobre las fábricas
o combaten en el campo

contra las gentes extrañas
que quieren echar un yugo
a nuestra española patria
íbamos a ir con vosotros
para que echéis una cana.
Yo, de ir, iría contenta,
con un soldado que gasta
sus fuerzas en conquistar
la independencia de España.»

Ante los reiterados insultos de Pedro, que incluyen el concepto, nada improvisado, y a tono con la crítica que muchos hacían a los dirigentes, de que «toda la fuerza se os va por la boca», un Miedoso le pregunta: «¿Y vosotros?» La respuesta es concluyente y vuelve a hacernos pensar en la juventud real del autor, aún no cumplidos sus veinte años:

«Hasta hoy
estábamos en la fábrica,
pero ahora le dejamos
nuestro puesto a las muchachas
y reclamamos un puesto
al pie de las avanzadas.
Tengo diez y ocho años,
pero con ello me basta
para tener el coraje
que en el combate hace falta.»
... ...

La contestación del Miedoso vuelve a ser la transferencia de lo que muchos debían de pensar por entonces:

«¿Crees tú que por ir yo
se acabaría en seguida
la guerra y que en un instante
nuestra victoria vendría?
Soy joven, por eso trato
de asegurar bien mi vida.»

Ahora es Carmen la que nos trae, con su tirada de versos, el recuerdo del famoso monólogo de Laurencia en *Fuenteovejuna.*

«Ahora que la patria os llama,
ahora que se necesita
toda la fuerza de España
con toda su valentía,
debéis prestar vuestro brazo
antes de que se os derritan
las manos de estar paradas
y el alma de estar marchita.

¿Qué mujer os va a querer
viendo tanta cobardía?»

Los Miedosos aceptan la reprimenda. Pero les queda aún un último argumento que oponer a las muchachas; un argumento que, como mujeres, ellas deben aprender:

«¡Pero el frente está tan lejos!...
De buena gana me iría,
pero yo sé que mi madre
de pena se moriría.»

Primero es Pedro quien le grita:

«¿Y crees tú que no hay más madre
que la tuya? Cada día
muchas madres cuyos hijos
eran su única alegría,
quedan sin hijos, sin manos
que les den una caricia.
Si tú comprendes la pena
de tu madre, ¿no oirías
esos millones de llantos,
esos miles de agonías
de las madres que han perdido
los hijos que eran su vida?
¿No sabes que por la noche
cuando tu madre, tranquila,
duerme su sueño, otras madres
lloran, llaman, claman, gritan
los nombres de tantos hijos
que la guerra, día a día,
ha ido cubriendo de polvo
sobre las llanuras frías?
Esas madres, cuando gimen,
con sus lamentos te gritan
a tí, que estás inactivo,
a ti, que estás todavía
sordo a tanto sufrimiento,
ciego a tantas agonías.»

Luego, en la escena quinta y última, cuando aparezca la Madre del Miedoso Primero y muestre su temor y su asombro ante la disposición del hijo a ir a la guerra,

«¡Pero hijo! Tú, tan débil.
¿Tú sabes lo que te espera?
No tendrás ni una almohada
donde apoyar la cabeza.»

será Carmela quien desvanezca el último obstáculo al replicarle:

«No se preocupe señora;
la recostará en la tierra.
¿O es qué quiere que su hijo
esté metido entre telas
lo mismo que las mujeres?
Los hombres van a la guerra.»
....

La decisión está tomada. Los antiguos miedosos son ya los «miedosos valientes». Unos y otros personajes repiten el verso «¡A la guerra!», y como cuadra a una obra de este tipo, la tragedia se cierra con aires de fiesta. Mientras bailan, van cantando lo siguiente:

«MARÍA. ¡Mi novio es un soldado;
mucho le quiero;
cuando viene del frente
le doy un beso.
Y si viniera
veinte veces al día,
veinte le diera.
De lo que hay en el mundo,
lo que más quiero
es ganarle la guerra
al extranjero.
me ha jurado mi novio
Porque en ganando
que nos casamos.
PEDRO. Hombres y mujeres
a la guerra van;
ellas, al trabajo;
ellos, a luchar.
JUAN. Aunque nos faltara
el agua y el pan,
resistiendo firmes
sabremos triunfar.
CARMEN. ¡La sangre de hoy
es la paz de mañana!
TODOS. ¡Pronto cantaremos
el triunfo de España!»

Hasta el final, con la exaltación, la referencia al dato concreto y vivido —resistir, «aunque nos falte el agua y el pan»—, sin el cual sería prácticamente imposible la comunicación que persigue «el teatro de urgencia». La historia, por lo demás, adapta a las «necesidades de la guerra» un esquema secular, repetido en incontables comedias heroicas, romances y, moderadamente, en películas, y supongo que asentado en un principio biológico. La mujer, la hembra, prefiere al hombre, al macho, más valiente. O, dicho en otros términos, el amor y la admiración de las mujeres las gana el varón probando su valor. Sólo que, esta vez, al planteamiento clásico —que, en ocasiones se encubre, no sé si para reducir su aspereza biológica, o porque contiene una concepción «machista» de las relaciones sociales— se superpone una dimensión específicamente política. El valor por el valor, el desafío o la lucha competitiva por el éxito individual —signo de valor, inmediatamente compensado con el «ascenso social» del vencedor y la conquista de cuantos placeres trae ello consigo—, son sustituidos por una guerra, en la que no sólo es un grupo o una clase social quien afronta la derrota o la victoria, sino que, además, del desenlace depende la afirmación «objetiva» de un orden determinado. El amor deja así de ser un «regalo» al vencedor para convertirse en una manifestación más de la solidaridad entre los hombres y mujeres que luchan por la libertad común. Las mujeres de la obra no esperan el fin de la guerra para «entregarse» al vencedor. Con lo cual dejan de ser parte del «botín» para constituirse, desde el principio, en personas comprometidas, que afean a los miedosos, tanto su cobardía como su deserción.

El talento del autor está en que llegue a ello a partir de los planteamientos clásicos. Al principio, dejando la política a un lado, halagando la fibra ancestral del machismo, parece que la guerra sólo es el pretexto para descubrir la cobardía o el valor a los ojos femeninos. Luego, una vez atrapado el espectador, la pieza da el paso que la cualifica como «teatro revolucionario». Porque lo que se pide es la participación activa en una guerra justa; las mujeres sólo proclaman que no podrían amar a quienes, insolidariamente, rehúyen el compromiso. Si en «Lisistrata» hurtaban su cuerpo en nombre de la paz, aquí lo hacen en nombre de la Revolución. En el fondo, son dos manifestaciones afines, a través de las cuales tratan de utilizar su fuerza femenina al servicio de lo que entienden por más justo.

C) *«Amanecer», de Germán Bleiberg*

Bleiberg también fue combatiente, llegando a alcanzar el grado de teniente del Ejército republicano. Había nacido en Madrid, en 1915, de manera que la guerra le cogió, como a Aparicio, muy joven. En el 36 había publicado los *Sonetos amorosos* y en el 38 compartió con Miguel Hernández un Premio Nacional de Poesía. Escribió dos «obras de urgencia», *Sombras de héroes* y *Amanecer*, que es la que aquí comentamos.

En los números 43 y 44 de *El Mono Azul*, respectivamente, del 2 y 9 de diciembre, publicaba Bleiberg un vibrante trabajo, «El Norte heroico», en el que contaba la lucha de Euzkadi bajo los bombardeos alemanes:

«Fue el 1 de abril. Serios acontecimientos coinciden con el bombardeo de Durango: el enemigo ha roto el frente vasco; ataca con una inmensa cantidad de aviones; Alemania quiere apoderarse del hierro de Bilbao; el fascismo busca la muerte de Euzkadi.»

En ese mismo número —exactamente en el 43, donde iba la primera parte de *El Norte heroico*— se incluía una semblanza de Bleiberg. Aparte de los datos que se nos dan sobre el personaje, la nota, firmada por A. S. P. (muy probablemente Arturo Serrano Plaja) contiene una serie de precisiones valiosas en torno al «compromiso de los poetas», sobre todo si las referimos a la generación o grupo del 27, a los que sin duda se refiere primordialmente el autor cuando alude a los «poetas puros». La calificación pudo, en efecto, hacerse durante la primera etapa de la mayor parte de sus componentes, luego claramente definidos en favor de la República. La nota dice textualmente así:

«Germán Bleiberg viene del Norte, de las sangrientas regiones del Norte, de Asturias heroica y palpitante.

Bleiberg, antes de la guerra, era un poeta. Su juventud se formaba en la Facultad de Filosofía y Letras que hoy es línea de fuego en la Ciudad Universitaria. El movimiento le sorprendió en el Norte, y de modo inmediato hubo de comprender que había llegado el momento de luchar decididamente, definitivamente. Vuelve del Norte como teniente del Ejército Popular y como segundo jefe de información del que fue Ejército del Norte. Fue herido en la defensa del puerto del Escudo (Santander), y hoy, en Madrid, espera órdenes para reincorporarse a la lucha.

Con él, nuestra Alianza encuentra un miembro más, un poeta más, de los que con su conducta ha sabido desmentir la tesis demagógica de los «poetas puros», etc. Con él también se demuestra una vez más que la poesía, la verdadera poesía, por íntimas y hondísimas razones de humanidad, sólo está con nosotros, sólo cabe en nuestra

España —que lo demás es Italia, Africa, etc.— y sólo con el pueblo se conforma.

Germán Bleiberg, poeta verdadero, valeroso militar y antifascista consciente, inicia hoy en *El Mono Azul* una colaboración sobre la tragedia del Norte, que de modo tan dramáticamente vivo ha conocido.»

Presentado el personaje, hablemos ahora de *Amanecer,* pieza muy distinta de las dos anteriormente comentadas, sobre todo por carecer de esa dimensión cómico-satírica que dominaba en *Radio Sevilla* y en *Los miedosos valientes.* Recordemos, sin darle demasiada significación al dato, que Alberti y Aparicio eran andaluces y Bleiberg castellano, lo que podría ayudar a explicar las diferentes estéticas, caracterizadas más aún que por la presencia o ausencia de la comicidad, por la luz y el agresivo cachondeo que hay en las obras de los dos andaluces frente al carácter más severo y reflexivo de la obra del castellano.

El autor califica *Amanecer* de poema dramático en un acto. Y está dedicada al teniente coronel Francisco Ciutat. La acción transcurre en lo que se llamaba la «tierra de nadie», espacio que separaba las dos líneas de trincheras, breve y permanente en Madrid durante la mayor parte de la guerra. He aquí la descripción del decorado, hecha en términos que nos introducen de inmediato en el estilo del «poema dramático» de Bleiberg:

«La acción se desarrolla hacia el mes de abril de 1938, en el frente de Madrid.

Es primavera, y sobre las trincheras florecen amapolas y margaritas, entre hierbas medio quemadas.

A la izquierda del público, la trinchera fascista, ocupada por dos requetés. A la derecha, la trinchera republicana, guarnecida por dos milicianos.

Se verán los dos interiores de ambas trincheras, así como si la tierra estuviera acostada verticalmente en la boca del escenario.

Delante de la trinchera fascista, sacos terreros y una alambrada. Lo mismo delante de la trinchera ocupada por los milicianos.

Entre las dos alambradas, un breve espacio, que es como un camino que se pierde en el horizonte. Todo el decorado descenderá desde el fondo hacia adelante. Y en el fondo, junto a un árbol medio tronchado, aparecerá la mujer, andando lentamente hasta hallar una piedra situada en el centro del escenario.

Son las cuatro de la madrugada, y según transcurre el acto va amaneciendo, hasta que es totalmente de día.»

La descripción nos conecta con un ámbito preciso, de características un tanto singulares en la historia de la guerra española, y uno de los que mereció mayor acumulación de testimonios literarios. Para el lector de *El Mono Azul* un texto tan aparentemente elaborado como este de Bleiberg, es una simple variante del que por entonces escribieron tantas plumas, y que enmarcaba no ya la vida y la muerte de muchas personas, sino, también, el «gran teatro» de nuestra guerra. Es decir, la escena más espiada, cantada, bombardeada y disputada de España.

En ese espacio, entra una mujer acompañada de su hijo. Aún no hay bastante luz para reconocer el lugar. Han hecho un largo camino y la madre va recordándole al niño la tragedia. El padre y dos hermanos han muerto fusilados. Y «entre tanto, hay alemanes sentados en la plaza del pueblo, bebiendo cerveza, cantando canciones alemanas». Alemanes que «no hablan más que para mandar», que entran en las casas de los pobres, exigen comida «y luego preguntan si hay mujeres, muchachas jóvenes, en la casa». Pero no son ellos solos, porque también hay italianos «por Burgos, por Málaga, y por otras capitales». La madre prosigue su largo monólogo, periódicamente interrumpido por alguna pregunta o queja del niño, que tiembla de frío y de miedo.

«No hace muchas semanas se enteraron los labradores del pueblo de que el trigo que con tanto sudor habían sembrado, cultivado y segado después, iba a salir para Alemania. A las dos horas, cuando se corrió el rumor por todo el lugar, no quedó grano de trigo que no se hubiera convertido en ceniza.»

En represalia, cinco campesinos fueron fusilados. Pero «enfrente, aquí muy cerca ya, hay gente nuestra, gente nuestra que nos vengará; hay milicianos, soldados del pueblo, que luchan sin cesar por el pueblo y por España. Hacia ellos vamos; volvemos a España, hijo mío, después de veinte meses de dolor y crimen». Todo el mundo habla de los milicianos: «son españoles y todo pueblo que se defiende, por su libertad y su independencia, causa admiración y orgullo a los otros pueblos».

Amanece. La madre va viendo surgir entre la niebla «la España nueva, la España de los españoles, de los obreros y de los campesinos». Según se ha ido haciendo de día, el público ha podido ir descubriendo las trincheras, en una de las cuales hay dos milicianos, y, en la otra, dos requetés.

Hablan los requetés:

«—Ya va durando mucho este lío, ¿sabes? Creo que con coger kilómetros no se gana la guerra, y si, en cambio, se matan hombres y más hombres.

—No te preocupes. Son italianos los que caen.

—También de los nuestros han caído los mejores.»

En la otra trinchera hay relevo. Y los nuevos soldados vienen cantando la letra de guerra puesta a «Los cuatro muleros».

Por la Casa de Campo,
....

La mujer, que ha oído la canción, se dirige con su hijo hacia esa trinchera. Pero uno de los requetés, que la ha descubierto, le da el alto y dispara, hiriéndola de muerte. Aun así, la mujer consigue su propósito. Muerta unos instantes después, los milicianos tienden el cadáver sobre una camilla y arrojan sobre él las margaritas y las amapolas que crecen en la trinchera. Los camilleros se llevan el cadáver entre los lloros del niño; luego, el teniente se marcha con el pequeño. Los cuatro milicianos que permanecen en la trinchera son los que cierran el poema.

«MILICIANO PRIMERO. ¡Duro amanecer!
MILICIANO SEGUNDO. Así es la guerra.
MILICIANO TERCERO. Y si España lo exige,
cosas más duras
habremos de soportar.
MILICIANO CUARTO. Ningún sacrificio está de
más. Y tenemos que
cumplir lo prometido al
[niño.
MILICIANO TERCERO. Ahora marchaos a descan-
[sar un poco.
MILICIANO PRIMERO. Sí. (Al miliciano segundo.)
Vamos, camarada. (A los
[otros.)
¡Salud y suerte!
MITICIANOS TERCERO Y CUARTO. ¡Salud!»

El drama ha terminado. Pero, tratándose de un teatro de guerra, escrito por un combatiente para los combatientes, no puede concluir así. Esta vez no hay, como en las piezas de Alberti y Aparicio, una fiesta epilogal, pero sí hay una canción. Los milicianos cantan de nuevo una de las estrofas escritas por la Alianza sobre la música de

«Los cuatro muleros». Y con el último «no pasa nadie» cae el telón.

Estamos lejos de las dos piezas anteriores. Esta vez la protagonista es una madre que asume su papel tradicional de sostén de la familia. Fusilados los demás miembros de la misma, coge a su hijo para llevarlo a España, ya que, a su juicio, no lo es tal la que ocupan los «nacionales». Su muerte es, dramáticamente, lógica. Pertenece al sentimiento que liga el sacrificio con la salvación, la muerte de unos para que otros vivan mejor. Relación que, aparte de sus claras connotaciones religiosas, no deja de responder también, en alguna medida, a las motivaciones y a la moral del combatiente. Al presentar la muerte de la madre a la vez que la salvación del hijo —salvación no sólo física—, Bleiberg le dice al espectador que también él debe luchar, como a su modo lo hizo la madre, y que, aun en el peor de los casos, si una bala enemiga acaba con él, su lucha servirá para asegurar a otros el futuro.

Desde la óptica de hoy, interesa también subrayar el «españolismo» de Bleiberg. Combatiente en el Norte, cantor del heroísmo de Euzkadi, claramente consciente de la personalidad vasca, siente, como tantos escritores antifascistas, que ello no se opone al «sentimiento» de España. En el orden ideológico, porque el internacionalismo de la lucha de clases está por encima de las fronteras; en el orden vivencial de cada día, porque todos los pueblos de España se hallan, como se hallarán en el futuro, ligados por la guerra y su desenlace. La presencia de alemanes e italianos —cuya denuncia es una constante de mucho «arte de urgencia», al margen de sus características de género y estilo— es otro elemento que, inevitablemente, refuerza la solidaridad entre los pueblos españoles. Es evidente que los alemanes y los italianos son los «extranjeros», y que, frente a ellos, vascos, catalanes, andaluces o castellanos son, antes que nada, españoles. Lo cual explica que en la literatura de la guerra abunden las apelaciones a los «españoles» del otro bando para que no se dejen mandar por los «extranjeros». Las alusiones y paralelos respecto de la guerra de la Independencia se encuadran también en este pensamiento.

El texto de la madre —que constituye, prácticamente, todo el contenido de la obra— es un resumen de los relatos que llegaban a la España «leal» sobre la vida en la otra zona y la suerte corrida por quienes no colaboraban con el mando. Naturalmente, el autor, haciendo uso de sus derechos, resume, extrema o rehace esos materiales recibidos. Pero, en substancia, la obra nos transmite la imagen de la «España nacional» vigente en la zona republicana.

Por lo demás, la inclusión de la letra de la Casa de Campo, la presencia de las cercanas trincheras, la «normalidad» de patio de vecinos que tiene el decorado, los diálogos de una y otra línea, constituyen el reflejo de algo que llegó a estabilizarse increíblemente. Y que vino a ser la «materia» de la defensa de Madrid, con todo el valor —la frase del requeté «Ya va durando mucho este lío... creo que con coger kilómetros no se gana una guerra», es muy significativa al respecto— que el Gobierno republicano dio al concepto de resistencia. Se barruntaba la guerra mundial y llegar a ella era una posibilidad —como así hubiera sucedido, en efecto— de alterar el desenlace que, en el interior, prometían los acontecimientos.

EL CASO DE MAX AUB

Aun saliéndonos del marco estricto de la Alianza, queremos comentar el caso de Max Aub, totalmente inscrito en las filas del antifascismo. En marzo del 38, escribía:

«Si existe algún escritor español en cuya obra no haya repercutido la guerra abominable que nos ha sido impuesta, o no es escritor o no es español. Se pudo defender en algún tiempo pasado que el mantenerse alejado de las luchas sociales o internacionales era una posición moral altiva y en consonancia con ciertas teorías que reivindicaban muy alto el espíritu; el tiempo es otro, nuestros años son de lucha, y el que no lucha muere o está muerto sin saberlo» (29).

Pese a que casi la totalidad de su obra —escrita en su mayor parte en Méjico, tras el exilio— sigue sin representarse, no hay duda de que Max Aub es uno de los grandes escritores de la época. Incluso es posible que su obra, por ser la de un transterrado, no se represente nunca, o que algún día se haga como testimonio sincerísimo del drama de vivir en un país —es decir, en una cultura y en unas circunstancias espacio-temporales— con las raíces ancladas en el pasado de otro. Si el transterrado

---

(29) *Max Aub: Teatro Completo,* Ediciones Aguilar, pág. 217.

asumiese la contemporaneidad de su país de origen, el problema sería menor, o, en todo caso, distinto. La cuestión está en que el transplante se produce de un modo traumático y conlleva en quien lo padece cierta «fijación» en todo aquello que le ha sido arrebatado. Cuanto acontece «después», aparte del rechazo lógico de la realidad que impuso el destierro —en el caso de un Max Aub, la realidad franquista—, es doblemente repudiado, por cuanto su presencia entraña la creciente desaparición del mundo en que vivió y luchó el transterrado. Sin que, por la obligada ausencia, pueda asistir a su paulatina transformación.

Digo esto para contribuir a aclarar la quizá sólo aparente contradicción de que Max Aub fuera un gran escritor y que su obra se haya representado tan poco y aun quizá ni se represente mucho más. Las claves de comunicación de su obra, el discurso cultural e histórico en que se inscribe, poseen una singularidad, que si el lector la salva, incluso con apasionamiento, el público, necesitado de relaciones mucho más directas, tal vez —y en ese «tal vez» está la resistencia a montar esas obras— la sentiría como un obstáculo. O dicho en otros términos, el lector está mucho más dispuesto a hacerse ciertas «composiciones de lugar» que el público.

Max Aub empezó a escribir en el 23. Su vanguardismo y su entusiasmo por nuestros entremesistas clásicos y populares lo sitúan en la misma corriente que un Lorca o un Alberti, aunque sus obras, en prosa, fueran muy distintas a las de éstos. De mayo del 36, impreso en Valencia, donde el escritor residía, es un Proyecto de Teatro Nacional, dirigido a Manuel Azaña. Para la primera temporada sugería, como directores, los nombres de García Lorca, Alejandro Casona, Cipriano Rivas Cherif y Gregorio Martínez Sierra, respectivamente, al frente de la Barraca, la Sección Teatral de las Misiones Pedagógicas, la TEA y la campaña de teatro de arte desarrollada en el Eslava madrileño.

Este Max Aub fue el que encontró en la guerra —cuando se estimuló la creación de romances y entremeses, con temas del momento, pero ligados a la tradición popular— una orientación, que si bien correspondía a viejas inclinaciones, a partir de entonces cultivó con un nuevo espíritu combativo. En esa línea —iniciada antes del 18 de julio. según proclama el propio Aub al referirse a la *Jácara del Avaro* y a *El agua no es del cielo*, respectivamente escritas para las Misiones Pedagógicas y para la campaña electoral del 36— se encuentran sus «piececillas de guerra». Ellas y las dos citadas constituyen lo que Aub califica de Teatro de Circunstancias, sobre el cual, al incluirlo en las Obras Completas, repitió, a modo de prólogo, lo que ya había dicho en el 38:

«Si existe algún escritor español, etc., etc.»

Luego, añadía:

«No sostengo aquí que "el que no esté conmigo está contra mí", sino que los que no están ni con los unos ni con los otros inexisten; y lo que no existe, mal puede sobrevivir. No es que las piezas que siguen tengan pretensión alguna de longevidad; son demasiado pequeñas, mal encaradas o encarnadas, y nacieron de cualquier manera, por encargo y necesidad del momento; pero cumplieron su cometido, llevan su circunstancia en la frente, y vivieron lo suyo. Un libro suele ser futuro; éste, recuerdo. Desde la *Jácara del Avaro,* escrito para las Misiones Pedagógicas —creación meritísima de la República, que expresaba así su afán de que la cultura y la diversión llegaran a los más apartados rincones de nuestra tierra— y que no busca sino divertir satirizando, hasta las últimas piececillas de guerra, puede colegirse una línea que sigue de cerca los acontecimientos. *El agua no es del cielo* es un "impromtu" electoral, escrito y representado con ocasión de las elecciones del 16 de febrero de 1936, que habían de dar el triunfo al Frente Popular. *Pedro López García,* en una versión distinta, fue estrenada por el Teatro Universitario "El Búho", que hube de dirigir en los primeros meses de la rebelión militar. *Las dos hermanas* cobraron vida en el Teatro Principal, de Valencia, en diciembre de 1936, como prólogo a lo que había de ser la actuación de una compañía experimental formada por las sindicales U.G.T.-C.N.T. *La fábula del bosque* ha sido escrita para ser representada por los niños de una colonia escolar. Los tres pasos que forman el final fueron para las Guerrillas del Teatro, escenario volante creado por el Consejo Central del Teatro» (30).

Las líneas de Max nos aclaran, además, que a la breve lista de títulos publicada en *El Mono Azul* como repertorio de las Guerrillas, habría que añadir muchos más, entre los que se encuentran los tres pasos de Aub: *Por Teruel, ¿Qué has hecho hoy para ganar la guerra?* y *Juan ríe, Juan llora,* todos ellos del 37.

De este teatro de circunstancias de Aub, lo mejor artís-

---

(30) *Idem.*

ticamente, es la *Jácara del Avaro.* El pueblo, al fin, había dejado de ser un destinatario teórico, para convertirse, gracias a las Misiones, en público. Aub, solidarizado con «La Barraca« y con las «Misiones», incluso trabaja activamente en «El Búho», un grupo teatral universitario que aspira a moverse en la misma dirección. Como escritor aporta al movimiento la *Jácara del Avaro,* farsa elemental, graciosa, fresca, alimentada de viejos pasos populares, expresión de una voluntad sociopolítica de cambiar los círculos minoritarios —propios de su anterior teatro de vanguardia— por las plazas públicas. Al texto preciosista, sucede un lenguaje desgarrado, agresivo; a los símbolos intelectuales, el juego de las lavativas; al final ambiguo, a la última pregunta, con la que el autor aspiraba a dejar abierto el drama, la fiesta, la canción y el baile «por toda la compañía«. *El agua no es del cielo* tiene unos objetivos más precisos, lo que lleva al autor a cargar las tintas, a señalar a los acusados con el dedo, en busca de una eficacia inmediata. El banquero compra el nacimiento de un río para ser el propietario de todo él y vender las horas de riego. Un maestro asegura que es el dueño de las aguas del cielo. La propiedad como factor de explotación es vapuleada con todas las instituciones conservadoras más tradicionales, todas ellas englobadas en esa derecha que será combatida en las inmediatas elecciones. La Iglesia es, quizá, la que recibe los ataques más violentos.

Después viene ya la guerra civil. Aún en el 36, escribe *Pedro López García,* pieza algo más extensa y de forma más cuidada que las tres antes comentadas. Aub la califica de Auto y cuenta con 17 personajes, aunque pueden reducirse, según sugiere el autor, a 16. El lenguaje coloquial y el lenguaje solemne, los personajes realistas y los imaginarios —la Tierra—, los vivos y los muertos, se unen para explicar la historia de un pastor, cuya madre es asesinada mientras a él se le enrola a la fuerza en el ejército «nacional». Al final, tras una conversación con el fantasma de la madre muerta, el soldado, llamado Pedro García, se pasa a las líneas republicanas... La Tierra se dirige a él en términos que se coresponden con las consideraciones que nos hacíamos a propósito de *Amanecer:*

«Ahora vas a morir sirviendo la causa de la vida, para que vivan libres tus hijos, tus nietos y tu fabulosa descendencia.»

Sólo que, a diferencia de la madre de la obra de Bleiberg, Pedro García sí consigue pasarse a la filas republicanas.

Casi inútil añadir que en la obra no faltan las referencias explícitas a los moros, alemanes e italianos, presentes en tantos textos de la República. Es en cambio aubiana la idea —arraigada en nuestro teatro clásico— de emplear el entreacto en una especie de paso, dramáticamente autónomo. Consiste en una «subasta de España», que se aprovecha —las Baleares para Italia; las Canarias para Alemania— para insistir en la ayuda extranjera a los fascistas, como parte de esa «venta de España». En la pieza no faltan desdoblamientos interiores de los personajes, como en un diálogo entre el sargento y su conciencia —el enmascarado—, que el autor propone que se convierta en monólogo, en el caso de que el actor que hace de sargento lo prefiera. El recurso no es nada extraordinario, pero esboza una dualidad en los personajes, a través de los diálogos con «sus» fantasmas, que merece ser destacada en el ámbito de un teatro obligado, por sus objetivos, a cierto diseño monolítico. Del mismo 36 es el «apropósito» titulado *Las dos hermanas*, un canto a la unidad, sin duda quebradiza, de la U.G.T. y la C.N.T. Presentadas ambas sindicales bajo la forma de dos personajes, pronto llegan al convencimiento de que, en su origen y en sus objetivos, tienen muchos puntos de contacto. Y que deben luchar juntos, para evitar que se aproveche «el fascismo», tercero en discordia. La obrita contiene, además, una reflexión sobre el posible teatro popular del futuro; que coincide, lógicamente, con los criterios del Consejo Central del Teatro —del cual Max Aub formaba parte— y con la política didáctica que dicho Consejo concretó en las tareas del Teatro de Arte y Propaganda.

Pregunta el personaje C.N.T al personaje U.G.T., indicando la sala:

«¿Tú sabes lo que es esto?»

El diálogo inmediato es preciso:

«—C.N.T. Un teatro.

—U.G.T. Sí; el Teatro Principal de Valencia, las mismas butacas, los mismos palcos que hace meses. No cambia la geografía, los mapas siguen siendo los mismos, pero el aire ha cambiado. Procuraremos hacer teatro para el Pueblo; y si no existe todavía, existe el Pueblo y él nos dictará el camino.

—C.N.T. Pero muchos de los que aquí veo, iban antes al teatro y aplaudían comedias que repudiamos. ¿Cómo es posible?

—U.G.T. Si no les daban otra cosa, ¿cómo quieres que escogieran? Ahora podrán decir con conocimiento de causa: «Esto está bien, esto no».

—C.N.T. Vamos a verlo.

—U.G.T. Pueblo: C.N.T. y U.G.T. quieren un teatro del pueblo. Sin vuestro concurso, ni puede ni podría vivir. Marxistas y anarquistas dan al espectáculo la importancia que merece. Ha de ser el exponente de vuestras aspiraciones, el reflejo de nuestras luchas. Ayudadnos con vuestra presencia, que además de divertimiento ayudareis a la revolución (31).»

La referencia al Teatro Principal hace de este «apropósito» —y la calificación tiene el interés de recordarnos que el «teatro de urgencia» tenía, entre sus raíces, una vieja práctica dramática—, que servía de prólogo a la actuación de una compañía formada, precisamente, por gentes de la U.G.T. y de la C.N.T., un ejemplo de teatro escrito para una sola ocasión y circunstancia. Aunque el tema —el conflicto entre marxistas y anarquistas— fuera una delicada constante en el campo republicano.

La *Fábula del bosque* es una aplicación al mundo infantil del teatro de circunstancias. Entre los personajes, están el Viento, cuatro Pájaros, la Rana, el Lobo y la Corneja. Dos niñas se pierden en un bosque, tras el bombardeo y destrucción de su aldea. Allí hablan con los animales y elementos del bosque, que se refieren a la guerra en los términos fantásticos de un cuento infantil. Así, por ejemplo, el Viento dice:

«Pasé por encima del pueblo cuando vinieron los aviones italianos y alemanes. Son peores que el ciclón, mi hermano mayor, a quien conozco bien; peores que el desierto, donde me perdí una vez y casi me morí de sed entre tanta arena que levantaba sin querer; peores que el rayo que llevo en mis entrañas en contra de mi deseo; peores que el agua salada, ¡son los pájaros de la muerte» (32).

En plena asamblea aparecen la Corneja (símbolo del fascismo) y el Lobo. La Corneja canta, mientras baila:

«Yo soy doña Corneja,
ave de mal augurio;

---

(31) *Max Aub: Teatro Completo*, pág. 265.
(32) *Max Aub: Teatro Completo*, pág. 273.

busco los infelices
sin defensor alguno,
los doy después al lobo,
que se los come crudos» (33).

Cunde el terror. Pero entonces llega un destacamento de Pioneros, que consigue apresar al Lobo y a la Corneja. Viene entonces el juicio. El jefe de los Pioneros invita a dos niños del público para que formen parte del jurado. El Lobo se declara inocente, de nombre Juan Dulce y Caramelo y de profesión poeta. Sin embargo, en su estómago —como en una de las versiones de «Caperucita roja» —se agita la última víctima. Con una espada de madera le rasgan el disfraz, y el Lobo cae muerto mientras el engullido Pájaro recobra su libertad. Las dos niñas proclaman su voluntad de ser pioneras y, tras el grito de victoria, abandonan todos cantando el escenario. La fábula es tan directa como todo el teatro de urgencia. Lo singular es que su autor enmarca la arenga política en el mundo fantástico de los cuentos y las fábulas; aunque, bien mirado, la inmensa mayoría de estas últimas se han escrito con intenciones didácticas.

Los otros tres pasos, «piececillas de guerra» según el autor, son aún más breves y lineales. *Por Teruel* es una especie de chiste escenificado. Cuatro catequistas se las prometen felices con las próximas victorias de las armas «nacionales». Queipo —ya hemos visto, en *Radio Sevilla,* hasta dónde se hacía necesario destruir su influencia, ridiculizando su personalidad y sus bravatas radiofónicas— había anunciado la entrada en Madrid; Prieto estaba aprendiendo secretamente a nadar para fugarse; los italianos habían colocado en la Casa de Campo unos fuelles enormes, que lanzaban sobre Madrid un frío artificial; acababan de llegar 6.000 italianos para reforzar la ofensiva; los cañones alemanes iban a bombardear Valencia desde Teruel; y Negrín se había comprado el castillo de Versalles, «para vivir allí cuando se tenga que fugar»...

Los cuatro catequistas, en vísperas de la ofensiva, se disponen a rezar toda la noche «por Teruel», la ciudad elegida para iniciarla. Aparece entonces un vendedor de periódicos: «¡La Soli, La Vanguardia, Frente Rojo, con la toma de Teruel, la gran victoria del Ejército Popular!». Un «ay» colectivo, con el desmayo de los catequistas, cerraba el paso. Paso que, dentro de su brevedad de pas-

(33) *Idem,* pág. 274.

quín, resumía y denunciaba ese derrotismo —recordemos *El bulo,* de Ontañón, y las consignas que aparecieron al respecto en la publicación de la Alianza— que tanto combatieron los escritores antifascistas.

«*¿Qué has hecho hoy para ganar la guerra?*» es, formalmente, un ejemplo de interesante integración espectáculo-público. El tema de la «participación del público» cuenta hoy con una serie de polémicos ejemplos, cuyo examen nos llevaría lejos de este trabajo. Sí vale la pena puntualizar que la propuesta de Aub —reveladora de ese afán de investigación teatral, que legitima la incansable y castigada vocación dramática de nuestro autor— se ajusta a la perfección a una circunstancia, de manera que la forma específica de la obra parece antes algo «inevitable» que la experimentación de un escritor. Desde el tablado, una mujer, vestida de negro, se dirige al público:

«MUJER. Ganar la guerra, todos lo dicen, se lee en todas partes: «Hay que ganar la guerra». Las paredes hablan, por el aire lo dibujan las nubes, lo gritan por la calle, en negro lo dicen los papeles. Ganar la guerra; pero, ¿cómo? ¿Lo sabéis vosotros? Los soldados luchan, los artilleros cargan sus cañones, los conductores llevan sus vehículos carretera adelante, las fábricas gruñen, la electricidad cumple con su obligación, y el agua, y el vapor, y el fuego. ¿Qué habéis hecho hoy para ganar la guerra? (Silencio.) Hablad, decídmelo sin miedo, que el que hace una cosa para bien no tiene por qué ocultarla. ¿O es que todos estáis durmiendo?; ¿o es la vergüenza lo que os pega los labios mordiéndoos la lengua? Tú, mocita, ¿dónde trabajas?» (34).

El interrogatorio va dando entrada a varios personajes, presumiblemente mezclados entre el público. Las respuestas nos descubren una serie de actitudes. Así, a un abogado, después de averiguar cómo vive, la mujer le pregunta:

«MUJER. Antes de la guerra, ¿qué vida hacías?
UNO. La misma.
MUJER. ¿Y no te da vergüenza?
UNO. Como no me mandan hacer más...
MUJER. ¿Pero es que necesitas que te ordenen poner tu trabajo, tu capacidad, al servicio de algo?»

Y una mujer, ya vieja, que se ha pasado la vida fregando, exclama:

(34) *Idem,* pág. 287.

«Ahora, con las colas, casi no se puede hacer nada. Esta mañana estaba en la cola de la leche a las cinco, a las diez en la del pan. Y así un día y otro. ¡Qué le va uno a hacer! ¡Es la guerra! Ya quisiera yo trabajar en algo de provecho. Quizá podría usted colocarme: todavía estoy fuerte.»

A lo que el personaje encuestador, arremetiendo una vez más contra el derrotismo, contesta:

«Haces lo que debes, sin saberlo, sin creerlo, porque te sale de dentro. Porque estoy segura de que en las colas no propagas bulos ni cuentas mentiras, ni siquiera te lamentas. Sabes que lo que sucede es consecuencia del desorden que produce irremisiblemente la guerra. Y sabes que tú y los tuyos, el pueblo, ni la quiso ni la trajo. Márchate en paz, mujer; sigue calladamente haciendo lo que haces, que tú ayudas así a ganar la guerra, a acabar con ella. Y cumpliendo tu deber, trabajas por la victoria.»

Finalmente, *Juan ríe, Juan llora* es el diálogo entre dos personajes —probablemente las dos personalidades de una misma persona— que ven la guerra con optimismo y con pesimismo desmesurados. Mientras para el uno todo va bien y la victoria está cerca, para el otro todo va mal, el hambre crece y el final de la guerra está muy lejos. Cuando ambos personajes están ya enzarzados en los recíprocos insultos, aparece, conciliadora y severa, «Doña Realidad»:

«Ni el uno ni el otro tenéis razón. Tú porque eres demasiado optimista y tú porque pecas de lo contrario. Tú porque dices cien y tú porque le contestas uno. Ni lo uno ni lo otro; quedémonos en la mitad, que ya vamos bien servidos...» (35).

Se diría que sólo se trata de un problema de caracteres. Pero, sin duda, ese sólo es el pretexto para abordar la que fue entonces cuestión fundamental: la colaboración de los partidos o movimientos de izquierda. Doña Realidad cierra la obra con estas expresivas palabras, referidas a una futura crónica de la «triste rebelión de los militares» vencida por el pueblo español:

«Se unieron —dirán— los altos y los bajos, los republicanos, los pesimistas y los optimistas, los socialistas y los anarquistas, los burgueses, los liberales y los obreros, los pintores, los escritores, los panaderos, los albañiles, los profesores, los cargadores de los muelles, los campe-

(35) *Idem*, pág. 297.

sinos, los músicos: a eso llamaron el Frente Popular. Y juntos, olvidando discrepancias, es como vencieron para siempre en España, en Europa y en el mundo al fascismo ciego. Hasta quizá cuenten cómo un día, a punto de pegarse un mozo llamado Juan Optimista con otro que se llamaba Juan Pesimista, se dieron cuenta de que ambos se llamaban de verdad Juan Español o Juan Rana, y juntos se fueron, como nos vamos nosotros, a gritar su fe en la victoria.»

¡Pobre Max! Pronto vendría el duro exilio a Francia. Los campos de concentración. La esperanza truncada de una hospitalidad en el gran país de la Revolución Burguesa y del Frente Popular. Luego, el difícil viaje a América. Al fin, el respiro de Méjico y la amargura sin medida del transtierro:

«Las cárceles y los campos, contra lo que se puede suponer, me dieron espacio, si no para escribir, para pensar. Todo lo que sigue es obra de Méjico...» (36).

Me parece éste un buen modo de acabar el trabajo sobre *El Mono Azul*. Buena parte de su caudal, de sus energías, vino a desembocar en América Latina. Algunos, como Aub, murieron allí. Otros, como Bergamín y Alberti, pudieron volver.

En última instancia, *El Mono Azul* encarna una literatura y una realidad histórica. Es seguro que mucha de aquella literatura murió al morir su circunstancia. Es igualmente seguro que la historia de España, nuestro presente, lo que realmente somos, difícilmente puede entenderse sin asomarse a aquellas páginas...

(36) *Idem*, pág. 301.